Fintech:
解码金融与科技的融合

谢平　邹传伟◎主编

杨鑫杰　李雪婷　张浅　徐琳　张国东　蒋佳秀　姚崇慧◎参编

中国金融出版社

责任编辑：陈　翎　刘红卫
责任校对：李俊英
责任印制：丁淮宾

图书在版编目（CIP）数据

Fintech：解码金融与科技的融合（Fintech：Jiema Jinrong yu Keji de Ronghe）/谢平，邹传伟主编 . —北京：中国金融出版社，2017. 8
ISBN 978 - 7 - 5049 - 9159 - 1

I. ①F…　Ⅱ. ①谢…②邹…　Ⅲ. ①互联网络—应用—金融　Ⅳ. ①F830. 49

中国版本图书馆 CIP 数据核字（2017）第 207567 号

出版
发行　中国金融出版社

社址　北京市丰台区益泽路 2 号
市场开发部　（010）63266347，63805472，63439533（传真）
网上书店　http：//www. chinafph. com
　　　　　　（010）63286832，63365686（传真）
读者服务部　（010）66070833，62568380
邮编　100071
经销　新华书店
印刷　保利达印务有限公司
尺寸　169 毫米×239 毫米
印张　22. 5
字数　260 千
版次　2017 年 8 月第 1 版
印次　2017 年 8 月第 1 次印刷
定价　45. 00 元
ISBN 978 - 7 - 5049 - 9159 - 1
如出现印装错误本社负责调换　联系电话　（010）63263947

　　纵观金融行业的发展历史，不难发现在每次金融领域获得重大突破的背后，科技创新都起着重要的推动作用。印刷术改变了货币的存在形式，电报技术成为了资金转账服务系统的重要基础设备，ATM 实现了存取款业务的自助化，互联网技术更是对金融机构的服务模式和风控方式产生了重大影响。科技不断为金融赋能，渐进式补充与重构金融业态，推动金融服务提质增效。从某种层面上来说，金融的发展史是一部科技的变革史。

　　金融对科技创新也具备显著的驱动作用。科技创新具备高投入、高风险、高收益等特点，需要资金充沛的外部机构来支持，以确保其顺利进行。金融是现代经济的血液，金融市场上汇聚了众多风险偏好不同的市场主体，资金支持能覆盖科技创新完整的成长周期，分担科技创新各阶段面临的风险，推动科技创新从后端技术向前端展业。

　　Fintech 是金融与科技相互作用、相互依存、相互渗透，最终融合形成的产物，其发展呈现出业务精细化、技术融合化、地域差异化、资本全球化、人才复合化等特征。传统金融机构、互联网企业、新兴科技公司正通过收购、战略合作和合资等形式积极抢占市场份额以形成先发优势，电信运营商、传统实业公司也主动跨界参与，抢滩金融科技"蓝海"。

　　Fintech 的迅猛发展也得到了政府部门的高度重视。美国货币监理署强调金融科技公司需要坚持"负责任的创新"，美国国家经济委员会（National Economic Council）发布《美国金融科技监管框架》以进一步完善Fintech 监管政策框架并建立更为合理与适用的原则。英国金融行为监管局（Financial Conduct Authority，FCA）推出"监管沙盒"制度，并鼓励金融机构利用创新科技手段降低监管成本，引入监管科技（Regtech）。中国人民银行成立金融科技（Fintech）委员会，以加强金融科技工作的研究规划和统筹协调，并在《中国金融业信息技术"十三五"发展规划》中强调要加强金融科技（Fintech）和监管科技（Regtech）研究与应用。

　　本书试图对 Fintech 进行全面系统介绍。本书分为"导论篇"、"技术篇"、"业态篇"、"风险与监管篇"以及"百家观点"五大部分，试图从新兴技术、金融业态、潜在风险和监管政策等角度对 Fintech 进行系统性的梳理。

　　"导论篇"辨析 Fintech 的概念，从演化历程、崛起动因、发展特征和经营主体等角度展开分析。

　　"技术篇"介绍了大数据、云计算、人工智能和区块链等新兴技术的发展概况及对金融领域造成的影响，并展望了新兴技术与金融的融合趋势。

尽管本书仅介绍了四种新兴技术，但这并非意味着其他技术对金融领域不会造成影响。窥一斑而见全豹，期望读者可参考本书的分析模式，展望量子计算、空间技术等将对金融领域形成的影响。

"业态篇"阐述移动支付、互联网保险、供应链金融、网络借贷、股权众筹融资和智能投顾等业态的发展概况和挑战，并分析了新技术对各业态起到的改进作用。

"风险与监管篇"先对 Fintech 的潜在风险进行分析，然后梳理 Fintech 监管的国际经验，为中国的 Fintech 监管提供经验借鉴。

最后，我们坚信站在巨人的肩膀上，才能看得更远，"百家观点"部分整理了资深专家和业内精英对 Fintech 的解读和讨论，期望能为读者带来灵感和启发。

正如车尔尼雪夫斯基所言："历史的道路不是涅瓦大街上的人行道，它完全是在田野中前进的，有时穿过尘埃，有时穿过泥泞，有时横渡沼泽，有时行经丛林。"Fintech 的发展也必然不会是畅通无阻的"人行道"，会有大数据引发的个人隐私危机，会有算法造成的"闪电崩盘"，会有披着"区块链外衣"的庞氏骗局，还会有人工智能带来的失业潮……这些问题都值得研究、值得探讨、值得深思，但却不能因这些问题而停滞不前、因噎废食，放弃对 Fintech 的研究、探索和应用。我们应坚定信心，放眼未来——Fintech 将具有光明的前景，技术的先天优势能优化金融业务流程、交易方式和管理模式，进而降低业务成本并提升客户体验，还能对金融基础设施实现改造和升级，使金融服务更加精细化。

导论篇

技术篇

业态篇

风险与监管篇

百家观点

导 论 篇

　　近年来，Fintech作为新兴行业，不断崛起并迅速发展，掀起了金融业的变革。Fintech不是金融和科技的简单结合，而是二者深度渗透和融合的产物。纵观Fintech的演变历程，科技不断为金融赋能，渐进式补充与重构金融业态，推动金融服务提质增效，金融则促使科技成果从后端技术转移至前端展业。本篇分别从Fintech发展概况和Fintech经营主体对Fintech进行分析。

第一章　Fintech 发展概况

一、什么是 Fintech

（一）Fintech 的定义

Fintech 是 Finance 和 Technology 的合成词，来源于 20 世纪 90 年代花旗银行发起的一个发展项目"金融服务技术联盟"（Financial Services Technology Consortium），后被简称为 Financial Technology，即 Fintech。对于 Fintech 的概念，国内外政府部门、研究机构和从业人员结合研究和实践，从业务模式和科学技术的角度出发，对 Fintech 提出三种不同角度的定义。

第一种是将 Fintech 定义为金融和科技相融合后所形成的业务模式，具体包括移动支付、网络借贷、数字货币、股权众筹融资和智能投顾等。例如，沃顿商学院将 Fintech 定义为"用技术改进金融体系效率的经济行业"；维基百科将 Fintech 的主体限定为初创公司，认为 Fintech 代表"用科技颠覆传统金融系统的一系列初创公司"；Fintech Weekly 将 Fintech 作为"企业使用软件来提供金融服务的一种创新"，Fintech 企业一般是指对较少依赖软件的金融系统和金融机构造成颠覆的初创公司；美国商务部将 Fintech 企业定义为"应用软件和科技来为客户提供金融服务的公司"。

传统金融机构一直是 Fintech 的主要参与者和实践者。随着 Fintech 初创公司业务模式的不断革新发展，传统金融机构也开始越发重视自身的 Fintech 业务，此时将主体限定为"初创企业"已经不能适应 Fintech 的发展需求。这方面，英国贸易与投资总署（UK Trade & Investment，UKTI）将 Fintech 分为传统 Fintech 和新兴 Fintech。传统 Fintech 主要是指传统金融机构通过技术厂商为客户提供服务的业务模式；新兴 Fintech 主要是指致力于去除传统金融机构中介服务，并提供新的技术解决方案来服务现有需求的创新业务模式。

将 Fintech 定义为业务模式比较符合国外 Fintech 领域的实践，Fintech 企业通过应用新兴技术，来改进传统金融机构的业务模式，让客户能够享受更加高效、便捷、低成本的金融服务。

第二种是将 Fintech 定义为科学技术。例如，牛津词典将 Fintech 定义为用来支持银行业和其他金融服务的电脑程序或其他科技，包括互联网、大数据、云计算、区块链和人工智能等；投资百科将 Fintech 定义为 21 世纪运用于金融领域的所有科技的集合；中国台湾地区将 Fintech 认定为"金融相关事业"，具体定义为利用咨询或网络科技，为金融机构提供支持性信息数据服务以及效率或安全性提升服务等创新金融服务的行业。[1] 这种角度比较符合国内对于 Fintech 的界定和探讨，同时与监管部门专业人士所提出的"国内的 Fintech 企业不能直接从事金融业务，只有与持牌照金融机构合作才能从事金融业务"相符。

---

① 廖岷. 全球金融科技监管的现状与未来［J］. 新金融，2016（10）：12-16.

Fintech 的第三种定义所包含的范围较广，既可以是金融前端产品，也可以是后台技术。例如，爱尔兰都柏林的国家数码研究中心把 Fintech 定义为一种"金融服务行业的技术创新"，同时认为这词已经扩展到更广泛的金融领域。金融稳定委员会将 Fintech 定义为技术带来的金融创新，它能创造新的业务模式、应用、流程或产品，从而对金融市场、金融机构或金融服务的提供方式造成重大影响。① 这个角度的定义更加具有包容性，逐步被一些业内专家学者和从业人员所采用，本书所涉及的 Fintech 皆采用此种定义方式。

（二）Fintech VS 互联网金融

Fintech 与互联网金融是相互联系的。互联网金融被定义为传统金融机构与互联网企业利用互联网技术和信息通信技术实现资金融通、支付、投资和信息中介服务的新型金融业务模式。从业务来看，Fintech 与互联网金融在具体的业务领域相互渗透。互联网金融是基于科技的金融创新，需要 Fintech 提供科技支持；Fintech 企业通过申请互联网金融牌照，可以将业务拓展到互联网金融领域。从目标来看，无论是互联网金融还是 Fintech，其目的都是通过一定的方式让金融及其服务变得更加的高效与便捷。例如，互联网金融借助互联网技术让客户足不出户就能办理各种金融业务，Fintech 中的大数据技术能够帮助 P2P 网络借贷平台大幅提高信贷审批效率。

Fintech 与互联网金融又是相互区别的。从风险来看，互联网金融的风

---

① 廖岷. 金融科技的发展版图与监管挑战［J］. 新金融，2016（10）：12－16.

险本质仍是金融的风险，在注重数据安全和网络安全的基础上，金融业务的信用风险、流动性风险、操作风险等仍是互联网金融领域的重要风险源。而 Fintech 更多的是技术上的风险，比如技术成熟度不够引发的业务操作风险、技术的内在逻辑与金融业务设计理念不匹配导致的产品设计问题，技术的过度共享引致的区域性和系统性风险。从发展方式来看，互联网金融是科技在金融领域的初期实践，该阶段主要是运用互联网技术优化金融业务的组织方式，实现业务规模的粗放式扩张，进而提升金融业务的覆盖面。而以大数据、云计算、人工智能、区块链等为代表的 Fintech，主要是利用技术的先天优势优化金融业务流程、交易方式和管理模式，进而降低业务成本并提升客户体验。Fintech 对于金融基础设施的改造和升级，是科技和金融更精细化融合的开始。

（三）Fintech VS 科技金融

Fintech 和科技金融的作用方向不同。科技金融属于产业金融的范畴，是国内特有的一个概念，是促进科技开发、成果转化和高新技术产业发展的一系列金融工具、金融制度、金融政策与金融服务的系统性安排，科技金融强调金融本身对科技的推动作用。Fintech 则主要强调技术革新对金融的推动、支撑作用。从监管层面来看，国内对 Fintech 的监管原则可以概括为"既要鼓励创新，又要规范发展"，但对于科技金融则是以鼓励为主，国务院在 2016 年 7 月发布的《"十三五"国家科技创新规划》中，明确提出要促进科技金融产品和服务创新，建设国家科技金融创新中心。

二、Fintech 演化历程

Fintech 是金融和科技深度渗透和融合的产物。在 Fintech 的演化历程中，科技赋能金融，渐进式补充与重构金融业态，推动金融服务提质增效，金融则促使科技成果从后端技术转移至前端展业。

（一）Fintech 1.0

从 1866 年到 1967 年是信息革命时代，电报、电话、广播等信息技术作为通信工具出现，逐渐取代了传统通信方式，极大地促进了金融业的发展，此阶段称之为 Fintech 1.0。19 世纪末，金融和科技逐渐结合，电报、铁路、汽船等技术促进了金融跨境互联，加强了世界各地金融信息的交流，提高了金融交易和支付的效率，推动了第一次金融全球化。

20 世纪 50 年代，Diners Club 发行了第一张信用卡，信用卡的出现预示着电子交易技术在金融领域的首次应用，为金融交易服务提供了便利。1964 年，施乐公司第一次成功制造了商业用途的电传机器——传真机，也称长距离静电复印术。1966 年，全球用户电报网络建立，为金融的全球化发展提供了框架。1967 年，德州仪器制造出第一台手持式财务计算器，英国巴克莱银行安装了第一台 ATM，它们的出现逐渐替代了以电话、柜台为驱动的传统金融业务模式，进一步提高了金融服务效率和降低了人工成本。这一阶段可以被看作金融与科技融合的初始阶段和形态，为下一阶段 Fintech 2.0 时代的到来奠定了基础。

（二）Fintech 2.0

从 1967 年到 2008 年，随着数字技术的不断发展，金融逐渐从模拟工业转化为数字产业。这个时期的 Fintech 主要由传统金融机构来主导，它们利用科技提供金融产品和服务，这一阶段称之为 Fintech 2.0。

1967 年，计算器和 ATM 的出现标志着 Fintech 2.0 的开始。从 1967 年到 1987 年，金融服务从电子产业逐渐过渡到数字产业，其发展为第二次金融全球化奠定了基础。在这一时期，金融机构逐渐在内部业务中增加了信息技术的使用。随着计算机的普及和内部风险管控技术的发展，金融机构从 20 世纪 80 年代普遍使用计算机和彭博机替代纸质操作，减少了人工成本。20 世纪 80 年代后期，根据世界各地金融机构的电子交易情况，金融服务大部分已经实现了数字化，传真取代了电传。互联网的出现为 Fintech 的进一步发展奠定了基础。1995 年，富国银行利用环球网提供在线账户检查。2001 年，美国 8 家银行至少有 100 万在线客户，世界其他主要司法管辖区也迅速建立类似的系统和相关的监管框架，以此来解决金融风险问题。21 世纪初，银行的内部流程和对外业务已经全面实现了数字化，至此，Fintech 2.0 时代结束。

（三）Fintech 3.0

2008 年国际金融危机之后，新兴科技（大数据、云计算、人工智能和区块链等）的进步将数字革命、通信革命和金融革命结合起来，给金融创新提供了新动力，从商业模式、业务模式、运作模式全面变革金融业，掀起了金融新一轮的创新浪潮。此时，Fintech 初创公司强势崛起，传统金融机构主导优势渐失，两者从竞争颠覆走向协同合作，金融服务的边界日益模糊，此阶段称之为 Fintech 3.0[①]。

21 世纪，数字时代的来临，标志着 Fintech 从 2.0 过渡到 3.0。访问速度的提升、计算能力的加强以及信息技术和移动互联网新型技术的广泛应用，技术获得了加速发展，金融与科技得到了更加完美的融合。2008 年国际金融危机使人们对传统金融机构失去信任，物理网点式的服务模式、庞大冗余的分支机构、有限的用户覆盖和严格的监管制度日益成为传统金融机构的痛点，传统金融机构的业务模式无法满足客户不断变化的需求，大量风投资金开始涌入 Fintech 领域，加之政府对金融新范式的扶持，Fintech 呈现出爆炸式的发展态势。Fintech 3.0 的最大特色是通过大数据、云计算、人工智能和区块链等新型技术手段来提高金融服务的效率和质量，强调技术革新对金融的赋能和推动作用。

三、Fintech 崛起的动因

Fintech 崛起的动因可从必要性和可行性两方面进行分析。Fintech 起源于金融危机所产生的信任危机和对传统金融行业痛点的捕捉，成长于相对宽松的监管环境，在技术创新、资本支持、人力储备和良好客户基础等因素的共同作用下快速发展。

---

① 本书研究的落脚点为 Fintech 3.0 阶段。

（一）必要性分析

1. Fintech 是应对金融危机不可忽视的力量。Fintech 的崛起源于金融危机以及金融危机所产生的信任危机。一方面，客户对现有银行体系的不满是金融创新的动力。全球金融体系长期失衡、滞后的金融监管机制，使 2007 年爆发的次贷危机迅速蔓延至整个以银行业为主导的金融体系，最终演变成全球金融危机。在全球舆论中，银行成为了金融危机的罪魁祸首，特别是为避免重要性金融机构的倒闭，美国政府动用公共资金注入银行体系，这直接导致民众特别是年轻一代对银行业失去信心。① 另一方面，针对银行业的强化监管措施加大了传统金融机构的监管资本压力，直接压缩了其业务经营范围和空间，导致传统金融机构的创新业务滞后于数字经济的发展步伐和客户消费方式的改变，无法满足客户不断变化的需求，促使公众寻求更为便捷化的金融服务渠道，这为游离在监管机制外的 Fintech 提供了发展的绝好时机。

2. Fintech 有利于传统金融业务模式创新。Fintech 革新的基础源于对传统金融行业痛点的捕捉。传统金融机构由于历史路径依赖及组织形态的因素，风控意识较强，对风险采取的是零容忍的态度。例如，为了避免个人操纵而各个部门分工明确，为了降低操作风险工作人员谨小慎微，经常会为达到控制风险的目的而牺牲部分客户体验和经营效益，如实体零售银行线下排队取号、叫号耗时过长，用户需反复涂写、修改各项表格。对风险

---

① 赵鹞. Fintech 的特征、兴起、功能及风险研究［J］. 金融监管研究，2016（9）：57 - 70.

的过度把控以及对细节的追求无疑会导致效率下降、客户体验不佳等。

3. Fintech 助力实现普惠金融。2015 年世界银行的全球金融发展水平指数（Findex）显示，目前世界上仍有超过 1/4 的人没有银行账户，特别是在非洲和亚洲发展中国家的贫困地区，有超过一半的人无法享受金融服务。传统银行机构重点服务富人人群，而 Fintech 如移动支付可以覆盖无银行账户人群，为其提供金融服务渠道，如非洲肯尼亚 M - Pesa 公司，为分散、偏远地区的人群提供移动支付、移动钱包等金融服务。同样，亚洲印度 PayTM 公司，也是通过移动支付解决了社会低收入群体的基础金融需求问题，实现了区域经济的稳定发展。

（二）可行性分析

1. 相对宽松的监管环境。全球经济长期低迷，各国政策都在鼓励并支持金融新范式。到目前为止，许多官方机构一直是将支持创新作为经济发展目标的一部分。为此，大多数政府机构一直没有就 Fintech 的监管做出任何明确的法律条例和行业规范，绝大多数国家 Fintech 企业的商业模式运营无须获得牌照，避免了审慎监管和合规性审查。不得不说，Fintech 的崛起与政府前期积极的政策引导以及相对包容性的监管环境是密不可分的。

（1）美国 OCC "白皮书"。2016 年 3 月 31 日，美国全国性持牌银行和联邦储蓄协会的监管方——货币监理署（Comptroller of the Currency，OCC）发布了《货币监理署：支持联邦银行系统负责任的创新白皮书》（以下简称《白皮书》）。《白皮书》制定出八条原则以指引其金融创新评估框架，其中针对 Fintech 公司有以下四项原则：支持负责任的创新、鼓励普惠金融创新、通过有效的风险管理促进安全运营和鼓励银行将负责任的创新纳入战略规划。

（2）英国、新加坡、澳大利亚的"监管沙盒"。英国金融行为监管局（Financial Service Authority，FCA）、新加坡金融管理局（Monetary Authority of Singapore，MAS）、澳大利亚证券和投资委员会（Australian Securities and Investment Commission，ASIC）分别提出"沙盒监管"制度，来鼓励支持Fintech新范式的创新发展，建议在坚持原则监管和底线监管的同时，采取包容性监管，营造有利的监管环境，为行业的未来创新发展预留空间，在防范风险的同时，让创新更好地促进新金融的发展。

（3）中国的"柔性监管"。我国对新金融模式创新一直予以高度重视和支持。2016年10月9日，中共中央政治局有关实施网络强国战略的第三十六次集体学习大会上，中共中央总书记习近平主持学习时强调，我国应该加快推进网络信息技术自主创新，加快数字经济对经济发展的推动，拓展经济发展新空间。

在鼓励金融创新的同时，国内相关专家就Fintech的监管提出包容性监管思路，提倡"软法治理与柔性监管"相结合，允许Fintech公司在一定范围内试错，给予一定时间自我修正，摸索出一条健康、合理、可持续的发展道路。

2. 持续进行的技术创新。信息通信技术的进步将数字革命、通信革命和金融革命结合起来，给金融创新提供了新动力。这一轮Fintech创新的浪潮是以云计算为基础，以大数据搜集、整合和应用技术为核心驱动力，通过借助新技术、新手段、新方法，降低金融业务的运营成本，并逐步打破企业原有的增长逻辑和商业生态，用创新的方法和模式改善用户体验，提高服务效率，并完善金融服务模型。

随着人工智能技术以及区块链技术的日渐成熟，Fintech 也正在向更广阔的领域蔓延开去。人工智能技术的应用领域有模式识别、数据挖掘、统计学习、计算机视觉、自然语言处理、语音识别、智能检索等，应用十分广泛。区块链技术在支付系统和证券市场的应用最具颠覆效果。支付系统与区块链技术的契合度非常高，区块链的运用可实现跨境支付的实时便捷。此外，在反洗钱（Anti‑Money Laundering，AML）和了解你的客户（Know Your Customer，KYC）方面，区块链可以帮助金融机构节省合规成本。同样，在证券交易中使用区块链技术，买卖双方通过智能合约直接自动配对，并通过分布式记账的数字登记系统，能够实现自动清算和结算。

3. 不断涌入的资本支持。根据毕马威与 CB Insights 发布的《The Pulse of Fintech：2015 in Review》，2015 年全球 Fintech 领域吸收融资金额 191 亿美元、达成 1162 笔交易，较 2011 年的 24 亿美元、457 笔交易分别增长逾 8 倍、1.5 倍。其中，已获 VC 投资的 Fintech 企业融资金额增长迅猛，2015 年达 138 亿美元，同比增长 106%，占总投资金额比重超过 50%。

2016 年 5 月，国际三大知名评级机构之一的穆迪投资者服务有限公司发布了一份题为《Fintech 正在改变竞争格局但它们未必能取代银行的中心地位》的重要报告，报告估计，全球范围内与 Fintech 相关的初创公司数量高达 4000 多家。此外，《大数据文摘》数据显示，自 2009 年以来，包括美银、花旗、富国、摩根大通、摩根士丹利以及高盛在内的六大银行相继对 30 家 Fintech 企业进行战略性投资。2016 年 5 月，麦肯锡

《Fintech 全面冲击银行业及银行的应对策略》研究报告指出，中国 2015 年 Fintech 融资额达到历史性的 27 亿美元，是 2014 年的 4.5 倍，各个领域"独角兽"级别的公司不断涌现。2016 年 3 月，花旗银行《Fintech 是怎么把银行业逼向引爆点》报告显示，截至 2016 年 3 月，全球 31 家 Fintech"独角兽"（估值超过 10 亿美元的创业公司）有 7 家在中国，其中包括蚂蚁金服、陆金所等。

4. 充足的从业人力储备。传统金融机构的离职潮为 Fintech 发展提供了良好的智力支持。传统金融机构条块化管理、人才流动不顺畅、考核激励不完善等情况，造成相配套的人才发展路径比较单一，具有丰富从业经验的人才开始流动。借着全球范围内创新、创业的政策激励，很多金融领域专业人士投身创业。

互联网巨头公司的创业示范效应和技术人才培养外溢效应。互联网企业以其丰富的技术经验，注重客户在金融服务方面的痛点分析和跟踪，深入研究传统金融机构的服务盲区，并擅长使用快速迭代的方法迅速推出产品和服务并持续完善和升级，为 Fintech 创业提供了大量具有互联网思维和基因的人才。这些人才在创业过程时，以创新的方式将用户体验放在业务的核心，集中精力打造契合市场需求的产品，对同一问题采取完全不同于传统金融机构的解决方案。比如，在信用卡缴费事情的处理上，传统银行机构为了控制风险，采取的是惩罚措施，如降低不按时缴费的用户信用额度。而 Fintech 企业为了吸引更多的用户，采取的是奖励措施，即对按时缴费的用户给予奖励，包括返现、返积分等奖励。

5. 得天独厚的客户基础。传统金融机构供给资源有限并且分布不均衡，存在大量的金融服务需求尚待满足。比如，中小企业"融资难、融资贵"的问题；偏远地区的金融产品和服务覆盖不足；贫困阶层、低收入群体普遍面临的贷款难问题。

互联网巨头公司培养了用户对信息科技的依赖，用户对日常金融服务便利性的关注超过对安全防范的要求，他们更关心自身的金融需求是否有效、及时地得到满足，而不在意服务提供者是谁以及是否受到了政府部门的严格监管。根据 Payfirma 公布的一项研究表明，出生在 1980 年到 2000 年的千禧一代对数字化产品和服务持开放态度，他们当中愿意尝试新技术的用户数量是上一代的 2.5 倍，并且有超过一半的千禧一代表示他们是最早尝试使用新技术的，这些特征在千禧一代习惯从移动设备上获取消费服务这点上体现得格外明显。

6. 社交媒体的助力。随着 Facebook、Twitter、微博、微信等社交平台的深入延展，社交网站、搜索引擎、物联网和电子商务等平台将公众的人际关系、情绪、兴趣爱好、购物习惯等信息都收入囊中，并将其加入到巨大的个人信息库中。移动 APP 使分享、交流等社交元素开始与更多金融服务相互融合，由此产生的多种商业价值也随之凸显。社交媒体文化的流行，为 Fintech 的发展提供了契机。Fintech 领域的公司利用这些信息数据来定制市场需要的产品，决定什么时候销售、如何销售以及销售给谁。

Motif Investing 是一家基于社交平台的选股投资中介，不同于其他投资组合服务提供商，Motif Investing 为用户提供强大的自助式投资组合设计工具，用户可自主选择、修改、创建、评估 Motif，方便快捷，只需要几分钟便可拥有个性化的投资组合。不仅如此，Motif Investing 还引入社交机制，用户可以把自己创建的 Motif 分享到特定的圈子，圈内人也可以对 Motif 进行讨论和优化。简单概括，Motif Investing 就像是 Facebook + 网络券商、eTrade + 个人金融平台 Mint 的结合体。

四、Fintech 发展特征

Fintech 作为新兴行业，呈现出多种特征：业务精细化、技术融合化、地域差异化、资本全球化、人才复合化，在为监管带来了挑战的同时也为监管带来了便利。

（一）业务精细化

Fintech 革新传统金融的切入点是个人消费者、中小企业及其他未被金融服务覆盖的客户群体，这部分群体基数庞大，具有长尾效应，他们对成本敏感，对远程交付与配送持开放态度，这为专注于某个特定人群或某个特定领域的 Fintech 提供了商机。Fintech 利用本身的技术优势快速识别和筛选这些用户，利用互联网和移动设备在便于使用的用户界面上，提供个性化、差异化和创新性的金融产品和服务，并辅以相关的增值服务，提高客户黏性和满意度。比如，在线理财管理平台 Wealthfront 就瞄准不愿意缴纳费用的千禧一代，迎合他们喜欢自动化建议软件、不喜欢理财顾问的特点；社交投资平台 Motif Investing 根据个人理财目标和风险属性选择最合适的投资组合，而这些服务只需点击鼠标即可完成。

（二）技术融合化

不同的技术之间相互融合和支撑。Fintech 浪潮涌来，各项技术不是割裂存在的，云计算是基础，大数据是动力，人工智能、区块链等是核心，它们经常相伴而生、混搭呈现。比如，澳大利亚联邦银行、富国银行和博瑞棉花已经完成的第一笔在两家独立的银行之间进行的结合区块链、智能合约和物联网三种技术支撑的全球贸易；微众银行以云计算作为其系统推进 Fintech 的底层技术支撑，并在此前提下，构建区块链的底层服务，推出了基于云的人工智能客服，处理海量客户需求。这种不同技术之间相互借力、互为支撑的模式也是 Fintech 未来的一个重要发展方向。

（三）地区差异化

发达国家拥有良好的技术创新传统和实力，在 Fintech 创新方面具有领先优势。但由于传统金融体系成熟，沉淀成本高，矩阵式的监管框架有效、严密、多层次保护金融消费者，金融供给充分，Fintech 没有太多套利空间，市场应用增速较慢，难以广泛见缝布局金融，更多的是扮演"补充"未被传统金融服务覆盖的客户和市场的角色，其市场推广和应用速度缓慢。

发展中国家 Fintech 正在起飞。在全球金融数字化变革的转折点上，中国具备成为 Fintech 发展重镇的先决条件，资本的强势涌入，浓郁的互联网色彩，强大的用户流量基础，地区发展的不平衡性，都使 Fintech 作为一股新兴的革命性力量在中国得以飞速发展。与发达国家更为成熟的传统金融体系相比较，无论是经济结构升级、政府支持所释放的良好信号，还是更巨大的长尾需求、大数据和技术实力的强力支撑，中国在一定程度上都引领了世界。2010 年，阿里巴巴根据其电商平台的信用数据为中小企业贷款，而美国和日本 2012 年才开始在亚马逊大规模的使用。同样，非洲金融市场也具备 Fintech 高速发展的市场和监管先决条件，这给 Fintech 企业带来了提供创新服务的机会，它们推出的手机钱包在大多数情况下都开始被充当银行账户，以更低的成本为没有银行账户的消费者提供更好的支付服务。

（四）资本全球化

Fintech 资本全球化意味着投资的全球化和融资的全球化。投资全球化方面，Fintech 布局投资金融的各个细分领域，包括但不局限于支付、P2P 网络借贷、股权众筹、保险科技、智能投顾、数字货币等领域。投资全球化有助于加强全球范围内优秀 Fintech 企业之间的合作，实现资源的优化配置。比如，宜信作为一家集财富管理、信用风险评估与管理、信用数据整合服务于一体的综合性现代服务业企业，参与投资美国一家专注于区块链创新支付的企业 Circle，能够接触到最新的区块链技术，Circle 通过宜信能够在中国开展业务，不仅打开了国际市场，还可充分利用宜信在中国的相关资源。另外，在融资全球化方面，Fintech 领域的公司通过投资人的债券资产评估匹配客户的理财需求，实现全球范围的资本融资。

（五）人才复合化

Fintech 聚焦技术在金融服务和连接场景的应用，在产品开发、营销获客、风险管理等主要的应用场景下，运用科技增强核心能力，获得与传统金融行业相比独有的竞争优势。由此，Fintech 高度重视技术人才的运用，更重视熟悉金融业务和技术原理的复合型人才培养，来适应 Fintech 多元化发展的需要，通过多层次人才培养和引进机制搭建 Fintech 人才智慧高地。

（六）挑战监管与便利监管并行

Fintech 提升了金融业的服务便捷性，但也带来了新风险。互联网自身具有虚拟性强、传播速度快、参与人数多等特点，拓宽了传统金融的服务群体和服务内容，但也带来了新的风险。Fintech 新风险对相应的法律法规、监管体系、监管主体的专业能力等均提出了更高要求，对监管主体而言无疑是大挑战。虽然金融监管部门的工作人员对金融运行的规律和风险比较熟悉，但对新技术本身的架构、优势、局限性以及和金融业务的结合点，都需要一个学习和熟悉的阶段，这在一定程度上也导致了监管的时滞。

新科技对金融领域带来一系列风险的同时，也能够通过技术本身的应用降低金融中的风险损失并丰富监管手段和方法。如运用大数据统计分析和数据挖掘技术实时处理与风险相关的信息，建立风险预测模型，及时识别流动性风险，帮助金融机构有效规避流动性风险。

第二章　Fintech 经营主体

一、主要角色分析

随着 Fintech 的崛起，各主要经营主体快速布局，通过商业化或者资本化的形式积极抢占市场份额以形成先发优势。在这里，我们不仅能够看到传统金融机构、互联网巨头公司、新兴科技公司的身影，电信运营商、传统实业公司也主动跨界参与，共享这场狂欢的盛宴。

（一）银行业等传统金融机构

很多人认为 Fintech 是创业公司和技术公司的天下，而系统设施"太老不能升级、太贵不能置换"的传统金融机构根本不是 Fintech 领域的玩家。实际情况并不尽如此。

传统金融机构是 Fintech 最早的参与者。1967 年，巴克莱银行引入 ATM 被视为 Fintech 的开始。互联网的出现是 Fintech 发展的重要里程碑。1995 年，富国银行开始发展线上账户确认业务；2001 年，美国网上银行客户突破 100 万；2005 年，第一家没有物理网点的直销银行 ING Direct 出现。麦肯锡的研究报告显示，自 2009 年开始，包括美银、花旗、富国、摩根大通、摩根士丹利以及高盛在内的六大银行开始向 Fintech 领域发力，先后在支付、借贷、财富管理领域追加战略投资。

传统金融机构也是 Fintech 最大的参与者。自 20 世纪 90 年代以来，金融机构一直是 IT 技术产品和服务的最大买家。IDC Financial Insights 预测，到 2018 年，全球金融业在 IT 领域的支出将会达到 5000 亿美元。美国高盛甚至号称自己为科技公司，总共有 33000 名技术工程师，比 Linkedin、Twitter 和 Facebook 还要多。

国内传统金融机构也开始重视 Fintech。交通银行推出中国首个利用虚拟现实技术的 3D 网银，通过模拟真实的银行场景，用户可以建立一个角色，利用这个角色，在虚拟的银行内办理银行业务、与客服人员沟通、与 3D 场景内的其他客户交流，给银行用户营造一种身临其境的感觉。目前，交通银行的 3D 网银为客户设计了新品体验区、转账交易区、贵金属交易区、财富管理中心这几大服务区域，且提供业务查询、转账汇款、投资理财等服务，涵盖了基本的银行业务。传统金融机构平安集团、招商银行、民生银行等主动出击，积极布局 Fintech，与区块链技术前沿公司 R3 建立合作伙伴关系，正式加入 R3 分布式分类账联盟，与全球最大的七十多家金融机构合作，共同为金融服务行业开发基于分布式分类账技术的开拓性商务应用，对现有业务进行优化，实现成本的降低和效率的优化，来应对 Fintech 企业的挑战。

（二）Fintech 初创企业

自 Fintech 兴起以来，越来越多的创业型公司和技术公司开始布局 Fintech，对促进科技向金融的渗透和融合起到重要的推动作用。比如 2016 年 5 月 31 日在深圳成立的金融区块链联盟就是技术公司向金融领域渗透的典型做法，联盟的区块链技术公司和创业公司通过整合和协调区块链技术研究资源，联合金融机构推进区块链技术在金融领域的探索和研发。

创业型公司和技术公司深谙科技发展逻辑和技术优势，寻找未被传统金融机构覆盖的细分市场，Fintech 企业利用大数据、人工智能、移动互联等新兴技术提供低门槛金融服务，与银行所提供的金融产品和服务不是颠覆的关系，而是互为补充。但随着 Fintech 监管的探索和逐步到位，Fintech 企业参与金融业务必须通过与持牌机构合作，从而限制了 Fintech 企业的业务扩张路径和速度。

（三）以电商、社交平台为代表的互联网巨头

互联网公司通过创建商业场景，积累了大量的用户和流量，从生态圈外围向金融业不断侵蚀，已经成功撬走了"长尾客户"中的大量零售和小微客户。国内以百度、阿里、腾讯（BAT）为代表的互联网科技公司和国外以 Google、Apple、Facebook、Amazon（GAFA）为代表的互联网科技公司结合自身优势，逐步将金融深度植入各类生活场景之中，如百度的流量延伸、腾讯的社交金融、阿里的移动支付，这些产品在提升用户体验的同时，也在不断构筑各家的闭环生态系统。完整的生态系统为 Fintech 的发展提供了资本、人力和应用场景的支持，"由面及点"式的聚焦发展使互联网巨头们有望在 Fintech 领域引领潮流。

前期互联网巨头对整体金融的革新意义大部分聚焦于前端渠道拓展，属于粗放式布局阶段。Fintech 袭来，各家公司也利用资本和技术优势进入了更为精细化的发展时期。微众银行作为国内第一家所有业务系统都架构

在云计算上的互联网银行，现有 50% 的员工都是科技人员。微众银行以腾讯云作为底层技术支撑，构建分布式金融系统的基础平台。蚂蚁金服利用区块链技术开发支付宝爱心捐赠平台，让每一笔款项的生命周期都记录在区块链上，有助于解决整个中国社会公益透明度和信任度问题。

（四）电信运营商

电信运营商的核心业务只针对信息流量收费，较少涉及内容运营，在阿里、京东等互联网公司的冲击下，市场主导优势渐失，迫使不少电信运营商向 Fintech 领域进军。通过布局 Fintech 业务，电信运营商能够实现移动互联网业务与 Fintech 业务的战略协同发展，有助于电信运营商在下一轮竞争中占据有利地位。

从用户流量来看，伴随实名制的推行，用户的画像将更加精准，每一个手机号背后都是一个清晰可见的真实用户，涵盖用户个人信息及消费行为信息，以数据作为支撑电信运营商能水到渠成地切入 Fintech 领域。从渠道盘活来看，电信运营商以移动支付为主进行布局，由话费支付延伸至多类金融消费场景，打通移动支付、金融理财等金融消费需求，降低金融服务门槛。比如中国移动加快 NFC（Near Field Communication）发展，支持用户通过手机空中开卡，同时还支持贴卡充值和穿戴设备充值等功能，用户只需携带一台具备 NFC 功能的手机便可乘坐公交和购物刷卡。肯尼亚电信公司 Safaricom 推出移动支付平台 M–Pesa，被称之为"看不见的银行"，用户使用智能手机便可轻松存款、转账、领取退休金和支付账单。从渠道拓展来看，运营商一方面利用自身优势，触达未能得到充分金融服务的客户群体，比如校园、农村、其他偏远地区以及境外客户，为其提供高效、便捷、低成本的金融服务；另一方面加强与终端厂商的战略合作，借助渠道，推出相应的金融产品。

尽管有着上述优势，电信运营商在 Fintech 的布局上仍处于战略规划的阶段，行业经验少、人才储备稀缺以及传统组织架构与 Fintech 快速迭代升级的冲突等问题仍是短板。

（五）传统实业公司

经济新常态下，传统实业公司面临产能过剩、结构调整的阵痛。在 Fintech 浪潮的推动下，传统实业公司从多角度切入 Fintech 领域。一是充分发挥线下门店优势，结合"互联网＋"思维、技术和手段优化实体店消费场景，提升用户体验和提高营运效率。二是借助大数据、云计算、物联网、人工智能、区块链等新兴科技促进产业上下游的供应链金融发展，实现产融结合。三是推出孵化和加速的举措，创新金融新范式，开展金融服务业务，包括但不限于支付、借贷、财富管理等领域。比如，一些上市传统实业公司开展借贷、投资、支付、保险、财富管理等金融业务，积极开展战略转型（见专栏 2 - 1）。

2015 年，Linux 基金会发起超级账本区块链项目（Hyperledger Project），短短一年多的时间，全球不同行业的传统实业公司相继加入，包括美国零售业巨头沃尔玛、IT 巨头 IBM、英国软件开发公司 Cloudsoft、日本电机业巨头日立和中国大型智能手机供应商华为等公司，聚焦区块链技术的研究和应用，打造新一代物联网模式，提高供应链交易的透明度、实时性以及记录的精准性。

　　传统实业公司在进军 Fintech 领域有先天优势，如规模庞大、多渠道拓展、资金充足，但过于陈旧的商业理念和商业模式将是它们产业转型急需解决的痛点问题。

二、传统金融机构应对 Fintech 初创企业的 SWOT 分析

　　Fintech 初创企业的崛起，对传统金融机构造成了一定的冲击，以下站在传统金融机构的视角，运用 SWOT 分析方法，综合分析传统金融机构相对 Fintech 初创企业而言具有的内部优势和劣势以及外部机会和威胁，为制定应对策略提供参考。

（一）内部优势（S）

　　1. 政策支持。传统金融机构是国家经济发展的重要引擎，享有国家政策支持。传统金融机构的政策优势主要体现在经营牌照上，传统金融机构自成立就受国家法律制度的认可和监督，拥有监管机构下发的经营牌照，使传统金融机构在法律方面面临的不确定性要明显低于 Fintech 初创企业。

　　2. 实力雄厚、信誉好。传统金融机构具备雄厚的资本和资产实力，使其在 Fintech 领域的研发创新上更具竞争优势。据不完全数据统计，传统金融机构在金融市场的市场份额，包括资产规模、交易规模、资金规模和数量以及覆盖面都占有绝对优势，完善的经营网络，齐全的金融业务，这是任何一家 Fintech 初创企业都无法比拟的。此外，传统金融机构成立时间长，历经多次金融危机的考验，且国家对其审批非常严格，使传统金融机

构与 Fintech 初创企业相比，信誉度、安全性和认知度更高。

3. 客户资源丰富。客户资源是金融业的立身之本，也是行业机构发展和竞争的有力武器。传统金融机构经过长期的发展运营和渠道拓展，积累了多层次的个人和企业客户资源。此外，传统金融机构通过战略、利益协调机制和关系定价等策略，与客户建立了长期全面的关系。Fintech 初创企业虽然发展较快，但品牌知名度有限，产品竞争激烈，客群定位更多体现在长尾用户上，客户类别有限导致客户互补性较弱，对平台流动性管理要求提高。

4. 风险控制体系健全。一方面，传统金融机构面对日趋严格的外部监管和日益激烈的同业竞争，为维护自身优势地位，引入先进的风控理念和风控技术，完善风险管理制度和组织架构，不断强化自身风险管理体系，提高风险控制能力；另一方面，传统金融机构在保持业务发展、结构优化和盈利增长的同时，坚持审慎风险管理原则，确保客户资金安全和资产优良，在实现风险、资本和业务协同发展中实践并积累了丰富的风险管理和控制经验。与此同时，Fintech 初创企业的监管还处于空白的状态，在风险管理和控制方面，无论是理念、技术还是人才等都逊于传统金融机构，有待加强和完善。

5. 金融专业人才储备。当下，在金融产品很容易被快速克隆、硬件设施已不能成为竞争砝码的背景下，软实力成为传统金融机构竞争的着力点。传统金融机构聚焦人才的培养，不仅包括熟悉金融运行规律的金融人员，还包括风险管控人员、技术开发人员等，以此来获取持久的竞争力。而对于 Fintech 初创企业，引入架构完整的专业金融人才团队，成本高昂且稳定性差，现已成为当下 Fintech 初创企业业务拓展面临的掣肘。

（二）内部劣势（W）

1. 新技术运用能力不足。传统金融机构虽然经过多年的运营和发展，已具备强大的电子支付、清算和结算系统，完善的金融业务处理、安全认证、安全处理等技术。但传统金融机构由于基础设施系统庞大、维护成本昂贵、信息化重视程度不够、自主创新能力不足，且出于对机构内部利益平衡、新技术监管和风险的考虑，往往会对新技术的运用抱以谨慎和怀疑的态度，反应迟缓而且被动，在新技术的运用上难免显得捉襟见肘。

2. 产品设计缺乏创新。传统金融机构秉持以金融产品为中心的服务理念，在多数金融产品的开发中，并没有将客户放在中心地位，没有针对性地对客户的消费习惯、交易信息和消费需求等进行深层次的数据挖掘与分析，在金融产品的设计和营销方面也缺乏创新特色，对客户体验的重视和关注不足。

3. 业务流程烦琐。传统金融机构给客户留下的印象往往是"贵、繁、慢"，究其原因主要是对历史路径及组织形态的过分依赖，对风险的过度把控及细节的追求，从而忽略了机构服务质量、效率和客户体验。以银行信贷为例，银行的信贷流程一般是借款申请、贷前调查、风险评估、逐级审批、合同签订、贷款发放，流程环节多且复杂，审批时间也较长。而 Fintech 初创企业的贷款申请借助于互联网或移动设备等设施，借贷过程简单很多，客户通过鼠标一键点击就可完成审批流程，便捷又高效。

（三）外部机会（O）

1. 数字化身份系统的建设契机。身份是一切经济活动得以进行的关键。当前，随着社会的互联网化和网络化不断外延，数字化身份以一种抽象的方式实现对多样化信息的超越，降低了交易成本，打破了交易时空的界限，促使交易更加自由化和安全化，并且提高了交易发生的频率，实现了社会资源的优化配置。但是目前的数字身份系统是一个全球痛点问题，只局限在探索阶段，数字化身份系统的滞后严重制约了高效的、安全的、基于数字的 Fintech 产品的发展和传递步伐。传统金融机构具备引领数字化身份建设的先发优势。多年的业务经营积累了海量的用户信息、完善的业务操作和数据使用监管原则、交易中介转变身份中介的优势以及信息和资产存储深得消费者信任，这些方面都可使其在与 Fintech 初创企业的数字化能力竞争中拔得头筹。

2. 大数据技术的发展。大数据技术的发展有助于传统金融机构实现精准营销和降低风险。第一，海量的互联网行为数据能够提供用户喜好、购买意向和购买动机等真实信息，通过挖掘分析网络行为数据，不仅能够帮助传统金融机构快速洞悉用户购买产品的真实想法，还能发掘影响用户购买决策的关键因素。在此基础上，传统金融机构能够及时为用户推送符合其购买意愿的个性化产品，提升产品营销的精准度，缩短产品营销周期，提高传统金融机构的运营效率。第二，传统金融机构借助大数据技术对金融行业积淀的海量数据进行分析，不仅考虑用户相关业务的历史数据，还会将多个与业务相关的弱变量加入风控模型。例如，将用户水电费的缴纳情况纳入大数据风控模型中，从而更加细致准确地判断用户的信用情况，能够有效降低信用评估、产品研发、机构运营和决策制定等环节的金融风险，大幅降低金融行业的风险损失。

3. 合作共赢的发展机会。Fintech 初创企业依托于互联网技术，为客户提供便捷、高效、低成本的金融产品和服务，客户的消费模式及消费偏好习惯都发生着根本的改变，客户不再满足于标准化的金融产品，更加青睐于差异化、个性化且快捷的金融产品和服务。Fintech 初创企业的迅猛发展，为传统金融机构带来了"鲇鱼效应"，倒逼着传统金融机构在业务层面通过收购、与初创企业战略合作合资的模式开展合作，在资本层面通过投资、孵化加速初创企业举措积极实现战略转型。

（四）外部挑战（T）

1. 金融中介角色弱化。在过去的金融市场上，传统金融机构是资金流、信息流和客户流的中枢，但随着 Fintech 初创企业的发展，传统金融机构的中介角色有逐渐弱化的趋势，"金融脱媒"逐步深化。传统金融机构的"金融脱媒"体现在三个方面：一是客户不再依赖传统金融机构中介的间接融资，而是依托互联网平台进行直接融资，实现资金供求双方的直接匹配，形成资金脱媒。二是数据挖掘技术和智能搜索引擎掌握海量客户信息，解决了信息不对称的问题，降低了交易成本，增加了交易机会，实现了信息脱媒。三是客户不直接与传统金融机构接触，而是通过第三方平台开展金融交易，传统金融机构的客户忠诚度受到挑战，造成客户关系脱媒。

2. 收入来源受到威胁。传统金融机构的收入来源主要来自两个方面，一方面是存贷利率差收入，另一方面是手续费及交易佣金收入。随着 Fintech 初创企业业务范围的不断延伸，特别是 P2P 网络借贷平台、第三方支付平台和理财销售平台的崛起，传统金融机构的借贷业务和中间业务逐渐被替代，越来越多的客户资源和市场份额被抢占，两部分的收入都受到了蚕食，传统金融机构的收入来源和盈利能力受到挑战。

3. 经营模式受到冲击。传统金融机构经营模式受到的冲击体现在两个方面：一方面是随着新兴技术的快速发展，人们的消费习惯发生着根本改变，个性化、差异化和场景化的金融产品和服务更受青睐，越来越多的消费者减少了对传统金融机构金融服务的依赖；另一方面是传统金融机构无法有效处理个人消费者、中小企业及其他未被金融服务覆盖的客户群体分散化和多样化的风险。Fintech 初创企业在这两方面表现出极强的竞争力。传统金融机构要顺应 Fintech 发展趋势，对重构金融业态的理解不能停留在物理网点的替代上，要认识到 Fintech 不仅仅是一种科技赋能，而且是金融和科技深度渗透和融合后带来的商业模式的彻底变革。

三、传统金融机构与 Fintech 初创企业的合作方式

传统金融机构和 Fintech 初创企业是 Fintech 的两大主要经营主体，传统金融机构是最早和最大的参与者，Fintech 初创企业是新兴挑战者。在 Fintech 发展浪潮的推进下，传统金融机构主动拥抱 Fintech，在业务层面通过收购、战略合作、合资的方式与 Fintech 初创企业开展合作，在资本层面通过投资、孵化 Fintech 初创企业，积极实现战略转型。

（一）业务层面

1. 收购。传统金融机构通过收购高潜力、颠覆性的 Fintech 初创企业来参与和分享科技创新，并从获客、营销、风控、组织架构等环节中获取较高回报。

首先在获客环节，降低获客成本，提高利润。Fintech 初创企业具有连接多个场景的强大获客能力，以客户需求为核心提供便捷、高效的客户体验，不断抢占传统金融机构赖以生存的客户钱包份额，撬动客户关系。传统金融机构通过收购 Fintech 初创企业的方式可以大幅减少获客成本和维护成本，间接提高利润收入。

其次在营销环节，填补市场差异空白。Fintech 初创企业摒弃传统广告推广方式，通过创新产品和服务打造品牌知名度。传统金融机构可以利用其新颖且不同寻常的营销方式，改善用户对产品和服务的印象。

再次在风控环节，降低违约风险。Fintech 初创企业一般具备新兴数字化技术，通过数据搜集和挖掘技术能够掌握海量的客户信息数据。传统金融机构可以借助其大数据和机器学习等新兴技术打造更加先进的风险管理系统。

最后在组织架构环节，收购创业者和团队。Fintech 初创企业运营机制灵活、激励机制完善，且旗下有一支出色的精英团队。传统金融机构收购 Fintech 初创企业能带来"鲇鱼效应"，为自身带来改变，注入活力。值得注意的是，传统金融机构收购 Fintech 初创企业之后，需要保持 Fintech 初创企业商业运营和组织架构上的独立性，为业务发展预留一定的空间。

以美国高盛为例，它通过收购初创企业 Honest Dollar 来弥补自身营销渠道的短板，利用其互联网分销渠道，通过电脑自动生成的投资组合降低建立退休储蓄计划的成本。为推进数字化，法国第四大银行 BPCE 将德国传统银行业颠覆者 Fidor 成功收入麾下。BPCE 期待通过 Fidor 的技术创新来实现自身数字化发展，比如推出移动支付应用，使用户仅发一条信息就能进行转账。华泰证券股份有限公司通过其全资子公司收购 AssetMark，通过新技术的引进，提升其客户的服务效率，减少不必要的工作量，间接使投资者获益。

2. 战略合作、合资。传统金融机构正在以互惠互利的方式与 Fintech 初创企业开展合作，通过合作和合资的形式分享 Fintech 成果。例如，传统金融机构可以提供充足的资本、先进的风控理念，以及共享发展所需的客户。作为回报，传统金融机构受益于 Fintech 初创企业在某种特定产品或服务、特定功能层面的创新金融技术，利用创新金融技术在现有系统内部进行试验，推动内部业务组织流程和系统平台的改造。

以美国最大的银行摩根大通与网络借贷平台 OnDeck 的战略合作为例，摩根大通融合自身的业务关系和放贷经验，加上 OnDeck 的技术平台和评分引擎，优化和缩短贷款审批流程，提供即时贷款审批服务，开通"当天放款"或者"隔天放款"功能，共同努力提升了 400 万小企业客户的融资服务能力。

（二）资本层面

1. 投资。传统金融机构在 Fintech 如火如荼发展之际，大力度投资 Fin-

tech 领域是必然的。其主要通过两种方式来投资 Fintech 领域：一是直接投资互联网、数据挖掘与分析、智能开发、云计算、云存储等创新企业，便于这些创新企业去融资和提高市场市值，开拓更多的客户。二是设立专门投资 Fintech 项目的基金，并不局限在移动支付、借贷以及理财业务上，在金融高端服务业上也主动进攻，比如金融证券分析师机器人。美国高盛就曾向 Fintech 企业 Kensho 投资 1500 万美元，研发针对专业投资者的大数据处理分析平台。Kensho 的面世曾对传统金融机构带来不小的冲击，因为它取代了传统理财顾问在交易中所扮演的角色。Kensho 通过自动化人力密集型研究，可即刻回答数以百万计的复杂金融问题，为投资者、分析师和交易员提供 Siri – Style 式服务。除美国高盛以外，花旗银行旗下的花旗风投也投资了大量的 Fintech 初创企业，其活跃度在行业中排到首位。

2. 孵化。传统金融机构通过孵化的举措，培育和分享初创企业的成长。孵化方式是当下传统金融机构和 Fintech 初创企业合作模式的首选之一。传统金融机构可以建立资本充足、风险容忍度高的创业孵化机构或部门，与高校、技术公司和创业企业进行对接，通过“黑客马拉松”新型论坛、APIs 技术的交流活动以及定期举办的业务技术培训活动，一方面参与、培育 Fintech 创新，另一方面也建立人才储备。[①]

按照传统金融机构对孵化器的控制程度，可将孵化器分为三种类型：一是传统金融机构对孵化器拥有所有权。传统金融机构内部设立加速器，独家投资和赞助初创企业，并由内部高级人才指导创业企业的商业运营。

---

① 何大勇．“万物互联”时代下的传统金融机构发展之道［J］．银行家，2016（8）：110 – 112.

市场经验丰富、组织能力强和资本充足的大型金融机构一般倾向于这种模式。二是合资形式。传统金融机构与孵化器进行合作，引导孵化器，对其提供一些商业指导，并有选择性地对初创企业进行股权投资。这种模式较适合市场经验少，但具备强大组织能力的金融机构。三是"师徒"关系。孵化器是初创企业的独家投资人，传统金融机构服务依赖于孵化器，并扮演导师角色，给予一定的资本和商业指导支持。一般市场经验少、组织能力较弱的金融机构较多选择这种模式。这种模式所承担的风险也最小。

目前，众多传统金融机构都积极设立创新实验室、孵化器来参与 Fintech 创新。其中，美国 Capital One 和富国银行是行业的领跑者，Capital One 属于第一种类型，在机构内部创建了三个数字化创新实验室，并且推出专门投资 Fintech 的风投基金。富国银行属于第二种类型，投入大量资金支持初创企业孵化，与 Fintech 初创企业开展合作平台，将新技术运用到自身的平台和系统领域。

基于业务和资本投资需求，传统金融机构根据特性和优势选择适合自身的方式与 Fintech 初创企业开展合作，合作模式通常会存在交叉重叠。随着 Fintech 演化推进，大数据、云计算、人工智能、区块链等金融创新技术的兴起，传统金融机构将不断变更和探索与金融初创企业的合作方式，实现创新变革。

专栏 2-1　实业公司的 Fintech 实践

在 Fintech 的主要经营主体中，除互联网巨头与传统金融机构外，实业公司也成为抢滩 Fintech 的主力军之一。这些实业公司有为金融业提供服务的硬件设备制造商和金融软件开发商，如华为、恒生电子等。此类公司熟悉金融业务流程和性质，本身又具有一定的技术积淀，在 Fintech 的探索与发展方面具有业务和技术上的双重优势，既能积极参与到大数据、云计算、人工智能、区块链等领域的布局，又能实现原有业务的升级，开展基于 Fintech 的新业务。另外也包括以传统制造业、房地产业、零售业等为代表的传统实业公司，这些公司在业务多元化的过程中向金融业拓展，Fintech 成为行业切入点或重点业务领域。房地产企业通过线上线下联动开展金融全行业模式，走在行业前列，具有代表性的企业有万达。传统制造业也是 Fintech 的重要参与者，如红星美凯龙等耐用消费品制造商。零售业通过物联网等方式接入供应链金融，并借此打开金融行业全产业链，这类企业中以永辉超市为主要代表。

本专栏主要以不同行业的代表性企业为例介绍实业公司在 Fintech 方面的业务布局，并从转型路径和业务关联的角度对实业公司进行 Fintech 布局情况进行分析，比较实业公司进行 Fintech 布局的优势。

一、实业公司 Fintech 布局、转型路径与业务关联

（一）制造业

1. 互联网设备制造业。

（1）硬件制造商：华为。华为作为互联网设备制造商，是 ICT（Information Communication Technology）解决方案的供应商之一，在移动终端设备制造市场拥有较大份额。并在科技研发方面走在同行业的前沿，在远程服务、语音识别方面都有研究，使其在提供金融服务方面具有先天的技术优势，能通过智能感知、智能管理、智能分析和智能协同，推动银行不同业务部门之间跨区域实现横向与纵向的协同合作，帮助提升服务效率。

华为通过与 200 多家金融机构合作踏入 Fintech 领域，包括全球多家银行。目前，华为已经为中国人民银行和中国农业银行提供全国一级骨干网络建设，为中国工商银行部署 10 万用户 UC，为香港证券交易所提供视频监控网络。

华为 VTM（Virtual Teller Machine）远程银行解决方案已用于多家金融机构，华为为客户和合作伙伴提供安全可靠的 VTC（Virtual Teller Center）平台，让排队路由、视频通话、远程共享、远程填单和产品推介等功能顺畅应用，为客户提供全渠道金融服务。通过在 VTM 领域的不断深耕，华为携手各 VTM 和金融服务软件供应商等合作伙伴，逐步形成了完整的端到端产业链，并呈现出由 VTM 单一应用向社区银行、家庭银行、掌上/移动银行全渠道服务应用的发展趋势。

华为除了为金融机构提供大数据、云计算、智能设备等方面的联动服务以外，还依托终端与科技优势与银联展开合作，运用 ICT 构建其金融智能整体框架，并宣布加入 Linux 基金会旗下的超级账本项目，通过合作谋求终端设备的良好运用。

（2）软件制造商：恒生电子。恒生电子是国内颇具影响的一家金融软件开发商，同时作为软件开发和系统集成商，也涉足电信、政务、安全、软件外包等领域。恒生电子是国内唯一一家能够覆盖银行、证券、基金、保险、信托、期货等各金融行业的 IT 服务公司，金融 IT 市场的占有率领先。恒生电子公司一方面自主设立研发基金，积极开展人工智能、区块链等方面的深入研究；另一方面通过收购相关企业成为恒生聚源唯一股东。

恒生电子 2016 年中报显示，其研发支出从 2.9 亿元提升到 4.5 亿元。公司在大数据、人工智能、区块链等方面均有推进，其中，在区块链领域的尝试颇受市场瞩目。

恒生电子负责牵头研究区块链票据管理课题，另外还有以太坊轻钱包课题。关于其区块链票据系统的信息从 2016 年 4 月开始陆续见诸媒体访谈及公司与投资者的沟通，但在公司的公告中并未披露具体细节。

根据中国证券网题为《基于区块链技术的数字票据或将面世》的文章，恒生电子银行财资管理事业部解决方案部负责人曾向记者表示："我们尝试将开票和贴现等票据一级市场的交易场景放到链上。比如，在开票环节可以将贸易背景放入区块链并进行验证贸易背景的真实性，以确保票据职能没有被滥用。在贴现融资环节，可以将票据数字化，直接在链条中找金融机构进行融资，并将贴现记录存放到链条并广播，后续可以直接通过链条查询到信息。目前，企业在票据贴现时需要跑多家银行询价、问规模等事宜，而实物票据数字化到链条后这些环节都可省去。"

从目前公司透露的信息看，其票据业务的区块链探索属于联盟链。联盟链是区块链的一种，相对而言应用范围会小一些，不具有比特币那样的网络传播效应，但可操作性更强，也被认为是未来区块链技术的一个较有前景的方向。

目前，票据业务整体规模较大。2015 年，全国企业累计签发的商业汇票达 22.4 万亿元。票据业务场景较多，其业务链条包括开票、背书、贴现、转贴现、托收等，被认为可能成为区块链技术较早应用的金融领域。区块链技术的分布式架构和不可篡改等特性，可以解决当前票据市场中较为严重的真实性、信息不透明以及票据流通中出现的违规等问题。同时也可以简化银行环节的询价等流程，提高效率。

根据媒体的报道，参与区块链票据应用研究的还有上市公司高伟达、赢时胜等，但在公开信息中并未具体披露进展。截至 2016 年底，恒生电子及赢时胜均为金链盟成员。

恒生聚源为恒生电子收购的全资子公司，主营业务为提供大数据服务，并于 2014 年 12 月发布《关于发布中证淘金大数据 100 指数的公告》，称将在 2015 年 1 月 21 日开始发布中证淘金大数据 100 指数。该指数是全球首只电商大数据指数，由蚂蚁金服、恒生聚源及博时基金共同编制，中证指数负责发布。

根据该公告，主营大数据业务的上海恒生聚源数据服务有限公司负责样本选取中的数据加工工作。在样本空间的选取上，采用恒生聚源数据服务有限公司基于蚂蚁金融服务集团旗下支付宝金融信息服务平台数据进行加工后得到的，与网络电商商品类目相关的中证三级行业，比如家庭耐用消费品、休闲设备与用品、纺织品与服装、酒店餐馆与休闲、食品与主要用品零售、食品饮料、家常用品、个人用品等行业，选取相关行业中所有股票，得到样本空间。

而在 100 只指数样本股的选取上，恒生聚源同样负责数据加工，样本股的综合评分，除了考虑综合财务因子、市场驱动因子外，还包括聚源电商大数据因子。首先，蚂蚁金服旗下支付宝金融信息服务平台提供网上消费类统计型趋势的特征数据，经由恒生聚源数据服务有限公司加工得到行业投研指标。其次，根据所得行业投研指标，综合考察行业的景气度，包括成长、价格、供需情况等，得到行业景气度排名。最后，根据景气度对行业内股票给予相应评分，得到聚源电商大数据因子得分。

2015 年 4 月下旬，博时基金发行了两款与淘金 100 指数挂钩的基金产品，保本型产品招财一号，及指数型产品淘金 100 指数基金。

从市场表现看，根据天天基金网发布的信息，招财一号自成立至 2017 年 1 月收益低于同类平均水平；淘金 100 指数基金则优于同类平均水平。

表 2 – 1　　　　　淘金 100 指数基金与同类平均的累计收益比较

	淘金 100 指数基金	同类平均	差额
近 1 月	− 0.55%	− 0.56%	0.01%
近 3 月	− 0.21%	− 2.17%	1.96%
近 6 月	5.11%	0.99%	4.12%
近 1 年	33.67%	13.38%	20.29%
成立以来	− 11.99%	− 21.23%	9.24%

数据来源：天天基金网，截至 2017 年 2 月 6 日。

2. 传统制造业：红星美凯龙。红星美凯龙原有主营业务为家居生产和销售，2015 年通过自主投资成立全资子公司家金所，经营网络借贷业务。家金所平台的债权转让项目主要以其供应链上下游的商户为主。2016 年 10 月，在《网络借贷信息中介机构业务活动管理暂行办法》和行业的共同影响下，红星美凯龙家金所发布关于业务战略转型公告，暂停 P2P 网络借贷业务。但拥有不错家具市场份额的红星美凯龙并没有停止开拓科技创新和金融业务的步伐。

随着 200 多家线下家居商场的开张，结合线下场景，红星美凯龙旗下星易通汇与海尔消费金融联手打造消费金融线上产品"星易·家居贷"。这款线上家居贷款产品，以家电、家居等耐用消费品为依托，基于红星美凯龙封闭式场景自有系统的大数据及海尔消费金融的风控能力，开展消费金融，并试图在家居分期、社区金融、供应链金融等方面开展深入合作与市场开发。其中，海尔方面提供科学技术、运营管理、风险控制，并提出运用"金融 CPU 芯片"，这个提法是指将金融业务作为一种类似于电脑芯片一样的处理器功能对待，在这个芯片中，实现借贷、风控、审批等金融流程的系统化、标准化、机械化管理。

（二）房地产业：万达

成立于 1988 年的万达集团是中国最大的房地产商之一。两年时间，万达已经通过增持股份、收购和自助申请等多种形式完成了金融（包括 Fin-tech）的布局，万达通过收购快钱的方式获得了第三方支付牌照，通过多次增持百年人寿股份获得保险经营资格。万达网络小额贷款公司于 2016 年

1 月获得首张网络小贷执照，万达征信也在进行牌照申请当中。万达旗下已经涵盖六个业务模式：支付（快钱、快钱钱包）、贷款（万达网络信贷）、理财（快钱理财）、保险（百年人寿）、征信（万达征信服务）和众筹。截至 2015 年底，万达金融总收入为 209 亿元。

万达依托全国各大城市房地产线下的商户圈和社区圈，通过物业等渠道打通线上线下的数据和服务，一方面能够降低获客成本，另一方面以房地产项目作为资产端，通过自有支付渠道作为资金入口开发金融类产品。具有代表性的是 2015 年 6 月 12 日"稳赚 1 号"的推出，"稳赚 1 号"通过快钱钱包作为支付渠道，以房地产项目为资产端，通过众筹形式为项目融资。

万达通过 Fintech 布局不同金融业务，通过核心技术带动核心业务的构建，将不同类型的金融业务连接起来。万达推出飞凡卡，其现阶段定位是集引流、应用、积分、优惠、存贷、汇兑、信用卡和理财等多方位功能为一身的核心业务。运用云收款系统进行客户与商家的对接。飞凡卡已经开启与城市公共交通的合作，包括城市地铁、公交、城际航空等。另外，飞凡卡与国内银行合作绑定该行的信用卡功能。飞凡卡引入快钱第三方支付，开启在线支付功能，根据艾瑞咨询的分析报告，快钱在第三方支付行业中占有 7% 的市场份额，处于行业第四位。

飞凡卡作为业务引流的中心，通过万达的线下优势接入不同场景。万达已有的房地产业务等已经积累了优质的数据和风控模型，万达网络金融拥有全国最多、最齐全的商家和个人消费记录，利用先进的大数据分析和挖掘技术对海量经营消费数据进行科学分析和运用，可以更好地形成精准的公司及个人信用评估。

场景的接入也是为了更好地提供金融服务，即为万达商业广场的客户群体——包括商户与消费者提供金融服务，这主要体现在以下三个方面：嵌入场景的消费分期服务万能分期与小额现金借贷服务万能 Cash；万达广场小微企业的贷款服务，目前已推出产品连锁品牌贷和万达流水贷；供应链金融服务，目前包括核心企业上下游的商业保理服务等。

（三）零售业：永辉超市

永辉超市作为中国大陆首批将生鲜农产品引进现代超市的流通企业之一，其金融业务版图也开始逐步扩张。永辉超市通过发起注资的华通银行于2016 年 11 月 28 日获得银监会正式批准筹建成立。福建华通银行是永辉超市布局金融的最早尝试，2013 年由多方发起，永辉超市是其主要发起人之一。2016 年 7 月得到福建银监局的批复同意成立，是立足福建的一家民营银行，永辉超市为第一大股东。从业务范围来看，福建华通银行将主要从事吸收公众存款、办理国内外结算、发行金融债券、提供信用证服务及担保等银行业务。福建华通银行以"科技金融企业"作为自身的定位，打造围绕"科技金融、普惠金融、创新支付和供应链金融"的核心业务框架。

永辉超市还通过增持股票成为丝路通支付公司的股东之一。丝路通支付所在地重庆为"一带一路"途中重点城市，并在多年的经营中积累了大量农户、商户、员工、客户等跨区域性的真实数据，因此其在供应链金融、理财产品和进出口物流业务方面具有较大优势。

永辉超市旗下永辉小额贷款（重庆）有限公司注册资本金为 3 亿元。永辉小额贷款将通过互联网平台、数据和技术优势，不断提升融资效率和降低融资成本，推动中小企业持续健康发展，满足员工和消费者的信用消费需求，成为主流金融机构的有效补充。其经营范围为各项贷款、票据贴现、资产转让和批准的其他业务等，其中各项贷款和票据贴现业务会通过线上在全国范围内开展。

二、实业公司进行 Fintech 布局的优势

（一）拓宽收入来源

现阶段传统行业呈现"脱实就虚"的趋势。传统行业核心业务的利润压力渐增，实体经济的创收压力尤其繁重。企业通过开展金融服务能够获得另一个盈利来源，实现新的增长。

（二）产融一体化

新增业务领域在初级发展阶段的盈利能力尚且有待开发，但通过新业务的开发能为整体集团带来产业协同、生态闭环，从长期来看能创造更多的价值。实业公司布局金融业务能够实现产融一体的发展，做到精准销售、提高生产、降低融资成本。

（三）数据信息完备

实业公司，尤其是房地产企业与零售业，积累了大量的、优质的、可信赖的数据和线下资源。依托大数据和线下资源，实业公司能够降低昂贵

的获客成本。线上数据还具有转换率高、真实性强的特征，与 Fintech 产品的高替代性为实业公司布局 Fintech 业务提供了真实的可行性。

实业公司可以实现对企业资金流、物流和信息流的严格把控，在结算、风险预示、贷后管理方面有独特的优势。通过与金融机构开展合作，起到终端（客户）与服务提供商（金融机构）的连接作用，有发展至平台的潜力与趋势。

（四）优质资产端

实业公司的原有传统业务形成了 Fintech 产品设计时的资产端。万达通过房地产项目作为标的进行融资，家金所通过上下游商户的债权转让作为平台主要产品，万达也以地产项目中作为中小企业的商户作为资产端和服务对象。中小企业的融资具有周期性短、流动性强、数量大、风险分散的特征，这为提供服务的金融机构带来大量的现金流与丰富的流动资金，为战略投资等其他业务带来助力。

（五）消费场景

实业公司的传统业务拥有实际的目标群体。房地产公司拥有住房用户，制造业与零售企业拥有消费用户。实业公司根据不同消费群体构建不同的消费场景，拥有针对性强、执行力快的特点，同时，可以通过社区创造场景提供更优质化、更多元化的服务。总之，实业公司进行 Fintech 布局是"流量+场景"的完美结合。

技 术 篇

　　纵观金融行业的发展历史，不难发现在每次金融领域获得重大突破的背后，科技创新都起着重要的推动作用。印刷术改变了商品交易的支付方式，电报技术成为了资金转账服务系统的重要基础设备，互联网技术更是对金融机构的服务模式和风控方式产生了重大影响。从某种层面上来说，金融的发展史是一部科技的变革史。

　　近年来，各国政府不断加大对科技创新的重视程度和支持力度，投资机构也青睐于投资科技企业。科技创新的步伐不断加快，并逐步与金融业务深度融合，以大数据、云计算、人工智能和区块链等为代表的新技术已逐渐成为驱动金融发展的新动力。

第三章 大数据

随着互联网、物联网和社交媒体的快速发展，全球数据存储量呈爆炸式增长，大数据时代已经来临。国际数据公司（International Data Corporation，IDC）发布的研究报告《数字宇宙》称，预计到 2020 年，全球新建和复制的数据量将会超过 40ZB，中国的数据量将会超过 8ZB，增长率维持在 50% 左右。

金融机构在业务开展的过程中能够获取海量高价值数据，基于这个特性，金融行业天然地具备将数据价值变现的巨大潜力。目前，大数据在银行、证券和保险等传统金融领域以及互联网银行、互联网保险和互联网支付等互联网金融领域都有广泛的应用，包括用户画像、精准营销、风险管控、运营优化和市场预测等方面。

一、大数据发展概况

在国务院 2015 年 9 月印发的《促进大数据发展行动纲要》中将大数据定义为数据集合，具有海量数据规模、快速数据流转、多样数据类型和价值密度低四大特征。大数据不仅仅是指数据容量大，与过去的数据源相比，大数据的流转速度、复杂度和多样性都有所增加。

大数据的处理流程一般包括数据采集和存储、数据导入和预处理、统计分析以及数据挖掘。大数据作为一个数据集合并没有价值，但是通过采集、存储、导入、预处理、统计分析以及数据挖掘等由浅入深的数据处理流程后，大数据的价值逐渐显露，提炼出的分析和预测结果是大数据真正的价值所在。

（一）大数据的技术成熟度

大数据产业发展初期，对大数据的认知仅限于数据采集、数据存储或者简单的数据分析，该阶段大数据技术对其他行业的发展和推动作用十分有限，业内称之为"管理数据"阶段①。但随着大数据技术的提高，特别是数据可视化技术的提升，以及海量信息智能化处理、自然语言理解、多媒体内容理解和机器学习等高端技术的不断进步，机器对于数据的理解能力和学习能力有了重大突破，进入"理解数据"阶段。在该阶段，大数据可以更广泛、更深入地应用到更多的领域，例如，在金融领域中，随着大数据技术的发展，金融风险评估更为精确，金融产品也可逐步实现定制化。

在全球范围内，大数据技术在 2014 年已经步入 Gartner 新兴技术曲线的下降通道，且没有在 2015 年的 Gartner 新兴技术曲线中出现，说明大数据已经从概念热潮的峰值滑落，步入产业实施部署的"低调期"。大数据企业更加注重如何应用大数据创造价值，实时的数据分析能力日益成为企业的核心竞争力。在国内，大数据产业已经从初期探索的阶段步入到市场高度认同的阶段，大数据企业也已经从初期小规模探索的阶段发展到业务

---

① 高丹，向阳 . 中国大数据市场的特点与趋势［J］. 中国工业评论，2016（7）.

应用拓展的阶段。①

（二）大数据的市场概况

Statista 公司发布的数据显示，全球范围内的大数据服务行业已经步入平稳增长阶段，2015 年全球大数据市场规模将近 1500 亿元，同比增长 24.2%。在国内，大数据市场规模为 160 亿元，虽然仅占全球总市场规模的 10.7%，但同比增长率达 65.3%，是全球增长率的 2.7 倍，预计到 2018 年，国内大数据行业规模将会超过 500 亿元。

大数据领域的投资规模持续增长。根据 Gartner 2015 年度统计报告，在全球范围内共有 75% 以上的公司计划在未来两年内投资或计划投资大数据领域。在国内，投资者普遍看好大数据市场的发展前景，投资热度不断提高，投融资金额持续增加。2015 年，在大数据领域投融资金额接近 160 亿元，总计超过 120 起；2016 年，仅上半年就超过 80 起融资，其中投资阶段也由天使轮及 A 轮向 B 轮及之后发展，说明大数据公司的商业模式已逐渐成型。

案例 3-1：IBM

IBM（国际商业机器公司）于 1911 年在美国成立，是全球最大的信息技术和业务解决方案公司，其具体产品包括服务器与存储硬件、数据库软

---

① 智研咨询 . 2016—2022 年中国大数据行业市场运营态势及发展前景预测报告［R］. 北京，2016.

件、分析应用程序以及相关服务等。IBM 定位于商业智能分析软件，在围绕大数据开发出的产品中，DB2、Informix 与 InfoSphere 数据库平台、Cognos 与 SPSS 分析应用最为知名。同时，IBM 也为 Hadoop 开源数据分析平台提供支持。

IBM 的智能分析软件业务遍布全球 160 多个国家和地区，雇员总数超过 30 万人，其核心商业价值在于为企业提供完整的大数据分析解决方案，挖掘企业内部数据的价值，帮助企业解决业务难题，形成突破性构想，拓展企业的业务模式，提高企业运营管理效率。在金融领域中，IBM 的大数据和分析产品组合为金融机构，尤其是保险公司，提供从数据资源中获取洞察客户需求所需的能力。

案例 3 - 2："百度大数据 +"

"百度大数据 +"是百度开放的新商业"能源库"，平台基于百度海量的用户数据，与行业垂直数据结合，运用模型算法，有助于企业实现行业趋势的深入洞察、客户群的精准触达、分群精细定价和风险防控。

截至 2017 年 1 月，"百度大数据 +"平台为 O2O、零售、旅游、房地产、金融和保险六大行业提供行业洞察、客户群分析、营销决策、舆论监控、店铺分析、推荐引擎、数据开放平台和选址分析共八项服务。以保险行业为例，"百度大数据 +"保险主要面向保险公司，为其提供精准受众营销、差异化产品定价和客户欺诈骗保预警，有助于保险公司提高营销转化率、降低保险赔付率和风控成本。在与某大型保险公司的合作中，"百度大数据 +"运用 Lookalike 模型帮保险公司分析高价值客户，拓展目标客户并做在线精准营销，发现实验组广告点击率比对照组提升了 361% [①]。

二、大数据对金融领域的影响

大数据在金融领域的应用场景正在逐步拓展，在全球范围内，大数据已经在金融行业的风险控制、运营管理、利润创造和监管等领域得到全面的应用，对整个金融领域产生了重大的影响。在国内，金融机构对大数据的应用还基本处于起步阶段，数据整合和部门协调等关键环节的挑战仍是阻碍金融机构将数据转化为价值的瓶颈。[②]

（一）降低风险损失

风控是金融行业稳健发展的基石，借助大数据技术对金融行业积淀的海量数据进行分析，能够有效降低信用评估、产品研发、机构运营和决策制定等环节的金融风险，大幅降低金融行业的风险损失。

用户准入环节需要对用户的信用情况进行评估，对风险进行事前控制。金融机构的传统风控方式是通过搜集分析用户以往的相关业务数据，识别风险用户，但这种分析方式具有局限性，不能全面反映用户的信用情况。大数据具有数据体量大、数据类别繁多的特征，大数据风控不仅仅考虑用户相关业务的历史数据，还会将多个与业务相关的弱变量加入风控模型，例如，将用户水电费的缴纳情况纳入大数据风控模型中，从而更加细致准

---

① "百度大数据＋"官网资料整理。

② 邓俊豪，张越，何大勇. 金融机构如何驾驭大数据？[J]. 软件和集成电路，2015（8）：34－40.

确地判断用户的信用情况，在用户准入环节对用户进行筛选，提高用户的质量，降低金融机构的风险损失。

产品研发环节需要对用户需求进行精准分析，降低产品研发失败的风险。用户需求分析是金融机构产品研发的核心环节，大数据产品研发通过实时持续地从金融机构官网的用户反馈系统、论坛、社交网站以及新闻等信息源搜集用户需求的相关信息，分析整理收集到的半结构化数据，为金融机构提供更为精确的用户需求分析，提高产品研发成功率，降低金融机构产品研发环节的风险损失。

运营环节需要规避流动性风险，一旦金融机构在运营过程中出现流动性风险，其公信力将不复存在。大数据具有处理速度快的特征，运用大数据统计分析和数据挖掘技术实时处理海量与风险相关的信息，使风险预警模型能够及时识别流动性风险，向金融机构发出预警信号，帮助金融机构有效规避流动性风险，降低风险损失。

决策制定环节需要提高决策精准度，减少由人为干扰因素引起的决策失误风险。传统决策系统注重关键数据，而忽略其他相关数据，作出的决策存在着片面性。将大数据引入决策支持系统，以实时、横向、纵向三维模式广泛收集数据，对海量多维数据进行整合提炼，推进决策权力分散化、自动化，从而保证金融机构决策制定的科学性与精准性，降低决策制定环节的风险损失。

案例 3 – 3：Bankinter

银行识别企业用户违约风险的传统方式大多基于历史营业数据和信用

情况，未能考虑行业整体状况，导致评估结果不够全面。借助大数据技术，银行能够突破传统评估方式的桎梏，全面系统地对用户情况进行分析。

Bankinter 是西班牙十大银行之一，该银行借助大数据对影响行业发展的主要因素进行识别后，分别进行模拟，测试提炼所得的影响因素对企业用户业务发展的潜在影响，从而得到每个企业用户违约风险的综合评价，进而给出全面的企业用户信用风险分析，帮助 Bankinter 剔除信用风险高的用户。Bankinter 利用大数据技术对企业信贷风险进行控制，不仅提升了风险评估的准确性，还降低了风险评估成本，使 Bankinter 银行在风险定价方面更具竞争优势。

（二）提高运营效率

运营效率是金融行业发展的内生动力。传统运营模式下，信息不对称、市场调研成本高昂等因素导致金融机构的运营效率低下，无法作出实时有效的运营决策。面对瞬息万变的金融市场环境，金融机构的运营效率亟待提高。大数据具备数据面广泛、处理速度快的特点，能够高效快速地提炼海量数据中蕴含的有效信息，提升金融机构的运营效率。

大数据有助于金融机构实现精准营销。传统金融机构通过电话访问、直接谈话等调研方式无法确保获取信息的真实性，而海量的互联网行为数据能够提供用户的喜好、未来购买意向以及购买动机等真实信息，通过挖掘分析网络行为数据，不仅能够帮助金融机构快速洞悉用户购买产品的真实想法，还能发掘影响用户购买决策的关键因素。在此基础上，金融机构能够及时为用户推送符合其购买意愿的个性化产品，提升产品营销的精准度，缩短产品营销周期，提高金融机构的运营效率。

大数据有助于完善金融机构的服务体系。金融机构的服务体系需要随着时代的变迁和技术的发展不断完善改进，大数据已成为优化当前金融机构服务体系的关键之一。一方面，从各个信息源广泛采集用户的反馈信息，对这些海量信息进行分类分析，由此提出的改进方案能更好地从根源上解决当前服务体系存在的问题，建立更为高效的服务机制；另一方面，大数据是金融机构自动化服务系统的技术支撑，自动化服务系统能对用户服务需求进行实时有效的分析，比对成功自动进入服务程序，比对失败则转入人工服务系统，相应的服务需求将会被分析研究，与之匹配的服务机制能够迅速添加到系统中，优化服务系统，推动金融机构服务体系实现高度自动化，显著提高金融机构的运营效率。

案例 3-4：中信银行

中信银行是一家全国性的股份制商业银行，在面对数据存储、系统维护以及有效利用用户数据等方面面临巨大压力。为了解决上述问题，中信银行信用卡中心在 2010 年 4 月开始实施 EMC Greenplum 数据仓库解决方案，使信用卡中心能够获得用户画像，从而更为清晰深入地了解用户的价值体系，在此基础上开展具有针对性的营销活动，缩短产品营销周期，提高银行的运营效率。此外，中信银行信用卡中心基于数据仓库从风控、服务、交易等多个层面进行数据分析，识别用户价值度的高低，为用户提供与银行整体经营策略相符的个性化服务。

Greenplum 数据仓库解决方案的使用让中信银行信用卡中心每年减少大

约500万元的数据库维护成本。此外，中信银行信用卡中心借助大数据，发卡量也保持迅猛增长，其信用卡发行量早在2013年末就已突破2000万张。

（三）提高营业利润

营业利润是金融机构发展的源泉。营业利润的提升一方面有赖于成本控制，另一方面有赖于产品销售。下面从成本控制和产品销售两方面入手，分析大数据帮助金融机构提高营业利润的具体途径。

大数据有助于金融机构降低成本。第一，金融机构借助大数据，能够获取全面细致的用户画像，由此获知真实有效的用户偏好、未来购买意向以及购买动机，在此基础上进行产品个性化推荐和实时营销。与传统营销方式相比，大数据营销能够有效降低金融机构的获客成本。第二，金融机构运用大数据建立高效快速的决策支持系统。一方面，能够及时根据金融市场变动调整运营决策，更好地规避因决策支持系统时滞而带来的经济损失；另一方面，由于市场情绪在很大程度上能左右金融市场的价格走势，通过分析挖掘海量社交媒体数据中蕴含的市场情绪信息，金融机构能够较为精准地预测未来的市场走向，更好地规避因错误判断市场走向而引起的经济损失。

大数据助力金融机构的产品销售。一方面，金融机构借助大数据能够获取更为全面细致的用户画像，由此得到更为精准的用户需求分析，从而及时推送符合用户需求的金融产品，提高产品销售精准度；另一方面，借助大数据，金融机构能在用户意识到自己真正需要什么金融产品之前，分析出用户的潜在需求，向用户推送相应产品，将用户与他们所感兴趣的产品进行捆绑，由此提高用户的忠诚度。产品销售精准度以及用户忠诚度的提高，将扩大金融机构的产品销售量，带动营业利润的增长。

案例3－5：荷兰全球人寿保险公司（AEGON）

荷兰全球人寿保险公司（AEGON）成立于1983年，是世界上最大的人寿保险集团之一。公司为全世界20多个国家提供完整的金融保险服务，拥有超过1500多万用户，持有大量的原始用户数据，但缺乏将其转化为挖掘和洞察销售机会的能力。

AEGON与IBM展开合作，利用IBM客户关怀与洞察解决方案，通过强大的统计分析和建模解决方案，将用户生活事件和情况与保险需求关联起来，根据总档案和行为预测模型，AEGON能够针对个体要求精心准备保险产品。此外，AEGON还使用SPSS Modeler软件开发出用户扩展建模模块，为销售团队提供额外的洞察力。

基于此，AEGON公司能够快速、高效地分析大量用户数据，增强对用户行为和需求的洞察，从而提升服务的价值，提高用户的忠诚度，同时还能降低销售成本。此外，在运作过程中，公司能够得到更高质量、更具结构化的数据，通过广泛的程序和测试，使公司能够更好地进行市场分析。[1]

---

① IBM. 驾驭大数据和分析的威力为保险业所用［R］. 纽约，2013.

（四）提供监管便利

金融监管是金融行业健康运行的保障。金融行业随着技术进步发生重大演变，传统的金融监管模式难以对互联网保险、互联网信贷等新业态进行有效监管。将金融监管与大数据结合，有助于实现金融监管的及时性和有效性。

大数据有助于提高金融监管的及时性。受制于监管成本高昂、监管技术有限等因素，传统的金融监管能够获得的信息资源具有一定的滞后性，导致传统金融监管部门难以及时开展监管活动。监管部门借助大数据技术，有利于实现监管渠道电子化，降低监管机构的搜索成本，在此基础上，金融监管部门还能够及时监测金融行业的经营活动，提高金融监管的及时性。

大数据有助于增强金融监管的有效性。传统的金融监管部门受制于资源有限、信息不对称等因素，只能依据几个主要指标对金融行业进行监管，导致监管措施的有效性不高。大数据金融监管能显著增强监管的有效性：一方面，多样化的信息数据来源可以降低金融监管面临的信息不对称程度；另一方面，金融监管部门能够基于大数据技术，构建智能监测系统，提高监管措施的精准性。

案例 3 - 6：IBC

加拿大保险局（Insurance Bureau of Canada，IBC）成立于 1964 年，是一家全国性质的保险行业协会，其成员公司占加拿大财产险和意外险 90% 的市场份额。IBC 致力于提高民众购买家庭保险、汽车保险和商业保险的意识。

保险欺诈严重损害了保险公司的利益，作为全国性质的保险行业协会，为维护保险行业利益，IBC 的调查服务部门对可疑保险欺诈案件开展大量专项调查工作，但往往需要耗费数年才能获取调查结果。

为探索提高诈骗识别效率的方法，IBC 采用了 IBM 的大数据解决方案。IBC 与 IBM 合作在加拿大的安大略省实施概念验证（POC），通过分析过去六年中出现的23.3 万余起汽车保险索赔案件，发现 IBM 的大数据解决方案成功识别出 2000 余起可疑诈骗索赔，减少了近 4100 万加元的骗保损失。此外，概念验证的分析结果表明，IBM 的解决方案显著提高了 IBC 识别潜在欺诈的速度和精确性。IBM 和 IBC 估计，IBM 的解决方案每年至少可帮助安大略省的汽车保险行业减少 2 亿加元的骗保损失。[①]

三、大数据在金融领域的发展趋势

随着大数据平台安全可信性和软件通用性的提高、大数据共享交换标准的建立以及大数据挖掘和分析能力的增强，大数据在金融领域的重要性将会进一步凸显。

（一）金融大数据共享程度进一步提高

想要大数据在金融领域产生更大的商业价值，数据孤岛问题是横亘在金融机构面前必须跨越的一道坎。数据孤岛问题之所以存在，一方面是因

[①] IBM. 驾驭大数据和分析的威力为保险业所用［R］. 纽约，2013.

为当前缺乏大数据共享交换的统一标准，大数据基础设施不完善，存在数据泄露、数据丢失风险；另一方面是因为部分数据涉及商业机密，即便应用数据脱敏技术处理敏感信息能够大幅提高数据安全性，但各个金融机构出于审慎考虑，还是选择将涉及商业机密的数据留存于机构内部。

根据政府颁布的各项关于促进大数据产业快速发展的文件，可以预见金融大数据的行业共享程度必将得到大幅提高。数据流通与交易方面，《国家发展改革委办公厅关于请组织申报大数据领域创新能力建设专项的通知》（以下简称《专项通知》）中明确提出，要建设大数据流通与交易技术创新平台，用于支撑开展政企数据资源共享交换、公共数据开放流通、云平台上公共大数据分析与处理、跨系统公共大数据共享交换标准以及大数据资源与服务确权、估值和建模等技术的研发和工程化。数据安全方面，《专项通知》中指出要建设大数据协同安全技术创新平台，以支撑开展数据源可信验证、大流量数据安全传输、非关系型数据库存储安全、数据汇聚隐私保护、非结构数据动态脱敏、数据防泄露、软件系统漏洞分析、大数据系统风险评估和安全监测等技术的研发和工程化。由此可见，随着大数据基础设施日趋完善、大数据共享关键技术的不断攻克，金融领域的数据孤岛问题将逐渐被解决，金融大数据共享程度提高是大势所趋。

（二）大数据助力金融产业转型升级

随着金融大数据共享程度的提高，金融机构可以更加充分地了解用户的需求，不仅有助于实现金融服务的场景化，还有助于更深层次的产品开发，推动金融产业的转型升级。

一方面，大数据作为金融行业服务创新的驱动力，将进一步推动金融行业拓宽产品销售的场景。从用户需求出发，运用大数据将若干场景联结，在此基础上形成某个场景下的闭环，从而更为全面精准地挖掘用户痛点，真正实现精准化、个性化营销。

另一方面，大数据作为金融行业产品创新的驱动力，将进一步拓展各金融业态的触角。当前，国家大力支持建设大数据分析技术创新平台，随之而来的是大数据挖掘以及智能知识获取算法等技术的研发和工程化，金融机构能够更深入地洞察用户的潜在需求，实现更精准的产品定价和更深度的产品开发，进一步拓展业务范围，推动金融产业转型升级。

（三）大数据将重塑金融领域监管方式

由于受制于资源有限、成本因素和信息不对称，金融监管具有一定的滞后性，监管部门很难采取及时的监管措施。《专项通知》中明确提出，建设社会安全风险感知与防控大数据应用创新平台，支持开展社会安全防控大数据信息感知探测、多源异构信息融合理解、海量多维信息关联分析、社会安全风险预测预警等技术的研发和工程化。

由此可以预见，随着大数据安全标准的落地、社会安全风险感知与防控大数据应用平台的建成，金融领域的监管方式将发生变化，基于大数据的信息化监管将成为金融监管的主要方式，这是技术驱动下金融监管现代化的必然趋势。金融监管机构能够在合法合规的前提下，借助先进的信息化技术，构建新型信息化金融监管方式，实现对金融市场和企业动态大数据的实时智能监测，金融监管机构将能够更为及时精准地打击违法犯罪行为，更好地维护金融行业持续健康发展。

以北京市已建成的非法集资监测预警平台为例，非法集资预警平台的设计包括两个子平台：一是对正规金融产品登记的前台；二是发现非法集资线索的后台。前台提供信息给消费者，后台打击非法集资，利用互联网搜集信息，运用大数据挖掘、云计算技术，通过两次比对、一次干预、最后确认等一系列步骤，实现对疑似非法集资的企业进行不同级别的处置应对。[①]

---

① 霍学文. 大数据重塑未来金融监管方式［N］. 经济参考报，2016 – 06 – 24.

第四章　云计算

在全球信息化大潮的驱动下，云计算正在成为新经济的引擎，受到学术界、产业界和政府机构的高度重视。云计算作为推动信息技术资源实现按需供给的技术手段，与金融领域进行深度结合，有助于促进信息技术和金融数据资源的充分利用，是互联网时代下金融行业可持续发展的必然选择。

一、云计算的发展概况

美国国家标准与技术研究院（National Institute of Standards and Technology，NIST）将云计算定义为一种模式，通过云计算，用户可以随时随地按需从可配置的计算资源共享池中获取所需资源，资源包括网络、服务器、存储器、应用程序及服务等。共享池的资源可以被快速供给和释放，将管理的工作量和服务提供者的介入降低至最少。

云计算按 IT 资源组合的类型可以分为三类：基础设施即服务（Infrastructure as a Service，IaaS）、平台即服务（Platform as a Service，PaaS）和软件即服务（Software as a Service，SaaS）。云计算按照云用户的所有权大小及访问方式可以分为四类：公有云、私有云、社区云和混合云。

（一）云计算的技术成熟度

在 Gartner 公司发布的《2015 年度新兴技术成熟度曲线报告》中，原来的云计算技术转变为混合云计算技术，表示以公有云技术为主体的云计算技术已经基本成熟，结合私有云的混合云计算到达新兴技术成熟度曲线幻灭期的中点；在《2016 年度新兴技术成熟度曲线报告》中，曲线中不再包括混合云计算技术，表示混合云计算也基本达到成熟，开始进入产业部署阶段。

2015 年，国内的公有云市场呈爆发式增长，公有云基本走向成熟。在私有云方面，由于政府机构大力推进"互联网＋"发展战略，推动云计算、大数据、物联网和移动互联网等技术的普遍运用，政府、企业、医院等机构普遍选择在本地建设云平台或选择本地云平台服务商建设专有云，作为其应用系统的承载层，即使有机构使用公有云平台，也是将公有云平台作为远端备份或者双活系统，成为混合云平台。

（二）云计算的市场概况

全球范围的云计算市场总体平稳增长。中国信息通信研究院公布的《云计算白皮书》显示，2015 年全球以 IaaS、PaaS 和 SaaS 为代表的典型云服务市场规模达到 522.4 亿美元，增长率为 20.6%。SaaS 仍然是全球公有云市场的最大构成部分，2015 年 SaaS 市场规模达 317 亿美元，远超 IaaS 和 PaaS 市场规模的总和。预计 2020 年云服务市场规模将达 1435.3 亿美元，年复合增长率保持在 22%。国内的云计算市场总体保持快速发展态势。2015 年，国内的云计算整体市场规模达 378 亿元，整体增速为 31.7%。其中私有云市场规模为 275.6 亿元，年增长率为 27.1%。国内公有云服务逐步从互联网向行业市场延伸，2015 年市场整体规模约 102.4 亿元，增长率 45.8%，相比 2014 年略有下滑。

案例 4 –1：Amazon Web Services

Amazon Web Services（AWS）是亚马逊公司旗下的云计算服务平台，从 2006 年开始以 Web 服务的形式向企业提供云计算服务，帮助用户构建、保护和部署大数据应用程序。借助 AWS，用户无须购买硬件，也无须维护和扩展基础架构，即可将资源集中用于企业核心业务。AWS 在金融领域也有广泛布局，纳斯达克每天将平均 55 亿行的数据迁移至 Amazon Redshift，Capital One 正在将 AWS 服务的可用性、速度和弹性用于其关键任务型应用程序。

AWS 作为全球云计算市场的领跑者，为用户提供大量基于云平台的全球性产品，包括数据存储、数据库、信息分析、互联网、移动产品、开发人员工具、管理工具、物联网、安全性和企业级应用程序，是当下拥有最全面存储产品的云计算服务提供商。目前，AWS 在全球 13 个地理区域内运营着 35 个可用区，为全球 190 个国家或地区成百上千家企业提供支持。AWS 发布的 2016 财年第二季度财报显示，其净营收为 28.86 亿美元，同比增长 58%，运营利润为 7.18 亿美元，同比增长 136%。

案例 4 - 2：阿里云

阿里云计算有限公司创立于 2009 年，在杭州、北京和硅谷等地区都设有研发中心和运营机构。公司专注于云计算领域的研发，致力于为政府、企业等组织机构提供最安全、最可靠的计算和数据处理能力，让计算成为普惠科技和公共服务，为万物互联的 Data Technology（DT）世界提供源源不断的新能源。阿里云推出的金融云解决方案，为金融行业提供量身定制的云计算服务，帮助金融机构实现从传统 IT 向云计算的转型。

阿里云拥有庞大的用户群体，目前阿里云生态中已经有超过 230 万用户。此外，阿里云具有强大的计算能力，能够在 377 秒内完成 100TB 数据排序，比之前的世界纪录快三倍。阿里云公司的增长速度也大幅领先全球云计算行业。在 2016 财年，阿里云营业收入超过 30 亿元，全年的增幅达 138%；在 2016 年第一季度，阿里云营业收入为 10.66 亿元，同比增长 175%，已经是连续四个季度保持三位数增长。

二、云计算对金融领域的影响

（一）降低风险损失

传统金融机构需要构建并维护机构内部的 IT 资源，在这种 IT 资源配置模式下，金融机构主要面临两大风险损失。一方面，当金融市场波动引起突发性的用户需求暴增时，传统金融机构内部 IT 资源可能会配置不足，将无法响应所有的用户请求，甚至导致系统崩溃。这种情况不仅会降低金融机构的交易量，使金融机构蒙受损失，还会影响用户体验度。另一方面，当内部 IT 资源出现系统故障时，金融机构可能会永久性地丢失部分重要交易数据，这不仅严重影响金融机构的正常运营，还会使金融机构的公信力下降。

云计算能够帮助金融机构规避上述两大风险损失。一方面，云计算使金融机构的 IT 资源具备更高的可扩展性，使金融机构能够随时随地动态地获取所需的 IT 资源，可以根据实际需求的波动自动或手动调整云平台上的 IT 资源。云计算具有提供可灵活扩展的 IT 资源的天然特性，当出现不可预知的爆发式用户需求增长时，金融机构将有足够的 IT 资源应对突发情况，由此避免使用需求达到阈值时可能出现的损失。另一方面，云计算也使金融机构 IT 资源的可用性和可靠性大幅提高，通过在多个不同物理位置布置 IT 资源，使得云平台上的 IT 资源具备可恢复性，当某个 IT 资源出现系统故障时，相应任务即刻便转移到其他平台上处理，从而显著降低金融机构的风险损失。

案例 4 - 3：银河证券

银河证券于 2007 年成立，是国内领先的综合性金融服务提供商，提供证券经纪、证券交易、证券投资咨询和投资银行等综合证券服务。银河证券有近 800 万个用户，每天有近亿次的行情查询需求，同一秒钟登录用户端查询行情信息的用户峰值达百万次，以优质的带宽保证网站响应速度，为用户提供快速行情查询服务成为公司业务的重中之重。

银河证券引入阿里金融云作为现有站点的扩展，不仅增加了 IT 支持业务变化的灵活性，提升了 IT 与业务的融合度，还能进一步降低 IT 部门的工作压力。阿里金融云采用"波峰波谷弹性计算＋带宽随需而动"的工作机制，可根据行情的变动随时调整计算资源与带宽资源。当市场出现剧烈波动时，银河证券也有足够的 IT 资源应对爆发式的用户查询需求，可以有效避免使用需求超出阈值时可能出现的风险损失。

此外，阿里云为银河证券提供同城灾备、安全防护等服务，借助同城灾备服务，企业数据可自动在同城机房进行备份，若一处机房出现故障，备份机房可实现分钟级切换。阿里云还具备全球级的安全防护能力，银河证券可采用云盾、安骑士等安全服务，保障业务的稳定运行。

（二）提高运营效率

传统金融机构获取信息化能力的主要方式是向外部供应商购买大规模计算基础设施及人力服务，内部技术团队在此基础上开展集成运维和二次开发等工作，由此形成机构自身的信息化能力，从而支撑金融机构开展各项服务业务。

云计算极大地简化了金融机构的 IT 运营管理。云计算服务提供商将信息资源打包，直接为金融机构提供现成可用的解决方案，相较于金融机构内部技术团队提出的解决方案，对信息资源进行开发管理的时间大大缩短。

案例 4 - 4：澳大利亚金融集团有限公司（AFG）

澳大利亚金融集团有限公司（Australian Finance Group Ltd，AFG）是

澳大利亚最大的抵押贷款经纪人服务提供商，与 40 多家银行有业务往来，主要提供住房贷款、商业金融、证券类和保险类产品。AFG 凭借贷款快速拨付能力树立行业领跑者地位，高效运营成为其核心竞争优势。

AFG 通过将本地应用程序迁移至甲骨文企业资源规划云、甲骨文销售云、甲骨文计划和预算云服务以及甲骨文文档云服务中，实现 AFG 的商业模式和技术平台转型升级，使其具有更强的创新能力和更快的服务交付速度。具体表现为在自动化财务处理流程下，创新能力由 24% 增至 48%，每个月处理抵押贷款 60 万起，处理速度比未使用云服务时快 5 倍，创建代理速度快近 6 倍。AFG 在运用甲骨文企业资源规划云后，员工无须再进行数据录入和验证等劳动密集型工作，能够专注于业务改进，员工的工作效率和工作质量显著提高。此外，甲骨文提供的云服务使 AFG 的高级管理层具备更快的业务性能洞察能力和决策制定能力，并通过快速的信息共享机制增进 AFG 与银行及经纪人的合作关系。

（三）降低运营成本

传统金融机构不仅需要购买大量 IT 基础设施，还需要雇用专业技术人员维持内部 IT 环境的正常运转。IT 部门的巨额花销对金融机构来说是个相当沉重的负担，金融机构必须在业务性能和 IT 成本之间作出抉择。

云计算的应用能够极大地降低金融机构的运营成本。一方面，出于规模效应和专业化分工，云计算提供者能以更低廉的价格向金融机构提供服务，安排专业人员对基础设施进行集体维护，金融机构无须再耗费大量财力、人力在机构内部配置维护大量计算基础设施；另一方面，金融机构根据实际需求使用云平台上的 IT 资源，并按实际使用量进行付费，由此规避过度配置（IT 资源利用率不足）和配置不足（IT 资源过度使用）的问题，提高金融机构 IT 资源的使用效率，降低运营成本。

案例 4-5：浙江网商银行

浙江网商银行在 2015 年 6 月 25 日正式开业，是中国第一家核心系统架构在云平台上的银行。网商银行系统由蚂蚁金服专家团队自主研发，将最先进的核心银行系统思想与互联网金融理念相结合，采用全分布式的金融架构，完全基于蚂蚁金服和阿里云自主研发的金融云计算平台、移动互联平台、金融大数据平台和 OceanBase 数据库。在不到半年的时间内，网商银行通过蚂蚁金融云技术成功地自主研发网商银行系统，充分证明蚂蚁金融云具备高度的业务扩展性，足以支撑银行核心级别的复杂金融业务。

网商银行搭建在蚂蚁金融云上，所有的底层和系统都采用阿里云计算的技术。蚂蚁金融云覆盖金融业务系统研发、运行与管理所需要的整套技术服务，包括金融级的云计算基础设施平台 IAAS、平台即服务 PAAS、数据即服务 DAAS、移动互联即服务 MPAAS 等，未来还会推出面向各个金融行业的业务基础组件云服务平台 BPAAS。这些服务能够极大地降低分布式环境下金融系统的研发与管理难度，融合金融级系统标准的安全性、一致性、连续性、可靠性等特性，并将移动互联网时代所需要的高度并发、随时在线、实时互动能力，集成为技术平台的基础能力。云平台上的金融机构，只需要付出远低于传统金融技术的成本，就能够拥有处理高度并发金融交易、海量大数据处理的能力。

三、云计算在金融领域的发展趋势

（一）金融云计算安全保障体系不断完善

云平台的数据是否安全是影响金融机构是否接入云平台的核心因素。数据安全主要可以分为两个方面：一是保证数据的完整性，云平台需要保证数据不会丢失；二是对数据隐私的保护，云平台上的数据不会被非法访问。相比于传统的数据保存方式，云计算平台的虚拟化、多租户和动态性会加剧金融机构的数据安全问题。

随着云计算和移动互联网的普及，越来越多的数据将在云端存储，越来越多的金融业务将在云端开展，用户数据丢失或泄露是云计算企业面临的巨大威胁。从行业层面来看，云计算安全将会成为云计算服务商之间进行竞争的主要领域，云计算服务商会不断加大对云安全产品的投入，提高产品的可用性、智能性、安全性，防范黑客的攻击。从政府层面来看，政府会出台与云计算安全相关的法律法规，以法律的形式明确云服务提供商与用户之间的责任和义务，减少由于云服务提供商管理不当或者用户操作不当带来的数据安全问题。

（二）金融信息系统迁移至云平台

金融信息系统迁移至云平台是金融业发展的必然趋势。一方面，传统金融机构机房的空间资源和配电资源趋于饱和，对增量设备的承载能力明显不足，新的机房建设不能满足业务快速发展需求；另一方面，由于互联网金融业务发展需求呈现急迫性和网络化的特点，所以不间断的运营服务与业务量的突增给运维管理带来了更大的挑战。

金融信息系统迁移至云平台，不仅能够借助云平台弹性计算的能力，节省服务器等硬件资源的一次性投入成本和 IT 运维人员的投入费用，还能方便地整合和利用互联网上的各种云服务资源。金融机构还可以将高成本、非核心的外围系统或者同质化的基础金融服务，借助互联网实现业务外包，使自己专注于核心金融业务的持续创新以及运营管理。

（三）云计算将会提升中小型金融机构的竞争力

与中小型金融机构相比，大型金融机构在市场上往往具有更强的竞争优势。一方面，大型金融机构有足够的资金来配备最先进的基础设施；另一方面，大型金融机构内部的组织架构比较完善，有专门的业务部门来处理各种业务流程，例如，在风险控制方面，大型金融机构会专门设置风控部门来对风险进行控制，而中小型金融机构内部可能只配备少数风控人员。

随着云计算的发展，中小型金融机构能够低成本地在云计算平台上获取和大型金融机构同等先进的基础设施服务。此外，中小型金融机构也可以借助云计算平台将自身不太擅长的业务外包给其他专业的公司，或者是接入应用程序编程接口（Application Programming Interface，API），利用云计算平台上的资源提高相关业务的处理效率。随着云计算平台提供的服务不断优化，大型金融机构的规模优势将会逐渐消失，中小型金融机构的竞争力将会上升，金融机构之间的竞争将会主要集中在核心业务领域。

第五章 人工智能

在大数据技术日益成熟的基础上，随着大规模低成本并行计算的实现和深度学习算法的出现，人工智能进入加速发展阶段，开始渗透到生活的各个领域。将人工智能应用到金融领域中，能够有效缓解金融服务智能化不足的问题，驱动金融行业的智能化发展。

一、人工智能的发展概况

人工智能这一概念源于1956年的达特茅斯会议，在会议上第一次正式使用了人工智能这一术语。关于人工智能的定义，美国斯坦福大学的尼尔逊教授提出"人工智能是关于知识的学科——怎样表示知识以及怎样获得知识并使用知识的科学"。美国麻省理工学院的温斯顿教授则认为："人工智能就是研究如何使计算机去做过去只有人才能做的智能工作。"两个定义虽然在表达方式上有所不同，但所反映的基本思想和基本内容是一致的，即人工智能是研究如何模拟人类智能活动以延伸人类智能的科学。

（一）人工智能的技术成熟度

在 Gartner 公司发布的《2016 年度新兴技术成熟度曲线报告》中，共有 16 项新兴技术首次进入成熟度曲线，其中人工智能技术占比超过 50%，包括通用机器智能、情景经纪和神经形态硬件等。此外，随着智能手机语音助手使用率的快速增长和智能机器人领域的大规模并购，虚拟个人助理和智能机器人在新兴技术成熟度曲线上的位置明显前移。

随着深度学习算法应用的普及，图像处理技术有了很大提升，已经接近人眼视觉能力；语音识别准确率达 95%，已经接近人类听觉能力；开放领域的语义理解准确率达 60% ~ 70%、垂直领域的语义理解准确率达 95%，这意味着专用人工智能已经基本成熟。但是，真正意义上完备的人工智能系统应该是通用的智能系统，而非专用的智能系统，从专用人工智能到通用人工智能还有很长的路要走。

（二）人工智能的市场概况

在 Google、IBM 和 Facebook 等领军企业的带领下，全球对人工智能的关注度不断提升。截至 2015 年，全球人工智能市场规模为 1683.9 亿元，预计 2018 年将达 2697.3 亿元，增长率达到 17%。国内的人工智能市场受益于政策的支持和下游的需求带动，人工智能市场规模在 2015 年已经达 203.9 亿元，预计 2018 年将达 361 亿元，复合增长率为 21%，高于国际市场的平均增长率。①

从投资规模来看，截至 2015 年，全球人工智能的投资规模为 484 亿元，BBC 预测人工智能投资市场在近年仍会有高速的发展，到 2020 年为止，全球的人工智能市场将会达 1190 亿元。2015 年，国内投资人工智能的机构数量达到 48 家，投资额达 14.2 亿元，同比增长率分别为 71.4% 和

---

① 赛迪研究院 . 2016 中国人工智能产业演进及投资价值研究［R］. 北京，2016.

75.7%。在投资总额中，语音识别占60%，视觉识别占12.5%，图像处理和机器学习等其他种类占27.5%。预计到2020年，国内的人工智能投资规模可以达91亿元。

案例5－1：Google DeepMind

DeepMind是一家机器学习算法公司，公司的算法源于两种机器学习算法的结合：第一种是深度学习，能够从大量的非结构化数据中获取复杂信息；第二种是增强学习，通过模拟动物大脑的神经递质多巴胺奖励系统，不断通过试错来学习。

DeepMind自2011年在伦敦成立以来，一直致力于"破解智能，用它来让世界变得更好"。2014年，Google以4亿英镑收购该公司，并更名为Google DeepMind。2015年10月，DeepMind公司开发的AlphaGo围棋程序以5:0完胜欧洲围棋冠军樊麾，又于2016年3月以4:1击败韩国围棋冠军李世石，自此之后，Google DeepMind名声大噪。2016年7月，Google DeepMind采用深度强化学习技术，综合分析Google数据中心设备的运转状态和天气等因素，优化冷却设备的设定，开发出使冷却设备的功耗达到最小的人工智能系统，成功帮助Google数据中心的冷却系统节约用电40%。

案例5－2：科大讯飞

科大讯飞成立于1999年，是一家专业从事智能语音及语言技术、人工智能技术研究、软件及芯片产品开发、语音信息服务及电子政务系统集成的国家级骨干软件企业，于2008年在深圳证券交易所挂牌上市。

科大讯飞是国内最大的智能语音技术提供商。公司的智能语音核心技术主要包括语音识别技术、语音合成技术、自然语言理解技术、语音评测技术和声纹语种技术等，目前主要用在电信、金融机构和政府等行业的呼叫中心系统，以提供传统人工服务难以满足的海量、动态信息播报和自动菜单查询等服务，已占有中文语音技术市场70%以上的市场份额。

2014年，科大讯飞启动能够比肩世界人工智能领域最高水平的"讯飞超脑"计划，旨在不断改进感知智能的基础上实现认知智能的突破，研发出具有深层语言理解、全面知识表示、逻辑推理联想和自主学习进化等能力的高级人工智能系统，让计算机也能够像人一样思考。

二、人工智能对金融领域的影响

（一）降低损失风险

人工智能不仅能够降低交易双方存在的信息不对称性，有效降低道德风险，人工智能还能对市场进行预测，为金融机构提供风险预警功能，让金融机构能够提前采取预防措施。

金融机构很难查证用户提供的私人信息是否真实，会造成交易双方存在信息不对称，容易发生逆向选择，产生道德风险。人工智能能够从用户提供的和搜索到的大量信息中，提取出有用的部分，对该部分信息进行分析并反馈给金融机构，从而让金融机构认识到用户的整体情况，降低金融机构和用户之间的信息不对称性。此外，人工智能通过知识图谱，可以将用户之间隐含的关系网络梳理清楚，能够有效识别组团欺诈。

人工智能对网络上的各种新闻事件、政府报告以及经济数据等资料进行分析，能够预测市场的走势和风险等级，为金融机构提供风险预警，使金融机构能够事先采取预防措施，控制交易规模，降低风险损失。

案例 5 – 3：PayPal

PayPal 是 eBay 旗下的一家支付公司，致力于让个人或企业通过电子邮件，安全、简单、便捷地实现在线付款和收款。公司曾经深受欺诈问题的困扰，为防止犯罪分子利用 PayPal 洗钱，公司开发出一套安全系统，这套安全系统通过人工智能的深度学习，从消费者十多年的购买历史中挖掘需要的数据，除了审查储存在数据库中疑似欺诈的信号模式——还能够辨别可疑的交易账单是否为失误操作。

在 2015 年，PayPal 共处由 1.7 亿名消费者发起的 40 亿次交易，金额流动达 2350 亿美元。黑客通过发送"钓鱼式"电子邮件等方式利用漏洞窃取用户数据，可以破解用户的账号，交易欺诈每时每刻都有可能发生。PayPal 在现有人工智能系统的帮助下，依赖密集、实时的分析交易，将交易欺诈率维持在 0.32%，远低于行业内平均 1.32% 的欺诈率。

案例 5 – 4：Rebellion Research

Rebellion Research 成立于 2005 年，是一家资产管理公司。公司的人工智能系统通过自我学习全球 53 个国家和地区的股票、债券、外汇和大宗商品的交易数据，评估各种资产组合的未来收益和潜在风险，帮助用户合理配置资产。公司的人工智能系统基于贝叶斯算法，对宏观、行业和公司三个层面的数据进行分析，并且模型能够自动将历史数据和最新数据进行整合，实现自动预测市场走势。

公司在 2007 年推出的第一个人工智能投资基金，基于贝叶斯机器学习，结合预测算法，对历史的金融和贸易数据进行分析之后，成功地预测了 2008 年的股市崩盘，并在 2009 年 9 月给希腊债券 F 评级，而当时惠誉的评级仍然为 A，Rebellion Research 比官方提前一个月给希腊债券降级。

（二）提高运营效率

人工智能能够替代金融机构业务操作中的重复劳动和冗余服务，以智能化的方式提升服务的质量和效率。以虚拟客户服务为例，传统的客户服务以电话呼叫为主，通过设置人工座席或者自动语音应答满足用户业务咨询、信息查询、交易处理和业务推广等需求。传统的客户服务建设成本高，客服人员流动性大，专业知识难以积累，导致客户服务效率低下。基于人工智能的虚拟服务，相比于传统的人工服务，拥有更为丰富的知识库和更为高效的处理速度，能够根据用户提供的情况，快速给出解决方案。此外，虚拟服务能够同时服务多个用户，成倍地提高服务效率。

人工智能在数据信息处理方面具有天然的优势，不仅能够高效处理大量级的数据，而且能够将非结构化数据有效地转化为结构化数据进行分析。此外，人工智能还具有自然语言处理的能力，能够从语义层面上对数据信息进行分析，而不仅仅是停留在符号处理上，能够帮助金融从业人员从数以亿计的新闻中筛选出具有较强相关性的新闻，还可以帮助从业人员从中提炼出有价值的信息，提高从业人员的信息搜索效率。

案例 5-5：AlphaSense

AlphaSense 是一家智能金融搜索引擎公司，于 2008 年在加利福尼亚州成立，被称为"金融界的谷歌"。公司在 2010 年推出面向专业投资者的智能金融搜索引擎 AlphaSense，该搜索引擎通过专有的自然语言处理和机器学习算法，帮助投资者透过噪声，筛选出关键性、有效性的数据信息，为专业人士解决信息碎片化的问题。目前，AlphaSense 在全球范围内拥有 450 个企业用户，其中包括 JP Morgan、Credit Suisse 和 Pfizer 等知名金融机构。

AlphaSense 的搜索对象来自 1000 多个卖方调研提供者和 35000 多个上市公司，包括券商研究报告、证监会文件以及新闻稿等公开或授权的金融信息。AlphaSense 搭载能分辨金融术语语义的功能，当用户搜索"Revenue"时，界面提供的文档除"Revenue"以外，还包括"Sales"或"Top line"等相关的文档。

传统金融机构的从业员工平均每天花费 36% 的时间调查和整理信息，其中 56% 以上的时间花在不同网站或数据库中搜索信息。AlphaSense 把网站和数据库上的资料聚集在一起，加上智能搜索的功能，能够节省金融从业人员花在信息搜索上的时间，将更多的时间用于复杂的逻辑判断和分析。

（三）提升用户体验

人工智能能够改善金融领域的支付方式和服务模式，为用户提供更为优质的体验。

模式识别技术能够使支付方式更加多样化和个性化。用户根据情况，既可以选择指纹支付，也可以选择虹膜支付。相比于数字密码，指纹和虹膜等生物信息具有唯一性、稳定性和难以复制等特点，能有效提高支付安全性，减少密码泄露的风险，同时提升用户体验。

智能机器人能够使客服服务更为人性化。一方面，智能机器人能够为用户提供 7×24 小时不间断的全方位服务，用户可以随时随地获取服务，此外，智能机器人在并发接待量上的优势有助于降低占线率给用户带来的不便，减少用户等待的时间；另一方面，智能机器人在提供服务时，能够对用户的声波和表情进行分析，感知用户的情绪，根据用户的情绪判断服务的紧急程度，为用户提供最为合适的服务。

案例 5–6：招商银行信用卡中心

招商银行信用卡中心成立于 2001 年 12 月，是国内首家真正意义上完全按照国际标准独立运作的信用卡中心。招行信用卡中心在引入智能客服之前，服务渠道只有 400 个电话和邮件系统。招行信用卡用户拨打客服热线后，首先会进入互动式语音导航系统，然后用户需要输入数字选择服务菜单，接着用户输入信用卡卡号或者身份证号以及密码进行身份认证，最后用户还需要等待系统转接到人工客服。即使输入全部正确而且顺利接通，整个流程也至少需要 1 分钟，用户还会遇到卡号或密码错误、客服占线等问题，严重影响用户体验。

为了提升用户体验，让用户能够更好地得到服务，招商银行信用卡中心与小 i 机器人开展合作，共同打造了智能微信账号"小招"，"小招"不仅可以开展服务咨询和业务查询，还可以通过银行卡卡号或者身份证号绑定账号，开展还款、转账以及积分兑换等复杂业务。"小招"不仅使用户获取服务的时间缩短，而且能够以文字和配图的方式提醒用户，相比于短信，这种形式更加符合用户的视觉体验。此外，由于"小招"能够提供 7×24 小时不间断的服务，用户完全可以利用碎片时间来办理业务，具有更大的自主选择权。

据统计，"小招"可自主完成信用卡 90% 的业务，上线后半年内捆绑用户量就超过 180 万人。招行信用卡中心平均每天接听量为 40 万~60 万通，其中 95% 由"小招"自动回复处理，问题解决率高达 98%。

（四）拓宽销售渠道

金融产品现有的销售渠道缺乏智能化，在销售过程中需要耗费大量人力资源。以保险销售为例，传统的保险销售渠道主要是通过保险公司直接销售和保险代理人间接销售，随着互联网金融的普及，保险公司官网直销也成为保险销售的重要渠道。但是，无论哪一种销售方式，由于智能化程度较低，销售时都需要保险销售人员提供服务，耗费公司的人力资源，增加公司的人力成本。

将人工智能应用到保险销售中，可以用智能机器人代替保险销售人员进行销售，拓宽保险销售的渠道。智能机器人通过智能算法能够对投保人的整体情况和保险需求进行分析，根据分析结果为用户推荐最为合适的保险产品。

案例 5 - 7：Insurify

Insurify 于 2016 年在波士顿成立，是美国第一家以数据为驱动的网上汽车保险销售平台，目前已经与 800 多家线下保险经纪公司开展合作，覆盖的保险公司将近 100 家，包括 Progressive、AIG 以及 Farmers 等大型保险公司。Insurify 的用户只需要提供个人信息和汽车信息，平台就能在 3 分钟内将用户的风险特征和保险公司的偏好进行智能匹配，为用户提供准确的汽车保险报价，使汽车保险的购买更加便捷。

Insurify 的核心竞争力是智能匹配。美国汽车保险市场存在差异化定价的现象，因为汽车保险公司的风险评估模型有所差异，所以对于同一用户，即使保险产品的覆盖范围基本相同，不同保险公司给出的报价也会存在差异。Insurify 通过获取各个汽车保险公司的报价信息，为用户提供汽车保险的比价搜索服务，在此基础上向用户推荐最合适的汽车保险。

Insurify 推出的 Evia（Expert Virtual Insurance Agent，虚拟保险代理专家）是一个人工智能虚拟保险代理平台，用户只需要拍下汽车车牌号的照片，然后将照片发给 Evia，Evia 就会根据车牌号搜索用户的个人信息和驾驶记录，并根据用户的个人信息和驾驶记录为用户推荐合适的险别。如果暂时无法拍到车牌号，那么用户只要告诉 Evia 具体车型，再回答一些问题进行身份确认，告诉 Evia 车是租的还是自己购买的，Evia 就会为用户提供一些比较适合的车险。如果用户不了解某些保险条款或者对推荐的车险不满意，可以把问题直接发给 Evia，Evia 会根据自己的知识为用户解答，直到用户收到满意的回答或者车险推荐为止。如果出现 Evia 解决不了的问题，会自动转接到人工服务，会有专业的车险代理人来解答。一旦用户决定要购买的车险，人工客服就会接入，开始为用户办理各种保险手续。

（五）提高普惠程度

人工智能有利于金融长尾市场的发掘，为以往无法享受金融服务的用户提供金融服务，提高金融服务普惠程度。以财富管理为例，在财富管理领域有个现象被称为"10万美元困境"，是指拥有10万美元的用户，很难从传统金融机构得到所需的财富管理服务。对于传统金融机构来说，为拥有10万美元的用户提供财富管理服务，获取的收益和耗费的成本不匹配。

智能投顾的出现能够有效解决"10万美元困境"，提高财富管理的覆盖面。智能投顾基于用户填写的问卷，在线为用户提供专业的资产配置建议，在用户建立好资产配置组合之后，智能投顾还会实时对该组合进行追踪。由于整个流程主要由机器自动完成，智能投顾公司耗费的成本较低，所以对用户设立的准入门槛也较低，有的甚至不设立准入门槛，低净值用户也能像高净值用户一样获得智能投顾服务。

三、人工智能在金融领域的发展趋势

（一）人工智能在金融领域的应用程度将会提高

现阶段，人工智能在金融领域的应用程度较低。一方面，人工智能与金融业务的结合模式还处在初期探索阶段，还有诸多的结合模式尚未被挖掘；另一方面，人工智能的运行成本较高，以 AlphaGo 程序为例，AlphaGo 程序运行时需要 1920 个 CPU 和 280 个 GPU，下一场围棋仅电费消耗就高达 3000 美元，中小型金融机构难以维持人工智能高昂的运行成本。

随着人工智能技术和云计算技术的不断成熟，基于云计算的人工智能将会成为人工智能的下一个服务形态。金融机构对于人工智能技术的需求，以及人工智能需要大规模计算资源投入的特点共同决定集中供应、按需收费的云计算模式将是人工智能提供服务最好的模式。云计算服务商在平台上提供人工智能服务，对于平台本身来说，能够通过开源收集的数据不断完善深度学习模型；对于大型金融机构来说，不仅能够免去人工智能技术的研发成本，还能够更加低廉地使用人工智能技术；对于中小型金融机构来说，人工智能技术可获得性的增强和使用成本的降低，为其接入人工智能技术提供了可能。基于云计算的人工智能通过降低成本，将会提高人工智能在金融领域的应用程度。

（二）人工智能有助于提高金融机构的服务质量

人工智能有助于提高金融机构的服务质量。一方面，人工智能与传统金融从业人员之间存在竞争，服务质量不如人工智能的从业人员将会被市场所淘汰，从而提升行业的整体水平；另一方面，人工智能能够作为金融机构的辅助工具，帮助金融机构从业人员为用户提供增值服务。

以智能投顾为例，智能投顾能够在投资者购买基金时为他们提供免费的咨询建议服务，帮助投资者选择更加符合投资目的的基金，增强投资者对于公司的信任度和忠诚度。此外，投资者会在智能投顾提供的服务和传统投顾提供的服务之间进行选择，那些长期表现不如智能投顾的传统投顾会失去用户，被市场所淘汰；未被市场淘汰的传统投顾也会保持学习，提高自己的投资能力，防止投资收益被智能投顾超越，从而使得投资顾问行业的整体服务水平上升。

（三）人工智能将会影响金融产品的定价模式

现阶段金融市场上的金融产品对于不同用户一般采取统一的定价，或者按照用户分类情况对不同类别的用户制定不同的价格。以健康险为例，健康险一般按年龄段和性别进行分类，对不同类别的用户收取不同的保险费用。健康险定价存在的弊端在于定价时只考虑了用户的年龄段和性别这两个因素，而未能全面分析每个用户的具体情况，忽略了用户的吸烟情况、饮食习惯以及运动频率等重要因素。

人工智能的应用有助于实现金融产品的个性化定价。同样以健康险为例，人工智能通过对保险公司拥有的大量个人信息和保险数据进行学习，可以从中得出保险定价的规律。当用户购买保险时，人工智能就可以通过分析用户穿戴式设备上传的运动频率以及医院就医记录等信息，更加全面地分析每个用户的健康状况，并以此作为依据，结合保险定价的规律为用户设计最符合用户需求的保险方案，实现保险方案的个性化定价。

第六章　区块链

区块链技术的安全性、可追溯性、不可篡改性、透明性和隐私性以及智能合约实现的协议自动执行，可以有效地解决信用创造问题、提高信息披露透明度、实现更好的隐私保护，不仅能提高整个金融系统的安全性，还能进一步减轻政府的监管负担。

区块链技术深化了"金融脱媒"的趋势，降低了交易成本，为构造令人信任的交易组织形式建立了适宜的基础设施框架。它是分布式的，实现了点对点、多中心的组织结构；它是数字化的，实现了无中介、低摩擦的自治管理；它是一体化的，实现了风险管理、收益分享、权责分担的全流程业务模式；它是智能化的，实现了价值转移、可编程的智能金融。

一、区块链的发展概况

区块链技术是维护一个不断增长的数据记录的分布式数据库，这些数据通过密码学技术与之前被写入的所有数据关联，使得第三方甚至是节点的拥有者难以篡改。区块（Block）包含数据库中实际需要保存的数据，这些数据通过区块组织起来被写入数据库。链（Chain）通常指的是利用Merkle Tree等方式来校验当前所有区块是否被修改。基于这种技术特性，可以将区块链理解为由节点参与的分布式账簿系统（Ledger），它不可篡改地、连续地、自动地记录、存储和表达了所有交易数据，从而构成一个诚实的交易系统。

（一）区块链的技术成熟度

　　根据摩根士丹利发布的区块链报告，区块链的发展主要可以分为四个阶段：2014 年至 2016 年属于区块链技术评估阶段，各类技术公司团体、金融机构开始评估技术的应用价值；2016 年至 2018 年进入区块链概念验证阶段，各类技术公司团体和中介机构开始在特定资产中应用区块链技术，判断技术是否可行及是否可扩展，同时判断区块链的性能、成本、速度和规模是否可以超越传统的金融体系；2017 年至 2020 年，区块链基础设施进入形成阶段，开发全面的用户接口，充分利用 API 接口进行产品开发，实现更少的人力，并且通过共享基础设施来降低成本；2021 年以后将是资产扩散阶段，区块链技术得到全面应用，效用被充分证明，更多的资产采用了区块链技术。①

（二）区块链的市场概况

　　Coindesk 公司发布的《2016 年度第三季度区块链报告》显示，截至 2016 年第三季度，比特币和区块链初创企业获得的风投资本总额已累计超过 13 亿美元；第三季度较第二季度有所回升，达 1.14 亿美元，环比增加 13%。在 2016 年第三季度，非货币类区块链公司的投资金额明显上升，占第三季度总投资资本的 71%，这意味着资本市场从最开始关注的比特币变

---

① Morgan Stanley. Global Insight：Blockchain in Banking：Disruptive Threat or Tool？［R］. 2016.

成关注区块链技术本身，区块链货币之外的应用得到更多的认可。

案例 6 - 1：以太坊

Ethereum（以太坊）是一个区块链平台，开发者可以创建并发布去中心化的应用程序（Dapp），最终实现去中心化。以太坊创建于 2014 年 9 月，通过 42 天的预售，募集到 31531 个比特币，根据当时的比特币价格，以太坊成功募集超过 1800 万美元。在募集期，前两周一个比特币可以买到 2000 个以太币，随后兑换比率开始下降，到最后一周，一个比特币可以兑换到 1337 个以太币。最终一共出售 60102216 个以太币，另有占总数 9.9% 的以太币用于分配给比特币融资或其他确定性融资成功之前参与开发的早期贡献者，以及占总数 9.9% 的以太币留存给以太坊内部研发单位，募集后市场上的以太币数量为 72002454 个。

以太坊自身更像一个孵化器，已经与 R3 和微软 Azure 合作，提供良好的编程环境和硬件集成的智能资产，供开发者编写各类 APP。截至 2016 年 11 月 29 日，以太坊内共有 318 个 APP，其中有 95 个处于正常运作中（Live）、53 个处于开发中（Work in Progress）、21 个处于示范阶段（Demo）、68 个处于产品原型设计阶段（Working Prototype）、46 个处于概念阶段（Concept）、2 个处于暂停阶段（On Hold）、7 个状态未知（Unknown）、22 个隐身模式（Stealth Mode）、4 个已关停（Abandoned）。APP 的应用涉及广泛，包括 P2P 保险、虚拟货币、去中心化投票、智能合约等。

案例 6 – 2：R3CEV

R3CEV 公司于 2015 年 9 月在美国纽约成立，R3 联盟是由其发起成立的区块链联盟，联盟创始成员包括摩根士丹利、富国银行、高盛、汇丰银行、瑞银、美国银行、花旗银行等国际大型金融机构，其中高盛和桑坦德等银行已经宣布退出 R3 联盟。R3 联盟共吸引全球 70 多个成员加入，来自中国的成员有平安集团、香港友邦、招商银行、民生银行和中国外汇交易中心。

2016 年 1 月，11 个 R3 联盟成员完成了以太坊网络私人版本的测试。2016 年 3 月，R3 联盟开启第二轮应用服务供应商合作，逐渐向非银行机构、清算机构和交易所开放。2016 年 4 月，R3 联盟宣布正式与科技巨头微软建立合作关系，微软为联盟提供云工具及人才支持，并在同月推出 Corda，为传统金融机构提供一个分布式账本的解决方案。R3 联盟在 2016 年 11 月 30 日将 Corda 代码开源，期望将区块链解决方案打造成全球银行的运作标准。2016 年 8 月，R3 联盟为新项目 Concord 申请分布式账本技术专利。Concord 旨在加速证券交易过程的清算与结算功能，登记各种资产并跟踪现金余额。

案例 6 – 3：Hyperledger

超级账本项目（Hyperledger）是一个推进区块链数字技术和交易验证的开源项目，由 Linux 基金会发起，联合全球 40 多家金融、科技和区块链技术公司，共同致力于加速推动分散式分类账技术的开源区块链专案，通过为企业级的开源分布式账本创建一种跨行业开放标准，让自由开发人员专注于建设强大的特定行业应用、平台和硬件系统，实现几乎所有的数字价值交换，如房地产合约、能源交易和婚姻证书，都能够被安全且高效地跟踪和交易。

2016 年 4 月，Hyperledger 完成了关键领导岗位的部署，成立了由 11 个组织组成的技术指导委员会，由 IBM 出任主席，埃森哲、Inter、区块链联盟 R3、CME Group 等 10 个组织任技术指导委员，主导整个开源区块链技术发展方向，确保讨论、开展与决策的过程开放透明，并负责评估、管理所有贡献至专案的程式码，借由开放社群的流程，建立出一套初期且统一的底层程式码。2016 年 9 月，万达金融集团正式宣布加入，成为 Hyperledger 第一个来自中国的核心董事会成员。此后，华为集团、恒生电子、深圳前海招股金融服务公司以及深圳新国都技术股份有限公司也相继加入。

二、区块链对金融领域的影响

（一）提高信息透明度

互联网金融经营主体对市场信息的披露存在不足，有的甚至进行虚假披露。比如在目前股权众筹中常见的"领投＋跟投"模式，对于投资者特别是中小投资者来说，由于缺乏对投资标的企业的全面信息搜集、掌握和分析，往往无法预知并规避投资中和投资后各种潜在的风险与问题，导致用户因为风险识别和判断能力过弱，诱发信用风险。

区块链系统分布式账本解决了信息披露的透明度问题，实现信息"自披露"。每一次交易的变动在账本上都是可追溯且不可篡改的，各方都对它记录的完整性和可靠性在共识机制下达成一致。如果一个节点认为自身持有一定的价值，那么网络中的其他节点也应当认同这条消息，整个系统实现信息自动同步。股权众筹融资可以借助区块链实现跟踪募集资金的使用进度和支出明细，进行可视化的投后管理，切实保护好投资人的权益。

（二）实现隐私保护

随着金融业务互联网化深入，用户身份识别和安全认证显得尤为重要。由于国内互联网金融交易平台的准入门槛较低，对用户信息的安全防范措施不足，极易导致用户信息泄露、隐私安全面临挑战等问题。比如，P2P借贷网站作为借贷双方的信息中介平台，一般会要求借款人提供个人身份、财产等信息，作为投资人选择借款人和信用评价的依据。若平台的保密技术被破解，借款人的相关信息遭到泄露，隐私权甚至个人财产都将无法得到有效保护。

区块链技术通过密钥控制和权限管理，保证了交易过程和信息记录的隐私性。基于节点的授权机制，将私密性和匿名性植入到用户控制的隐私权限设计中，只有授权节点才有相应权限查阅和修改有关数据信息，完善用户个人信息保护制度，保证个人信息、财产状况、信用状况等一些私人的机密信息不被泄露。比如，网络借款人在区块链终端发起自己的借款需求，详细列出贷款总额、期限、利率、过往信用记录等基本信息，并说明自己可接受的借款跟踪检查项目，实际贷款人可以在不知道借款人身份信息的前提下持续跟踪贷款的使用方向和进度，较好地实现隐私保护。

（三）提高系统安全

互联网金融建立在高度发达的计算机网络基础上，但由于现阶段互联网金融系统自身存在着应用技术不完善、安全系统架构不牢固、技术安全水平较低等问题，容易遭受黑客恶意攻击，造成业务交易数据被篡改、丢失，甚至出现宕机，增加了风险控制难度和成本，甚至影响了业务的正常开展。

目前，防止系统宕机主要通过多处备份或在异地建立灾备系统的方式来降低遭到攻击的可能性，而区块链技术的高容错性自动解决了系统的安全问题。区块链在分散的网络节点上运行，分布在区块链内的数据信息可以从成百上千的节点中访问，任何特定节点的故障都不会危及整个区块链的业务处理能力，这样的分布式账本从技术上更好地解决了系统安全性问题。

案例 6 - 4：Linq

纳斯达克通过与区块链初创企业 Chain.com 合作，已正式上线了用于私有股权交易的 Linq 平台。此前未上市公司的股权融资和转手交易需要大量手工作业和基于纸张的工作，需要通过人工处理纸质股票凭证、期权发放和可交换票据，需要律师手动验证电子表格，等等，这可能会造成很多的人为错误，又难以留下审计痕迹。通过纳斯达克 Linq 私募的股票发行者享有数字化所有权，同时 Linq 能够极大地缩减结算时间。Chain.com 指出：现在的股权交易市场标准结算时间为三天，区块链技术的应用却能将效率提升到十分钟，这能让结算风险降低99%，从而有效降低资金成本和系统性风险。此外，交易双方在线完成发行和申购材料也将有效简化多余的文字工作，发行者因繁重的审批流程所面临的行政风险和负担也将大为减少。

目前，已正式上线的 Linq 区块链私有股权交易平台为使用的公司提供了管理估值的仪表盘、权益变化时间轴图、投资者个人股权证明等功能，让发行公司和投资者能更好地跟踪和管理证券信息。区块链技术替代原来经常采用的纸币和电子表格的记录方式，大大提高了交易和管理效率。

（四）提供监管便利

金融监管存在一定的滞后。目前，互联网金融监管的方法和手段落后于金融创新的发展，加之新兴互联网金融业态数据透明度不高、数据质量参差不齐、采集标准不健全等原因，监管机构检查的程序化、规范化程度较低，缺少行之有效的风险防范措施和手段。在我国"一行三会"的金融监管体系中，新的业务类型，比如直销银行呈现"混业性"特点，其经营涉及中国人民银行、银监会、证监会、网络安全管理局等多个部门，如果没有良好的信息共享机制，这一行业的整体安全难以得到保障。

区块链技术为监管部门提供了新的工具，每一个区块记录都包含有完整的时间戳。由于采用通用共享的数据库，所有的数据都按照一个共同版本的要求进行记录和加密，监管部门通过授权节点进行实时观察、跟踪交易数据，并进行跨部门的协作管理，为政策的及时调整和制定提供依据。

（五）创造"无须信任的信任"

信任建立机制面临挑战。互联网金融是在虚拟网络中完成相关交易和服务，交易双方缺乏现实中的沟通和交流，没有传统金融实体机构的权威认证，信任建立过程较为复杂。例如，资金贷出后，如何保证借款人按照承诺的用途使用资金，进而保障投资人的权益——是目前 P2P 网络借贷平台急需解决的问题。从 2013 年起，P2P 网络借贷平台已开始陆续出现了运作不规范、法人跑路、公司倒闭等问题，互联网金融网络信任关系的建立和保护迫在眉睫。

区块链最大的颠覆性在于信用的创造机制。区块链技术基于数学（非对称加密算法）原理进行了信用创造机制的重构：在系统中，参与者之间不需要了解对方的基本信息，也不需要借助第三方机构的担保，直接进行可信任的价值交换。区块链自身的技术特点保证了系统对价值交换的活动记录、传输、存储的结果都是可信的。此外，嵌入分布式账本上的智能合约可以把许多复杂的金融合约条款（多以外部事件为触发点）写入计算机程序，在条件触发时自动执行，解决履约时的逆向选择和道德风险问题。

案例 6-5：金股链

金股链是建立在布比区块链平台上的股权登记转让服务平台，为投资人提供高效、可信的资产流通环境和服务，实现对股权、债券的登记、认证、记录、流通等功能。金股链基于区块链技术多中心、分布式共享账本的特性为私人股权交易市场提供了一个全新的技术和业务解决方案，保障私人股权交易转让的参与方公开、透明、共建、共享、共监督。

金股链与合作机构联合发放基于区块链的可信数字股权凭证，相较于传统的纸质凭证或电子凭证更容易流转、更加安全。由于初始股权采用数字形态，股权流通过程中便于跟踪，对于股权的市场监管更加便利。每笔股权交易信息都会记录进区块链中，同时该节点将交易信息同步至网络中的其他合作节点，这样就形成了一个去中心化的分布式数据库，数据篡改的可能性几乎为零。整个交易过程没有第三方介入，完全实现了点对点、端到端的交易。这套信用机制完全基于算法实现，人与人之间的信任风险被消除。

（六）提升交易效率

传统金融机构在交易过程中会涉及多个中介环节，交易效率比较低。以股权交易为例，传统股权交易过程涉及托管机构、第三方支付平台、公证人、银行等，交易过程需要经过层层中介传递信息，再经权威机构公证方可完成交易。中间需要大量人工处理纸质材料信息，这样容易出错、交易效率低下，且交易成本较高。此外，各个机构依赖于本身的 IT 系统和工作流程，往往需要多方进行数据的反复沟通、核对和发送等，效率较低。

区块链的共识机制使得部分金融领域的交易可以在短时间内完成，大大提升金融交易的效率。通过工作量证明机制或者其他共识机制验证交易之后，新的区块就可以被写入分布式账本，所有节点的账本将同时更新，交易确认和清算结算几乎在同一时间完成，所有节点依然共享完全一致的账本。银行业可以充分利用区块链技术对当前中心化银行系统进行改进，使之成为改造银行后台、优化基础架构的工具，从而增强自身竞争力，为金融服务体系的现代化提供动力。

案例 6 – 6：Overstock

Overstock 创建的 T0 区块链交易平台能够让证券直接在区块链上完成交易，而无须通过纳斯达克等传统交易平台。对于 Overstock 而言，在其平台上发行公司的股份，主要是为了证明区块链技术的优势。在传统股票交易市场，市场上的结算机制 T + 1 是 T 天买入、T + 1 日后才可以卖出，其中证券交易流程需要一整天的时间才能够解决。而有了区块链，结算可以在瞬时完成，T0 被评述为"交易即是结算"，结算与交易发生在同一时间。

2015 年 7 月，Overstock 向 FNY 资本的子公司销售首个区块链上的加密债券；2015 年 10 月，有五位用户通过该平台借出股票。2015 年 12 月，美国证券交易委员会（SEC）批准在 Overstock 通过区块链来发行本公司的股票。公司利用区块链技术的安全、透明、可靠性，不仅大大降低交易所涉及的操作成本，也提高了交易效率。

三、区块链在金融领域的发展趋势

（一）联盟链是共同选择

在金融领域，为更好地保护数据隐私和安全，区块链较多采取联盟链的形式，对特定的机构和个体开放，通过节点权限控制，从而避免操作性风险。对各家金融机构来说，通过联盟链可以提高业务的互操作性，降低对账时间和成本，更好地发挥区块链的技术优势和规模效应，进而扩大影响力，帮助其扩大行业话语权。

（二）支付领域和贸易领域是突破口

大型金融机构积极致力于用区块链技术解决目前协调成本高、操作周期长的业务问题，例如，一直以高昂的手续费和漫长的转账周期为痛点的跨境支付业务和以往过于依赖手工、纸笔流程来进行业务流转的贸易金融。通过分布式账本技术，在授权用户信息共享的基础上，减少信息单项流动带来的时滞，实现业务操作流程的扁平化，实现更低费用和更快速度的业务操作，从而降低用户风险损失，提高业务效率、节省业务成本。

（三）科技类公司与金融机构合作推动区块链技术向金融领域的渗透

自 2008 年国际金融危机之后，Fintech 开始兴起，传统金融机构由于组织架构、风控制度以及激励考核体系的路径依赖，对新技术采取的是相对谨慎的态度；技术类公司由于深谙科技发展逻辑并拥有技术优势，更多地承担了促进科技向金融渗透和融合的任务。采取"由点及面"式的扩散发展促进科技与金融更加丰富和立体的融合。这一过程，伴随着资本的涌入和催化，区块链科技类公司也完成了最初的市场布道、应用场景探索和用户培养任务。随着 Fintech 监管探索的逐步到位，以及区块链在金融领域应用场景的确定和拓展，科技类公司参与金融业务必须通过与持牌机构合作以更好地推进区块链技术向金融领域渗透。

（四）越来越多的中央银行对发行法定数字货币持肯定态度

中央银行发行法定数字货币的主要目的是替代实物现金，降低传统纸币发行、流通的成本，提升经济交易活动的便利性和透明度。当前全球主要经济体的中央银行，比如英格兰银行、美联储等，纷纷关注并投入到法定数字货币的研究实践中。乌克兰国家银行委员会从官方角度已经批准无现金经济的发展路线图，计划通过发行法定数字货币作为无现金支付工具，并创建一种银行卡支付副产品，该计划将会在 2017 年第四季度之前实施。中国人民银行的研究团队自 2014 年起开始持续关注法定数字货币的相关研究，已经发布了法定数字货币总体框架、技术与标准、法律问题、发行业务等多维度研究报告，原型系统正在研发、推进中。

业 态 篇

　　从金融服务的广度来看，金融体系已经趋向于完美，支付、保险、投资、融资等业务已经能够全面覆盖用户的金融需求。但从金融服务的深度来看，金融体系还存在诸多问题，金融服务需要进一步优化升级。Fintech作为金融行业持续创新发展的核心驱动力，必将成为金融服务持续升级的关键，如何把Fintech运用到业态中去，也将成为金融行业长期研究和跟踪的课题。

第七章 移动支付

随着电子商务的快速发展，移动互联网的渗透，移动通信技术的进步和移动设备的普及，用户能够随时随地获取所需服务并完成支付过程，移动支付成为越来越广泛用户的支付习惯。

一、移动支付发展概况

（一）移动支付基本介绍

移动支付是指用户使用移动设备对所消费的商品或服务进行账务支付的过程，其主要特点是以移动设备为载体。移动设备有广义和狭义之分，广义的移动设备包括手机和移动 PC 等设备，狭义的移动设备单指手机，本章中移动支付采用移动设备广义的概念。根据通信技术的不同，移动支付可以分为近场支付和远程支付两种。近场支付是指通过近距离无线通信技术的移动终端实现信息交互、进行资金转移的支付方式，主要通过蓝牙、红外线和射频识别等技术实现。远程支付是指通过移动网络与后台支付系统建立连接并完成支付的行为，主要通过短信和无线应用协议（WAP）等技术实现。

移动支付和电子货币的关系十分密切。电子货币是以电子信息技术为手段，以网络和电子设备为基础，以电子机具为媒体，以电子数据（二进制数据）为存储和传递形式，以信息流代替实体价值进行流通和支付的货币形式。电子货币是移动支付存在的基础，移动支付是电子货币的突出表现形式。

移动支付产业链包括移动支付应用服务商（移动设备提供商）、移动支付服务提供商（发卡机构）、移动支付平台运营商（移动运营商或银行卡组织）和收单机构（金融机构或者有资质的收单机构）等多个产业环节（见图7-1）。各产业环节之间相互独立，但又彼此互为基础、相互依存。

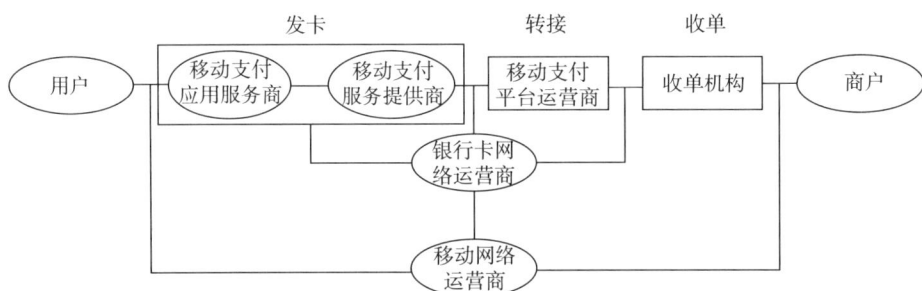

资料来源：刘磊. 国内移动支付产业的协作模式［D］. 北京邮电大学，2008.

图7-1　移动支付产业链构成

（二）移动支付发展现状

中国互联网络信息中心发布的第38次《中国互联网络发展状况统计报告》显示，截至2016年6月，中国采用手机互联网支付的网民数量增长迅速，达4.24亿人，半年增长率为18.7%，使用比例从57.7%提升至64.7%，这表明用户对移动支付的接受程度在不断上升。

中国人民银行发布的数据显示，2016年第三季度，中国移动支付业务交易笔数达66.29亿笔，交易规模达35.33万亿元，同比增长率分别为45.97%和94.45%（见图7-2）。根据易观智库发布的数据显示，第三方移动支付市场保持寡头垄断的格局，2016年第三季度，支付宝和财付通分别占据50.42%和38.12%的市场交易份额（见图7-3）。

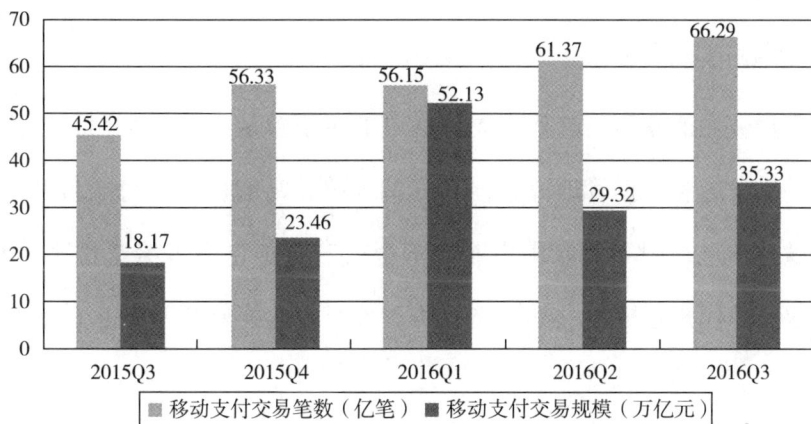

图7-2 2015Q3—2016Q3中国移动支付市场交易情况

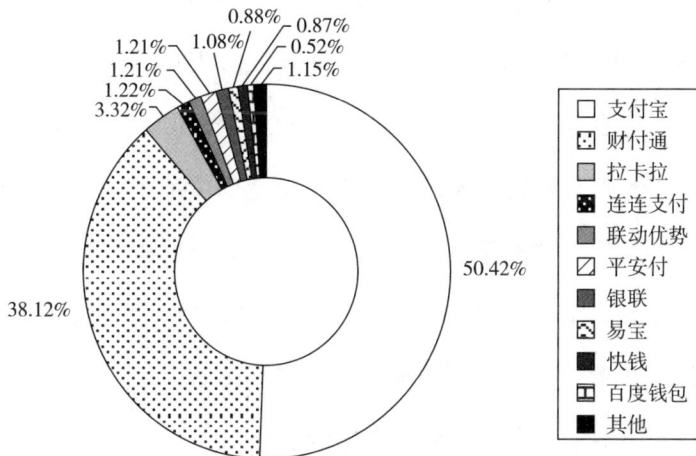

资料来源：易观智库. 中国第三方支付移动支付市场季度监测报告2016年第三季度［R］. 北京，2016.

图7-3 2016年第三季度中国第三方移动支付市场交易份额

二、移动支付面临的挑战

（一）数据信息泄露

用户数据泄露是当前移动支付面临的主要挑战。黑客利用移动支付系统在基础设施和数据管理等方面存在的缺陷，窃取用户支付账号和身份证号等敏感信息，用于盗取用户账户资金或者将信息出售给其他不法机构。这不仅会给用户造成巨大的经济损失，而且还会影响用户对移动支付机构的信任。

金融机构内控机制不完善也会导致数据泄露。在提供网上服务时，金融机构会收集大量的用户数据，由于监管和内控机制不到位，频频出现信息泄露现象。例如，在 2016 年 10 月，绵阳警方成功破获"5·26 侵犯公民个人信息案"，该案件中湖南某银行支行行长出售自己的查询账号给中间商，由中间商将账号卖给有银行关系的"出单渠道"团伙，再由另外一家银行的员工进入内网系统，大肆窃取个人信息贩卖获利，共涉及公民银行个人信息 257 万条，涉案资金达 230 万元。移动支付账户直接涉及用户资金，是不法分子撞库①的主要对象。腾讯发布的《移动支付网络黑色产业链研究报告》显示，中国超七成被调查者存在多账号同一密码的问题，这样的密码设置习惯会提高不法分子撞库的成功率。

用户数据泄露的责任方难以追踪会给用户维权造成障碍。在移动支付

---

① 撞库是指将得到的数据在其他网站上进行尝试登录。

过程中，有多方机构能够接触到用户的数据，比如用户向保险公司购买保单，除保险公司外，移动运营商、移动支付机构和保单快递公司都能接触到用户的详细信息，都有可能泄露用户的信息。民事诉讼中"谁主张谁举证"的基本原则要求"当事人对自己提出的诉讼请求所依据的事实或者反驳对方诉讼请求所依据的事实有责任提供证据加以证明"，而用户难以找出充足的证据证明数据泄露的责任方。

（二）线上欺诈交易

随着越来越多的用户使用移动支付，欺诈交易也从线下转移到线上，不法分子到处寻找连接用户和移动支付网络的薄弱环节并进行欺诈。据统计，近年来全球线上欺诈交易比例迅速增加，从 2006 年的 35% 上升到 2015 年的 51%。

用户数据泄露助长欺诈交易。腾讯发布的《2015 年度互联网安全报告》显示，在注册不熟悉的网站或下载软件需签署用户信息保护和责任条款时，仅有 14.87% 的网民会仔细阅读个人信息保护相关内容，觉得合理才注册或下载。用户对于个人信息的保护意识薄弱，使不法分子能轻易获取用户信息并利用泄露的数据信息刻画用户画像，实施精准欺诈，提高欺诈的成功率。

（三）行贿受贿行为

移动支付的过程较为隐蔽，运用移动支付行贿受贿不易被察觉。以电子红包为例，电子红包不受时间和空间的限制、转账金额无规律性、操作隐秘性强，使行贿受贿行为具有较大随机性，监管机构难以有效察觉。此外，电子红包的数据量庞大，监管机构难以从数以亿计的海量数据中筛查出有价值的线索，找出异常交易的蛛丝马迹。

（四）跨境业务受限

移动支付开展跨境业务面临三大困境。第一，运作范围的限制。以中国香港为例，虽然支付宝、微信支付和八达通都取得储值支付工具（SVF）牌照，但支付宝只能开展线上支付业务，微信支付只能开展线上支付和P2P转账业务，而八达通却能够开展线上支付、销售点流动支付、P2P转账和实体卡等四项业务。第二，支付标准不同。以日本为例，日本采用的是非接触式支付以Felica制式为标准，这种日本独特的近距离无线通信技术（Near Field Communication，NFC）标准与大多数国家无法互通，像支付宝这样依赖于网络的移动支付手段在日本的普及率非常低，甚至没有成熟的解决方案。第三，支付币种的限制。移动支付跨境业务涉及外币兑换的问题，若没有当地政府部门的支持，移动支付跨境业务难以开展。

三、移动支付中的技术应用

移动支付属于典型的技术驱动型业务。将新技术运用到移动支付中，不仅能降低移动支付的欺诈率，还能丰富支付方式、提升用户的支付体验。

（一）大数据

大数据分析有助于降低移动支付的交易欺诈率。不法分子通过移动支付进行欺诈交易的方式越来越难以捉摸，常规的风控手段难以识别异常交易。借助大数据分析，移动支付平台能够快速识别该交易行为是否存在风险，对交易风险进行评级，并对风险系数较高的交易实施拦截，将风险系数反馈给用户，经用户再次认证之后才完成支付。以微信支付为例，当用户在微信平台上发起交易时，交易细节就会传递到风控服务器上，通过大数据分析，快速识别该交易行为是否存在风险，并对风险交易实施拦截。例如，一旦发现本次交易的设备与该用户往常的设备不一致，风控系统就会立即做出响应，及时拦截此次交易。此外，对于用户和好友之间发生的支付行为，微信也会对交易双方账号的安全程度进行判定，根据风险不同采取提醒、禁止交易等措施。[①]

大数据分析有助于提高移动支付平台的用户留存率。在移动支付平台上，除提供支付转账功能外，一般还会和具体的消费场景相互结合，以支付宝为例，支付宝的界面除了支付转账功能外，还有"淘票票""滴滴出行"和"生活缴费"等选项，便于用户消费和支付。但是，目前移动支付平台为用户提供的支付界面缺乏个性化，部分功能可能并不是用户实际需要的，通过大数据分析，可以分析用户的交易记录和支付习惯，为用户设计个性化的用户界面，从而优化用户的支付体验，提高移动支付平台的用

---

① 腾讯. 移动支付网络黑色产业链研究报告［R］. 2017.

户留存率。

（二）生物识别

生物识别是指通过验证指纹、虹膜、声纹等独有的生理特征以及笔迹、声音等独有的行为特征，对用户身份的真实性进行验证，属于人工智能的范畴。

生物特征不易被盗取，而且防伪性强，与移动支付高度契合，能有效地降低移动支付的交易欺诈率。目前，在移动支付领域应用最为广泛的是指纹识别，指纹识别速度最快，误判率和拒真率低，在支付宝和 Apple Pay 上都支持指纹识别功能。人脸识别在支付领域的应用集中在用户注册和异常交易的认证过程，以微信支付为例，当微信支付出现异常交易时，交易会被限制，需要用户通过人脸识别才能够恢复交易。此外，语音识别在移动支付领域也有广泛应用，以 Nuance 为例，Nuance 在语音识别技术的基础上实现声纹鉴别技术，利用声纹的唯一性来完成用户身份认证，使用户能够更加快捷、流畅和方便地完成支付操作。

（三）VR/AR

虚拟现实（Virtual Reality，VR）是指利用计算机技术模拟产生一个虚拟的三度空间环境，为用户提供视觉、听觉和触觉等感官的模拟。增强现实（Augmented Reality，AR）是指利用计算机技术将虚拟的信息投射到真实世界，真实的环境和虚拟的物体实时地叠加到同一个画面或空间。VR 和

AR 虽然有所区别，但在应用方面具有较大的相似性，故本书对两者不作区分，将其统称为 VR/AR。

VR/AR 技术能提升用户的消费体验，帮助用户更好地完成支付过程。移动支付和网购密不可分，网购面临的最大问题是用户不清楚商品的具体情况。以网购家具为例，用户仅通过网站提供的图片和数据，很难确定家具的颜色、形状和规格等是否符合要求，运用 VR/AR 技术，能够将虚拟的家具叠加到现实环境中，便于用户更快地完成消费和支付。例如，Visa 欧洲与 AR 应用商 Blippar 合作开发的 AR 支付系统，通过智能整合在线和离线的商店购物体验，运用先进的 AR 技术使用户能够身临其境地享受购物体验，从而更好更快地作出支付决策。

VR/AR 能够降低移动支付的欺诈率。移动支付通过移动设备来完成付款和收款，尤其是在远程支付中，交易双方无法相互确认身份，存在信息不对称的情况，身份认证过程显得格外重要。VR/AR 能够帮助交易双方实现跨时空"面对面"支付，使交易双方在交易过程中能彼此确认身份，有助于减少欺诈交易的发生。

（四）LBS

基于位置的服务（Location Based Service，LBS）是指通过电信移动运营商的无线电通信网络或外部定位方式，获取移动终端用户的位置信息，为用户提供相应服务的一种增值业务。

LBS 能够降低金融机构的风控成本。借助 LBS，移动支付平台可以获取用户的地理位置信息，与历史数据进行比较，当发现地理位置信息与历史数据出现差异时，对支付过程进行拦截，需经用户再度确认才能完成支付。以 XYverify 公司为例，XYverify 公司运用 A – GPS①（Assisted GPS）技术来实现定位，借助云计算为金融机构提供身份认证服务，在简化风控流程的基础上降低风控成本。此外，为保护用户数据信息安全，XYverify 公司并不直接将用户地理位置信息提供给金融机构，而是提供分析结果。

智能决策系统（Decision Support System，DSS）能为用户选择最佳支付工具，而 LBS 是构建 DSS 的关键。DSS 是指帮助用户从移动钱包的多种支付工具中选择最佳支付工具的决策系统。DSS 通过 LBS 获取附近商户不同支付工具的优惠信息，当用户在具体商户消费时，DSS 可以根据用户输入的价格来选择最佳的支付工具，从而为用户节约支出。

四、移动支付的未来发展趋势

（一）科技进步是移动支付创新的核心动力

纵观支付行业发展的历史，支付形式、支付手段、支付安全保障和支付信息处理的每一次变革都反映出支付产业科技水平的不断提升。从支付形式上来看，支付行业已经经历从现金支付到互联网支付，再到移动支付的变革。从支付手段上来看，短信支付、扫码支付、指纹支付、人脸支付等支付手段不断涌现，层出不穷，甚至智能穿戴式设备也可以完成支付，

---

① A – GPS 是一种结合网络基站信息和 GPS 信息对移动设备进行定位的技术，既利用全球卫星定位系统 GPS，又利用移动基站（LBS）。

成为新的支付终端。从支付安全上来看，生物识别技术的发展显著提升了支付体验和支付信息安全。从支付信息的处理来说，大数据、云计算等技术的应用使支付由简单的数据传输向数据的开发利用进行延伸，逐渐发挥出支付数据和信息的重要价值。科技变革带动支付的变革，移动支付的业务模式和业务流程必将会在科技创新的过程中不断完善和升级。

（二）移动支付迎来跨界融合时代

移动支付跨界融合主要体现在三个方面。一是与用户数据的融合。移动支付平台拥有海量的数据，加上大数据和云计算技术，进行产业重构和价值链延伸，开拓平台化、综合化等差异化的商业模式，不断改善产品设计，优化用户体验，向智能化、个性化、移动化方向开放升级。二是与消费场景的融合。移动支付的快速发展，使移动支付深入渗透到用户生活中，与生活中的场景相互融合，有助于优化用户的体验，增强支付服务的范围，吸引消费者依托支付平台完成转账和消费，例如，支付宝车主服务平台与国内智慧停车代表企业 ETCP 实现合作，支付宝用户在出入 ETCP 停车场时将可通过 APP 直接缴纳停车费。三是与金融的融合。移动支付机构留存大量客户备付金，充分运用客户备付金有助于为支付机构创造新的盈利空间，越来越多的支付机构已经开始有理财功能，比如支付宝绑定余额宝为用户提供理财服务。

（三）支付标记化普及

支付标记化能够改变基于主账户和相应敏感信息的传统交易认证方式，

契合移动支付对数据安全的需求，将会在市场上得到全面普及推广。当前业界普遍采用的账户信息保护手段，例如账户安全保护（如数据加密）、系统定期渗透性测试以及短信动态口令等，都存在局限性，并不能彻底解决数据安全问题。中国人民银行在 2016 年 11 月 9 日下发《中国金融移动支付支付标记化技术规范》，强调自 2016 年 12 月 1 日起全面应用支付标记化技术。支付标记化是指通过支付标记（Token）代替银行卡号（PAN）进行交易验证，并对支付标记的范围进行限定，避免卡号信息泄露带来的风险。支付标记化能够从源头控制支付风险，降低敏感信息的泄露，确保

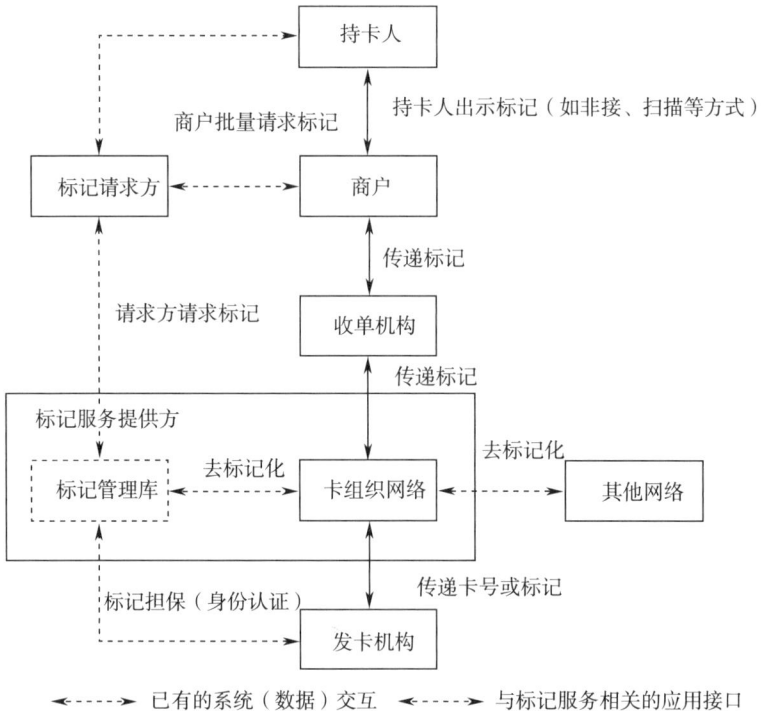

资料来源：中国银联．中国银联支付标记化技术指引［S］．北京，2016.

图 7 - 4　支付标记化系统架构

交易账户的安全，有效提升信息保护和资金安全防护能力，加强支付风险的精细化管理，同时兼顾支付服务的安全性和便捷性，满足社会公众多元化的支付需求。

（四）基于风险的身份验证成为关注点

移动支付需要兼顾用户操作的便捷性和账户的安全性，既不能因为便捷而不顾安全，也不能因为安全而舍弃便捷，基于风险的身份验证正是兼顾两者的一种解决方案。基于风险的身份验证是指用户只有在风险升高时才需要提供额外的身份验证。基于风险的身份验证通过对历史数据进行分析，结合风险来源建立风险矩阵，当风险矩阵正常时，交易直接完成。但当风险矩阵出现异常时，才结合多因素身份验证技术对用户的身份进行验证。基于风险的身份验证可以提高移动支付的安全性，同时尽可能确保更好的用户体验。

第八章　互联网保险

一、互联网保险发展概况

（一）互联网保险简介

我国《保险法》第二条规定，保险是指投保人根据合同约定，向保险人支付保险费，保险人对于合同约定的可能发生的事故因其发生所造成的财产损失承担赔偿保险金责任，或者当被保险人死亡、伤残、疾病或者达到合同约定的年龄、期限等条件时承担给付保险金责任的商业保险行为。根据保险的目的和对象来划分，可以将保险分为财产保险和人身保险。

近年来，随着保险市场的不断发展和互联网技术的运用，互联网保险行业持续升温。根据 2015 年颁布的《关于互联网金融健康发展的指导意见》，互联网保险业务是指保险机构依托互联网和移动通信等技术，通过自营网络平台、第三方网络平台等订立保险合同、提供保险服务的业务。

从我国目前的发展情况来看，互联网保险也受到牌照准入的管理。我国目前合法的三家互联网保险产品和服务的提供机构包括易安财产保险股份有限公司、安心财产保险有限责任公司、泰康在线财产保险有限责任公司。

在市场的发展中，除了应用最多的保险产品销售的数字化和网络化以外，也出现依托新兴技术提供保险类服务的相关企业。比如，通过自身网络平台形成保险领域的垂直搜索频道，为客户提供保险产品信息和保险产品对比分析，使得客户能够找到适合自身情况的保险产品。

国外在市场探索与实践当中，出现了通过互联网和手机处理数据来改变保险产品结构设计和定价规则并提供相应增值服务的互联网保险创新公司。比如，英国 2012 年成立的保险中介公司 Bought By Many 通过其平台来吸引具有相同保险需求的客户，为客户代理协商保险条款，在此基础上客户可根据自身的需求进行保险产品的定制。

从新技术在保险领域的应用的角度出发，互联网保险也涵盖市场机构依托先进技术对保险产品开发、保险定价、保险销售、售后服务等方面的改进和创新。比如，财产险中运用车载终端设备对驾驶数据进行监测、搜集与分析，人身险中通过可穿戴设备、电子病历等对客户进行针对性的管理和疾病的提前预防。

（二）相互保险简介

在谈论互联网保险时，除了在《关于互联网金融健康发展的指导意见》中规定的相应模式以外，也需要将注意力放在保险市场中的创新商业模式和新技术在保险行业的运用所带来的一系列的改变。从商业模式这个角度出发，相互保险是必须被纳入分析的范畴。

相互保险是保险发展的最初形式。保险起源于古代的互助团体，随着商品经济的发展，逐渐成为国家主流的保险组织形式之一。中世纪，"基尔特"行业制度在西欧开始盛行，这种组织由人群基于相互扶助的精神共同出资组成，对会员遭受的死亡、疾病、伤残、衰老、火灾、失窃等人身和财产风险给予一定限额的赔偿。相互保险成为一种成熟的组织制度，英国商人共同组织发起以应对海运风险而成立的相互保险公司，比较有代表性的包括 1756 年成立的英国公平保险公司和 1778 年成立的德国汉堡养老协会，这一做法得到沿用，并在 19 世纪得到发展壮大，相互保险也是当代保险机构的雏形。2008 年国际金融危机之时，相互保险公司是少数没有遭受损失的金融机构之一。这为其作为一种商业和机构模式带来很大的影响。相互保险的组织形式强调为成员服务，不以营利为目的，注重成员的长期利益保障。发展至今，相互保险的组织形式也在与时俱进，引进股份制等现代组织架构。中国现阶段保险市场的发展过程中，兴起的互助保险组织以相互保险制度为基础开展，部分公司在制度设计方面与相互保险制度具有一致性。

随着市场的进一步发展，相互保险逐步作为一种追本溯源的组织形式被从业人士开始重新重视并试行投入进行运用。我国市场上出现了多种以相互保险为制度基石的互助保险组织，比如以社团联合体形式进行车辆保险和癌症保险。暂且不论互助保险和相互保险存在的市场乱象，就其本身的特性来看，也成为现今市场的发展方向之一。

（三）互联网保险业务特点

互联网保险与传统保险的区别主要集中在成本、渠道、服务对象、产品结构四个方面。

1. 降低成本。传统保险的业务开展过程中，需要保险代理商的线下销售、投保后的管理与售后服务等环节。互联网保险依托互联网技术和大数据等新型技术，降低传统保险业务开展过程中线下的获客成本。在前期的客户积累过程中，互联网保险公司往往需要花费一定的时间、资源成本来取得市场份额，比如通过与第三方相关企业的合作等方式。但在达到一定的积累之后，互联网保险公司仅通过线上的渠道就能获得转换率高、留存度高的高质量真实客户，从而降低线下销售的长期成本，对规模效益的形成带来助力。在线上完成的环节还包括售后管理与服务，如果技术条件成熟，比如 VR 等技术的引进，甚至可以将谈判交易环节转至线上。通过在线客服的全天候服务，能够随时保持与客户的沟通，及时应对客户的需要与帮助。

互联网保险公司多呈现出轻资产、轻机构、轻人员的三"轻"态势。无线下分支机构的特征使得互联网保险公司在节省成本的基础上能够更为高效地提供服务。

2. 增加获客渠道。获客渠道的增加主要体现在从线下到线上的方式转变。销售渠道的互联网化，使客户能够直接通过电子设备和移动设备终端购买保险产品、获得服务。互联网技术还使得保险行业的信息不对称问题有所减弱。互联网保险通过互联网平台和通信技术使得保险公司、投保人、保险代理人三方可以在共有的平台上进行沟通与交易。三方在信息咨询、信息披露、信息采集方面均可获得不同程度上的质量提升。通过互联网平台，保险公司可以在与客户沟通的过程当中得到客户真实可信的信息与实际需求，平台会通过向客户披露保险产品的更多可分享信息，以获取相应的市场客户。这样，信息不对称问题的减轻也使所得客户具有真实性、可靠性等特征，增加彼此之间的信任感并增长合作期限，有效客户的转换率增加，进一步达到客户的积累。

现在市场上的互联网保险公司，除了渠道上的线上布局之外，更有运用互联网思维渗透并贯穿至投保、缴费、核保、承保、理赔和给付的全过程。通过移动终端的设置，保险公司使得客户能够直接通过手机进行产品购买，并在出险 24 小时内获得相应的赔付，进一步增强了业务的可持续性。

3. 服务对象更为广泛。服务对象更为广泛主要体现在互联网保险机构能够更好地服务于长尾市场和更精准地提供服务所带来的市场的拓展。一方面，长尾市场的发展是互联网保险兴起的主要原因之一。我国的保险市场本身具有发展不足的特质，由于其定价单一、线下销售模式等诸多问题的存在，保险市场一度呈现出的特征是中等收入以上人群的独特资产配置与服务。保险产品的弱需求本质特征也为保险行业进入长尾市场带来一定的难度。互联网保险的发展使得保险购买准入门槛降低，有的产品需要投保数额较小，并真实结合市场痛点，满足客户需求。比如支付宝推出一元财产险，保护客户在其平台上的资金被盗风险，保费数额低，受众面广，触及广泛人群。互联网保险的开展，依托其特有的轻资产优势，可以将受众延伸至农村市场甚至更广阔的区域。

另一方面，新技术为互联网保险公司带来精准营销。精准的服务带来原有市场人数的增加。传统保险的产品拥有固定价格，因此在保险市场发展过程中容易导致逆向选择的风险发生，使得保险产品所保障人群的风险普遍偏高，造成保险公司赔付压力的产生。新技术如大数据等为互联网保险公司提供可靠的数据分析和可靠的数据支持，使得精准营销成为可能。

4. 产品结构优化。产品结构的优化主要体现在以下两个方面：产品多样性增多、产品设计更为合理。

互联网保险产品多样性增多主要体现在碎片化、个性化产品的大量出现。碎片化保险产品指的是互联网保险公司根据不同场景、不同客户群体、不同技术进行的保险产品设计。一方面，参与互联网保险产品设计与销售的企业从传统的保险公司拓展至电商平台等其他企业。如淘宝、苏宁等均开始涉足保险产品的销售，部分平台通过收购等方式获得保险牌照，使得互联网保险产品的推出主体增加，丰富了互联网保险产品种类。另一方面，根据不同的场景，互联网保险公司结合第三方相关企业推出独特险种。比如，其中具有代表意义的有众安保险根据我国内地航班常有的延误状况所开发出的延误险，有与第三方电商平台合作的退货运费险和快递延误险等。这些嵌入场景的互联网保险产品普遍具有条款相对简单、针对性专一、价格低廉、交易直接便捷等特征。

产品结构优化的第二个表现是产品设计更为合理。保险产品设计的合理体现在互联网保险公司在设计产品时表现出更多的针对性，尽量做到保险产品满足特定客户的需求，力争"小而精"并竭力避免"大而全"。英大保险公司曾专门针对已婚妇女进行家庭保险产品的配套设计，其中包括健康险等险种，并运用特定人群的社交属性留存并开发客户。

（四）互联网保险行业的发展现状

根据保监会公布的数据，2016 年 1 月至 11 月总体数据显示，原保险保费收入为28864.87亿元，同比增长28.88%，保险行业整体发展稳步推进。从近年来的销售情况看，分红险、万能险以及"分红＋万能"险的组合仍是市场青睐的主要产品。从销售渠道方面看，寿险销售的代理渠道和财险销售的直销渠道仍为主导，但近几年，网销的比重正逐渐提高。其中，万能险、投连险及分红险是网销的主力军。

根据险种的不同，多样化的商业模式得以发展，行业创新形式增加，有基于不同保险产品的"超市"性质的网络平台，有基于单一群体的B2B保险产品代理平台。随着消费场景的多样化和消费者保障意识的逐步提高，2016年，碎片化保险产品的开发增速，市场反响可观。碎片化保险是保险公司根据不同场景、不同客户群体开发的个性化的、小额的、购买理赔方便的保险产品，包括消费信用保险、延误险、出行人身险与资金安全险等。

保险服务的地理区域也开始逐步扩大，从城市向农村转移。2016年，中央加大对"三农"的政策法规扶持力度，"互联网＋农业"保险开始成为下一个巨头抢占的市场。从技术运用上看，从试点到正式运营，大数据、区块链等新型科技在行业中的运用开始出现。保险公司运用大数据、卫星定位等一系列科技获取讯息为客户定制个性化的服务。

二、互联网保险面临的挑战

（一）新型风险的产生

互联网保险作为发展不到五年的新兴事物，其在市场准入、商业模式选择、产品设计、售后管理、市场培育方面均存在一定的风险。

市场准入方面，互联网保险公司也受限于当下的监管细则，使得进入市场一方面受到限制，另一方面受到法律波动的制约。法律法规的不健全和变动带来了互联网保险公司的经营风险。

商业模式的开展同样受到政策波动风险的影响。上文中所提到的互助保险公司在发展的过程中所运用的组织与盈利模式为业务的开展带来不确定性。2017年1月，中国保监会发布文件规范互助保险的发展，使得大量平台需要整顿业务达到监管要求。商业模式带来的风险还在于应用中的业务和操作风险。在实际的市场发展过程当中，商业模式带来的业务风险在于创新型的商业模式缺乏历史经验的有效检验，使得互联网保险公司经营上难以借鉴历史数据而面临新的挑战。比如在互助保险的开展过程中，对客户的有效管理是其发展中的一大难题。

产品设计方面，互联网保险公司首先面临技术风险。互联网保险公司通过线上进行产品销售，甚至交易、理赔的环节都在线上进行。不可避免地会面临互联网系统不稳定的情况，这会造成交易不能实时完成或者平台和客户信息遭到泄露的可能。业务数据和客户信息双重灭失和泄露的风险使得技术风险成为互联网保险公司发展所面临的主要问题之一。

产品设计的风险还体现在互联网保险产品的创新需要面临产品本身的风险与合规管理需求。在互联网保险产品的合规判断、风险识别和风险定价方面均存在一定的挑战。产品设计上的风险还体现在互联网保险产品创新时违背保险产品大数法则等基本规律的可能性，部分互联网保险公司可能存在为获取客户的注意而突破创新边界的行为。

售后管理与市场培育方面的风险主要体现在互联网保险纯线上操作带

来的不便。相较于传统保险，互联网保险的销售包括部分理赔环节均在线上进行，取消了面对面的咨询沟通环节，保险公司无法直接观察了解投保人的风险水平，投保人也难以直接了解保险产品的具体情况。这对互联网保险公司的风险管理水平提出了新的要求。

（二）理赔难题

1. 承保人道德风险。在保险售后服务环节当中，受理理赔的工作人员对保险事项的核实起着关键的作用。由于产品设计的不合理性、交易信息的不健全，部分保险产品的承保对象具有技术上的审核困难，带来投保人投机骗保的动机和可能性。业内信息披露系统未能完善确立，使得不法行为得不到有效的监控，保险代理人与投保人合作骗取保费的现象仍然存在。

2. 审核难题。审核难题体现在不同的险种中。比如灾难险的理赔需要现场勘查，部分险种需要地理、水文等专业方面的文件证明。专业性证明存在一定的技术难度，获得材料的手续烦琐，因受事故的环境影响，有时会错过最佳调查时间。

（三）市场接受难题

市场接受难题主要是指保险作为一种金融产品在市场客户心中的认可度较低，市场上保险意识培育难度大。互联网保险同样面临与传统保险类似的市场接受难题。改革开放多年来，我国金融行业的整体发展成效显著，保险行业作为其中的一个重要组成部分，相对于其他金融行业来讲，目前在交易总量和市场渗透率上都处于劣势地位。保险是保险人先收取保费，再承担一定的赔偿和给付保险金的责任，有的保险产品具有投资性质，投保人会获得部分理财收益，而其他保险则只在承保内容实际发生时才会产生资金回流。由于保险的此项特征，一方面，在我国中产阶级壮大、保险产品配置需求增加的大环境下，保险产品仍然不属于刚性需求；另一方面，我国的保险产品销售很长一段时间是以推销的形式存在，因此市场人士的心理认可度向来较低，转变认知和认可度存在对时间长度的需要。另外，传统保险难以客户为中心，客户体验较差。传统保险行业侧重点在于消除风险，而不是针对客户的需要构建产品。

（四）市场发展面临的挑战

互联网保险作为保险公司创新的一种新的商业模式，连接技术、市场与保险公司，成为传统保险公司转型的必然性趋势之一。但就现阶段的表现来看，其发展受到诸多挑战。

1. 创投热情不减，有泡沫形成的苗头。2016 年，创投圈整体经历着资本寒冬，但是互联网保险却例外地受到资本的追捧，战略投资和财务投资并重。上市公司和大型企业争相申请保险牌照。科技企业以及金融公司布局互联网保险多以自身业务需要和长期发展的考虑来作出战略选择。大量的资本追逐和保险的特殊功能吸引了市场上很多其他的非金融类、非科技类企业的参与，跟风进入造成了不少隐患，资本追逐热潮下难保不会引来投机者通过构建劣质平台来套现。

2. 互联网保险平台模式存在有待改进的地方。部分互联网保险企业模仿海外"先进"模式，但全然不顾中国市场特征，很多保险平台呈现出模式单一、突围无力和流量有限的特征。市场中，互联网保险平台更多作为销售渠道存在，网销额受市场波动影响显著。若将互联网保险平台作为流量入口以获得有效数据，又将面临周期长度不够、数据不准确的问题。

3. 市场恶性竞争存在。价格战成为一些互联网保险公司的营销策略和获客手段，消费者容易被这样的噱头所吸引，而保险重要的理赔服务平台则无法展现，消费者也缺乏主动了解的意愿与动机，造成"劣币驱逐良币"的现象。价格战还会迫使平台降低价格以维持市场份额，使得利润下降甚至为负。市场信息不对称情况相较于金融行业其他领域也更为突出。

三、互联网保险中的技术应用

2016 年，互联网保险和保险科技成为了创投领域的新宠。大数据、VR/AR、传感器、可穿戴式设备和人工智能等新技术成为了保险行业创业者的市场切入点，大型传统保险公司也纷纷通过不同方式引进新技术。科技的发展为保险行业带来了深远的影响。

（一）大数据

大数据应用到保险领域，能够促进合理定价、推动产品创新、提升营销策略和降低管理成本。

保险产品的定价由精算报告为基础构成，精算报告中对于保单成本的设计需要概率作为支撑。例如，在寿险保单成本的计算过程中，需要计算一定期限内的保额成本。首先，大数据可以在精算报告的基础上，考虑投保人的具体情况，为投保人提供更为合理的定价。其次，在推动产品创新上，大数据基于对市场的分析，可以帮助保险公司运用场景进行合理的产品设计。近年来，保险公司推出的针对网络购物的险种、针对旅游的险种、针对高净值人群推出的医疗险种等，基于不同场景的碎片化保险在丰富产品种类的同时，也更好地契合了投保人多样化的需求。例如，平安保险推出的商品质量保证险，可为床品、毛衣、鞋子、旅行箱等商品的质量提供保险，鉴定商品填充物成分、甲醛检测、皮革鉴定等。再次，大数据也适用于销售渠道的分析，通过对不同险种所保障对象的市场分析，可以精准测定保险产品的市场分布，促进保险产品的推广。例如，携程网与保险公司合作可以为航空险的销售带来可观的市场。大数据还能为保险公司降低运行与管理成本。最后，大数据时代下的互联网保险能最大限度地满足不同客户的个性化需求，互联网保险能优化客户的体验，根据客户需求设计出真正让客户满意的产品和服务。此外，通过互联网销售保险或提供服务，保险公司只需支付低廉的网络服务费，能够降低房租、佣金、薪资、印刷费、交通费和通信费等成本的支出。

（二）VR／AR

随着人们生活水平的提高，保险逐渐成为一种生活必需品。从本质上讲，保险作为一种金融产品不存在刚需的特性，因此保险公司在获客上付出的成本要高出其他行业。客户体验的优劣直接影响保险公司的获客程度和客户转化率。

VR／AR 能与保险的场景形成良好的结合。VR／AR 技术可以帮助保险公司识别用户身份，促进保险代理人与投保人的互动沟通，完成最终交易认证并达到重构服务流程的作用。例如，在车险中，VR/AR 技术可以使保险公司和投保人在第一时间还原事故现场，取得第一手的真实信息。在灾难险中，VR/AR 技术可以通过现场模拟测试判断受灾面积和受损程度。

（三）传感器

传感器能将感应到的信息按一定规律变换成电信号或其他所需形式的信息，以满足信息的传输、处理、存储、显示、记录和控制等要求。传感器拥有微型、智能、多功能、系统性等特征。传感器在财产险中的应用范围广泛，通过搜集分析现实环境中的多维信息，能对事故发生的概率进行预判评估。例如，在家庭生活中应用传感技术保障住房安全、工作中保障设备安全、开车中保障驾驶安全。在事故频发地段，传感器可以提醒司机减速注意安全，在车险中的应用也是目前传感器应用最广泛的领域。

传感技术能跟踪现实世界中的驾驶信息，实现车与车、车与人、车与路的互通与协同。对驾驶数据进行采集、分析和决策，还能实现智能化交通管理、智能动态信息服务和车辆智能化控制。传感器通过三种不同的设备进行数据搜集：一是通过安装独立车载设备，以美国 Progressive 保险公司的插入式设备为代表。目前，全球已推行 UBI 车险的保险公司大多数采用这种模式，我国现在试点的 UBI 车险也是采用这种插入式设备收集数据。二是完全通过手机的感应设备来收集，以英国 Aviva 保险公司为代表。英国多家保险公司都采用手机感应设备，主要原因在于英国车辆接入设备端口不一样。三是通过手机 APP 蓝牙连接车载设备进行数据采集。

在车险发展过程中，UBI 为市场所熟知，拥有两种解释，一种是 Usage Based Insurance，另一种是 User Behavior Insurance，二者主要区别表现在数据采用上。Usage Based Insurance 主要依赖于车辆的里程来决定保费，行驶里程越长，表明驾驶员的驾驶经验越丰富，收取的保费就越低。User Behavior Insurance 更加强调的是驾驶员的驾驶习惯，如有没有超速、急刹等情况。根据驾驶员驾驶习惯来决定保费的高低。从目前国外的情况来看，初期一般都是以车辆的里程开始，慢慢加入驾驶员驾驶习惯的数据分析。现在已经开始纳入行驶道路的情况，即长期行驶在山路还是长期行驶在高速公路上，对综合评分将有不同的影响。

从保险公司的角度出发，传感器在连接投保人、信息管理、数据分析以及风险管理四个方面起到正面作用。传感器能够连接车辆和驾驶者的信息传输，根据数据分析路况、驾驶习惯和环境信息，保险公司可以通过这些数据主动应对和控制风险事故的发生。例如，司机有驾车打电话的习惯，在达到一定频率时，手机上相应的 APP 会做出提示。此外，保险公司还可以通过客户验证完成投保人资产和生活概况的完整视图，包含地理位置、安全系统、天气、交通和整体健康情况的信息，完整的画像可以为投保人匹配合理的保险产品。保险公司也将得益于索赔和处理费用的降低以及客户满意度和忠诚度的提高。例如，通过语音提示事故频发路段，实现实时信息交互和其他增值服务，降低事故发生概率，降低理赔成本，提高承保收益和续保率。保险公司对传感器积累的信息数据进行高效深入的分析，能够为投保人提供个性化的风险评估和实时保护。对投保人来说，早期预警形式的风险规避、个性化的建议以及简化的索赔处理和结算流程会极大地提高其生活质量。

传感器还能改变保险商业模式。传感技术可以改进保费的设计，使保费可以按照使用路程等进行灵活设计，进而扩大市场规模。例如，在一定期限内驾驶行为良好的投保人，能够在续保时获得一定的优惠。

（四）可穿戴式设备

可穿戴式设备主要应用在人身险中。通过医疗设备公司与保险公司的技术合作，可以实时检测投保人的身体状况，及时做到提醒和预防，降低投保人出险率。可穿戴式设备对于保险的正面作用主要体现在辅助定价和改善营销。投保人购买商业健康险产品往往存在"逆向选择"的情况，由于投保人比保险公司掌握更多的健康信息，而作为保险公司，在厘定保险费率时根据的是全体投保人的平均风险水平，这样导致费率对于低风险的投保人来说过高。因此，普通保险者不愿意承担基于平均风险的价格，导致购买保险产品的投保人相对来说都是风险偏高的人群，会使保险公司实际理赔成本上升，并传导至定价端。可穿戴设备对信息的实时把控可以很好地解决这一问题并实行差异定价，高风险客户缴纳高保费，这样能降低理赔成本。例如，美国保险公司 United Healthcare、Konami 和 Zamzee 携手推出的一项医疗健康计划，主要针对肥胖儿童，以游戏的形式帮助减少小孩肥胖现象。众安保险携手小米运动，推出了可穿戴式设备和运动大数据结合的健康管理计划——"步步保"，以投保人每天的真实运动量作为定价依据，超出一定范围的运动步数还可以抵扣保费。这是国内首款利用可穿戴式设备参与保险定价的产品。

　　可穿戴式设备还能为保险产品带来更好的营销、更极致的客户服务。可穿戴设备可以根据投保人身体健康的变化情况，及时反映投保人的投保需求，推进保险产品的精准营销。可穿戴设备的感应与数据追踪能够提升投保人的自我健康管理意识以降低事故发生的概率，提升人们的健康水平。

（五）人工智能

　　人工智能有助于保险行业商业模式的创新。运用人工智能对保单进行管理服务和对投保人进行咨询服务是全新的商业模式。保单属于金融资产，部分保险初创企业通过人工智能对投保人的保单进行数字化管理，评估投保人现有的保障状况，数字化展示现有的保险政策、费用标准和服务，同时分析保单的漏洞所在和可以改进的地方，并为投保人推荐可以提升个人保险保障的方案。德国已经出现一家面向个人消费者的保险智能顾问公司Clark，Clark 软件从保单的管理和分析切入，提供保险状况分析和建议。传统保险业中，也有保险公司将保单作为抵押进行融资。智能顾问系统还可以将保单纳入个人资产范围进行产品匹配。

四、互联网保险的未来发展趋势

（一）客户群体增加

　　大数据为保险产品的差异定价带来可能，使得相同保险产品能够为更广大的客户群体所接受。技术结合场景使得大量的碎片化保险能够有效地契合各种日常生活，细分场景带来新型保险小额、高频的特征，同时降低保险产品的购买门槛。场景的应用贴合日常生活中的基本需求，数据可获得性强，例如延误险的产品设计中，前期的调查可从投诉与用户反馈中得到获取，这样使保险服务的基数更大，产生的效应更广。切入到生活场景中的保险又能得到有效的传播，起到培养保险意识的良好效果。新技术的运用会使实际操作过程中减小理赔难度，例如传感器对事故发生时的准确感应可以精确地量化损失，减少纷争发生的概率，有助于保险公司获得更多的市场份额。

（二）产品种类增多

新的技术也带来新的保险需求。大数据和云计算等一系列互联网技术的运用带来客户对网络安全的保障需求。运用传感器技术，可以针对不同用户的常规路线推出堵车险等险种。新技术运用在移动支付中，带来客户对资金安全的需求，保护资金安全的保险得以产生。借助智能设备、新型技术，结合场景，可以挖掘出新的保险需求，由此产生新的保险产品设计。新型技术借助传感器等智能硬件提供差异化的、个性化的定制方案，在同样的保险产品设计上根据客户自身的情况进行合理的改进。

（三）经营成本降低

保险属于弱需求种类中的一种金融产品，新技术的产生使得保险得以扩大销售渠道，降低运营成本。比如航空险与机场合作是早期的保险销售模式之一，互联网的兴起带来保险公司与第三方网络销售平台如携程网的合作，扩大客户来源。互联网销售具有高效、简易的特征，这会降低保险公司的运营成本，在管理制度设计上更为轻松，降低获客成本，间接优化保险公司的运营机制，为其他经营活动带来助力。

借助智能设备、传感技术以及 VR 设备可以完成线上报案和核赔，如车险可以直接调取出险前的智能设备获取相关数据进行核保，对比以前车险理赔中图片比对所需的大量人力物力，新技术可以减少这方面资源的消耗，完成自动比对分析和自动理赔支付。

（四）商业模式创新

新技术推动保险的商业模式持续创新，推动保险行业创投市场的继续发展。新技术的驱动使得保险产业得以延伸产业链条，形成增值服务。医疗保险公司可以为用户抵付一部分可穿戴设备公司的服务费来吸引客户，根据用户设备上反映出的生活习惯来调整相应的保险费以激励用户养成良好的生活习惯。Oscar 保险公司是这种模式的实践者之一，其免费为用户提供可穿戴设备，如果当天用户锻炼超过目标，就会得到现金或者购物卡的奖励。通过提供简单的医疗咨询服务解决用户的小病难题，严重时才推荐医院治疗，避免用户盲目就诊产生赔付。国内的大特保也采取类似的运作模式。针对糖尿病患者，大特保与智能糖尿病管理云平台大糖医合作，主动干预疾病管理，实时监控用户血糖，以减少并发症出现的概率。通过实时监测达到保险公司和客户双赢的效果，一方面减少了客户患病的可能性，另一方面避免了保险公司产生不必要的赔付。

（五）道德风险减轻

保险行业的道德风险存在于以下两个方面：客户恶性骗保和保险公司定价不透明。多种新技术的运用可以有效降低双方信息不对称带来的道德风险。保险公司运用大数据更为精确地了解出险概率和客户诚信度，借助用户数据形成评级机制，实现快速核赔。如保险公司将被保险人的信用划分为不同信用等级，采取差异化的管理，针对信用评分高的客户可以简化理赔手续，大大提高理赔效率。技术的发展也使得客户能够对产品信息进行更深层次的了解，基于技术的定制化服务，保险产品向标准化产品转变，客户能在询问、购买、售后的服务中获得相关产品信息，权益得到保障。

第九章　供应链金融

供应链金融这个概念是伴随供应链管理的研究和实践出现的，自 20 世纪 80 年代以来，为了适应市场结构的复杂多变，大型企业将主要资源集中于核心竞争力的开发，把附加价值低的非核心业务逐渐外包，这就形成以原企业为核心的供应链，供应链的上下游一般是中小企业，承接从核心企业分离出来的各项业务。

供应链是围绕核心企业，通过对物流、商流、信息流和资金流的控制，从原材料获取、加工和销售过程所涉及的供应商、生产商、分销商、零售商直到最终消费者等成员连接组成一个整体的功能网链结构。长期以来，大型企业对供应链上物流、商流和信息流层面的研究和实践已经渐趋完善，但在资金流的管理方面却处于滞后状态，而这种滞后已经影响到供应链的整体运行效率。

在供应链管理的实践中，大型企业外包出去的业务环节需要大量的资金，但承接业务的中小企业却缺乏相应的融资能力，所以无论是因为融资成本过高而导致的产品成本过高，还是因为资金流紧张而导致的交付延期，都将给整条供应链带来不良影响。此时，本应对中小企业伸出援手的核心企业，往往因为考虑自身财务利益而对上下游企业进行资金挤压，这种行为会进一步伤害供应链的运行效率。供应链金融的概念便是在这种情况下提出的。供应链金融将探讨核心企业如何与上下游企业形成利益共同体，而不是与上下游企业争利而形成竞争关系，从整条供应链统筹安排资金流，合理分配供应链各环节的流动性，来实现整条供应链的财务经济性。

一、供应链金融发展概况

（一）供应链金融基本介绍

供应链金融是指在对供应链内部的交易结构进行分析的基础上，运用自偿性贸易融资的信贷模型，并引入核心企业、物流监管公司、资金流引导工具等新的风险控制变量，为供应链不同节点提供封闭的授信支持及其他结算、理财等综合金融服务。供应链金融的融资方式可概括为"M + 1 + N"，即抓住供应链中的 1 个核心企业，依托其供应链，向其上游 M 个供应商及 N 个客户提供综合性的融资解决方案。供应链金融融资模式的出现改变了传统商业银行对企业信用授权的方式，以前的银行以单一企业作为信用授权主体，信用无法辐射到上下游企业中去。在供应链金融中，银行的信用授权方式变为了以核心企业为"1"，从原材料的采购与运输，到最终产品的销售与运输的整个供应链上的"M + N"家企业都能分享到由核心企业的信用外溢带来的正外部效应。银行不断对供应链中的中小企业进行融资支持，使得整个供应链的流畅程度不断增强，从而让整个供应链的价值得到提升，让供应链上的所有企业构成健康发展的金融生态链。

国内供应链金融模式主要包括融通仓融资模式、保兑仓融资模式以及应收账款融资模式，这三种模式都离不开第三方物流企业的参与，并且都以物流控制商品的物权①。

1. 融通仓融资模式，又称存货质押融资。所谓的融通仓融资模式是指利用第三方物流平台作为银行对企业流动资金的监管代理人，将物流技术和金融服务结合在一起的创新模式，其目的主要在于解决中小企业的融资困难问题，主要包括质押担保与信用担保两大模式。

质押担保模式是指由物流服务企业建立融通仓，贷款的需求者和银行签订以融通仓货物为质押的质押合同，再由物流企业、银行以及贷款的需求者三方签署仓库储存协议。有贷款需求的企业将购回的原材料以及滞留的产成品送入到融通仓中。物流服务企业在执行仓储服务的基础上还要对货物进行估值，并出具相关的证明文件交到银行作为信用评估的依据，银行以此作为发放贷款的主要依据。滞留在融通仓内的货物可以照常销售，不过物流公司要确定货款的管理账户是在企业申请贷款的银行。

信用担保模式是指银行可以依据企业规模、经营状况、财务状况来选择物流公司作为合作对象，并且授予其一定的可支配信贷额度。在得到授信后，物流企业再从日常合作的中小企业中筛选出信用等级较高的企业，成为其融资的信用担保人，而这些需要融资的企业把停滞在物流公司融通仓内的货物用于质押或者反担保。企业在日常经营过程中需要不断卖出仓库内的货物，生产后又不断地将货物送入仓库。物流公司出具入库与出库的证明由融通仓审核，保障滞留在仓库内的货物获得足够的信用担保。

2. 保兑仓融资模式，又称预付账款融资。此模式中，从原有的银行、

---

① 张志辉. 供应链金融融资模式与风险研究［J］. 知识经济, 2016.

物流服务企业、贷款需求企业的三角结构，变成了由生产商、承销商、物流服务企业、银行四方构成的新的合作结构。生产商与制造商双方签订销售合同，再依照合同的具体内容和金额向银行缴纳保证金，并申请银行承兑汇票以此作为支付工具来支付货款，物流服务企业作为汇票承兑的担保方，货物的销售方以产品作为担保为物流服务企业提供反担保，物流企业的担保金额由货物的价值决定。

3. 应收账款模式。应收账款模式是指在产品的销售阶段，买方选择赊账支付，卖方将未到期、未收回的应收账款的所有权转给金融机构，以此为抵押，向金融机构申请贷款融资。上游的中小企业作为原料的供应商，将原材料赊销给下游的核心企业，再将应收账款转让给银行或其他金融机构，从而获取融资。在整个过程中，核心企业的法律地位相当于反担保，获得融资的中小企业一旦出现经营问题，导致企业无法偿还贷款，对金融机构造成的损失将由核心企业弥补，从而降低银行等金融机构的风险。

随着供应链金融的发展，金融机构纷纷围绕供应链的核心企业和上下游中小企业，结合贸易结算方式，充分运用银行信用、商业信用和物权等多种信用增值工具，设计出多种类型的供应链融资产品（见表9-1），以提供整体融资解决方案，满足企业不同层面的融资需求。

表9-1 供应链金融产品一览表

针对供应商	针对购买商	融资产品	中间业务产品
存货质押贷款	供应商管理库存融资	存货质押贷款	应收账款清收
应收账款质押贷款	商业承兑汇票贴现	应收账款质押贷款	资信调查
保理	原材料质押贷款	保理	财务管理咨询

续表

针对供应商	针对购买商	融资产品	中间业务产品
提前支付折扣	延长支付期限	提前支付折扣	现金管理
应收账款清收	国际国内信用证	供应商管理库存融资	结算
资信调查	财务管理咨询	原材料质押贷款	贷款承诺
结算	结算	延长支付期限	汇兑

资料来源：深圳发展银行中欧国际工商学院供应链金融课题组. 供应链金融：新经济下的新金融[M]. 上海：上海远东出版社，2009.

（二）供应链金融的发展潜力

供应链金融在我国仍然处于初步发展阶段，但受益于应收账款和商业票据市场的不断发展，供应链金融在我国发展较为迅速。如图 9-1 所示，我国规模以上工业企业应收账款净额已由 2006 年的 3.17 万亿元增加到了 2015 年的 11.72 万亿元，十年增长了 3.7 倍。根据国家统计局工业司的解读，截至 2016 年 11 月末，规模以上工业企业应收账款同比增长 9%，增速比主营业务收入高 4.6 个百分点，应收账款平均回收期为 37.9 天，同比增加 1.4 天。"回款难"成为当前制约企业生产经营的较大障碍。应收账款模式作为供应链金融重要的融资模式，应收账款规模的不断增长为我国供应链金融的快速发展奠定了坚实的基础，反过来，供应链金融的发展也必能为我国企业发展扫除"回款难"这一顽疾，避免"三角债"现象再度上演。

在企业交易中，企业之间还会以签发商业汇票的形式来保证交易正常进行。对于买方来说，商业汇票的签发能缓解买方的资金压力。对于卖方

万亿元

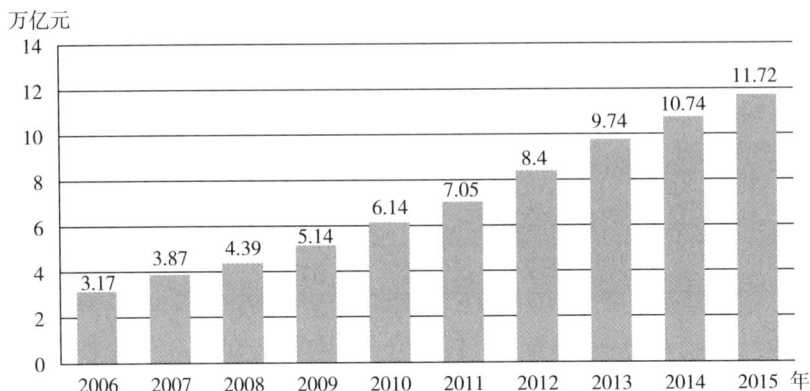

图 9-1　中国工业企业历年应收账款净额

而言，卖方既可以向买方索取汇票金额，也可以将商业汇票作为质押，获得流动性。质押商业汇票以获取融资也是供应链金融的重要形式，我国商业汇票发展与我国供应链金融的发展是紧密相关的。如图 9-2 所示，我国商业汇票签发量逐年稳步增加，在 2013 年已经突破 20 万亿元，2015 年已经达 22.4 万亿元。

万亿元

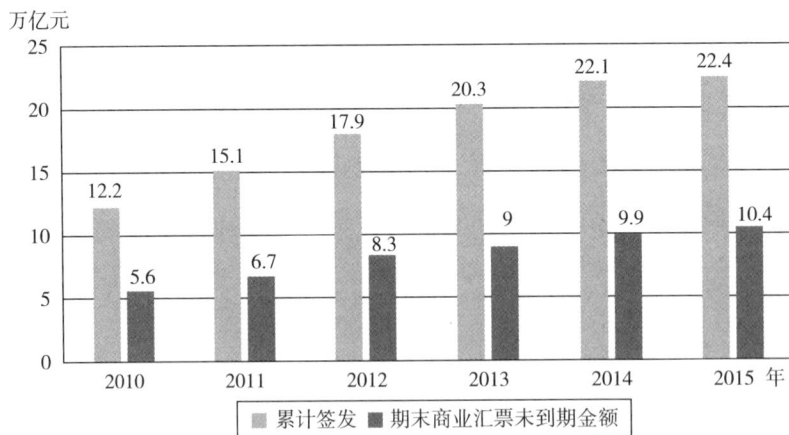

图 9-2　中国商业汇票签发情况

在市场规模方面，前瞻产业研究院供应链金融行业报告数据显示，到 2020 年，我国供应链金融的市场规模预计可达 14.98 万亿元。

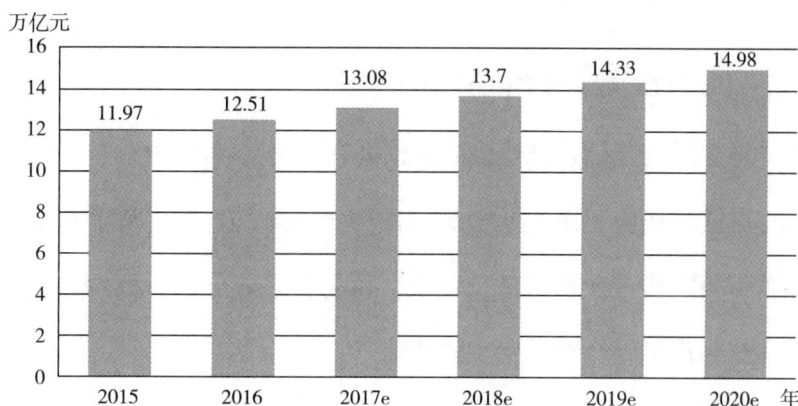

数据来源：前瞻产业研究院.2015—2020 年中国供应链金融市场前瞻与投资战略规划分析报告 [R]．深圳，2015.

图 9 - 3　中国供应链金融市场规模预测

二、供应链金融面临的挑战

供应链金融作为金融创新，有着万亿元级的市场规模，吸引了大量市场主体参与其中，不仅包括商业银行、大型企业和物流公司，还包括新兴的互联网金融公司、电商巨头和 ERP 软件企业等。在供应链金融蓬勃发展中，也暗藏着诸多风险，比如产业基础薄弱、风险控制不足、交易欺诈频发、银行授信局限和法律法规不完善等，都要引起供应链金融参与者的警惕。供应链金融是基于供应链管理发展起来的，具有实体经济背景，需要金融机构在开发供应链金融这块"蓝海"市场时精耕细作，不搞粗放式发展，避免"萝卜快了不洗泥"现象的出现，做到产融结合，让金融服务更好地嵌入实体经济的发展，形成金融和产业协同进化发展的生态圈。

（一）产业供应链管理水平尚待提高

供应链金融的基础是产业供应链，没有产业供应链的合理、有效支撑，供应链金融就会成为无源之水，难有作为。因此，要真正从事和推进供应链金融就需要重构产业供应链。但是，目前大多数分散、低端、低效率的产业链无法为产融结合提供坚实的基础。

核心企业虽能满足银行单独授信的标准，但其自身的科技系统是否能将供应链条上的上下游成员企业交易信息整合在一起，使得链上的采购信息与销售信息透明且可信赖，这决定银行是否获得对称的信息而支持对上下游成员企业的授信。另外，交易信息的真伪如何验证、交易信息是否会被篡改等问题也制约着供应链金融业务的推广。

供应链金融整合了商流、物流与资金流，如果线上的商流与线下的物流无法达到信息透明且全程可视，银行对质押品的控制权可能产生风险疑虑，便会制约供应链金融业务的发展。另外，纸质文书在产业实践中占比较高，财务电子化比重偏低，供应链金融自动化程度低，都会弱化供应链金融的优势。

（二）风险控制仍是难题

供应链融资虽然在一定程度上降低了中小企业的信用风险，但同时也增大了供应链整体的信用风险。供应链金融的风险是产业供应链风险和金融风险的叠加，具有传导性和动态性，供应链上的企业相互依存、相互作用，共同在供应链金融创新活动中获得相应的利益和发展，一个企业的经营状况有时会对链上其他企业产生影响。因此，一个企业的风险会向供应链上的上下游环节以及周边传导，最终给供应链金融服务者以及相应的合作方造成损失。此外，供应链金融风险会随着供应链的网络规模和程度、融资模式的创新、运营状况的交替和外部环境的变化等因素不断地变动，容易造成供应链金融风险的高度复杂性，给金融机构的风控带来极大的挑战。

（三）授信对象存在局限性

由于全国征信系统尚不完备，供应链上的中小企业或小微企业与银行之间存在信息不对称，银行无法直接对其授信，因此银行授信是依托核心企业的信用。不论是核心企业对上游供应商的最终付款责任，还是对其下游经销商的担保责任或调节销售，皆是以核心企业的信用为杠杆衍生出来的授信。除了需要核心企业配合外，银行也只能局限于核心企业的一级供应商或一级经销商（与核心企业直接签约的供应商或经销商）；至于二级以上的供应商与经销商，则因为与核心企业没有直接采购或销售合约，银行无法满足企业的融资需求。

（四）交易欺诈困扰很大

据统计，除经营风险外，供应链金融业务 90% 左右的风险来源于客户欺诈，客户欺诈的表现形式多种多样，典型的有三类。

1. 套汇套利行为。套汇、套利是利用汇率或利率的波动，通过虚构贸易、物流而赚取汇差和利差的行为，除此之外还可以骗取出口退税。

2. 重复或虚假仓单。重复或虚假仓单是指借款企业与仓储企业或相关人员恶意串通，以虚假开立或者重复开立的方式，就他人货物或者同一货物开立多张仓单，以供借款企业重复质押给不同金融机构获取大量仓单质押贷款，并从中牟取暴利。

3. 自保自融。自保自融是在从事供应链融资过程中，亲属、朋友或者紧密关联人为借款企业进行担保，或者由同一人或关联人实际控制的物流仓储进行货物质押监管，套取资金的行为。2012 年的上海钢贸事件和 2014 年的青岛港事件，便是企业通过欺诈手段，相互勾结，重复质押资产，骗取银行贷款的恶劣事件，造成了恶劣的社会影响，也不利于供应链金融的发展。

（五）法律法规尚待完善

供应链金融参与主体众多，既包括银行、核心企业、上下游中小企业以及物流、担保、保险等中介组织，也包括监管机构，参与主体的复杂性决定了法律适用的复杂性和不确定性。此外，供应链金融又属于金融创新，传统的监管法律难以适应金融创新的发展，潜在的监管风险也难以避免。具体而言，供应链金融融资风险主要集中在动产担保物权方面，在涉及质权所有权的原始分配和质权所有权流动造成的再分配时，可能引发所有权的矛盾和纠纷。相比国外，我国在抵押权、担保物权等方面，对供应链金融的相关法律概念界定、纠纷处理等方面还不明朗，这将阻碍供应链金融的进一步发展。

三、供应链金融中的技术应用

一代有一代之金融，互联网时代，Fintech 必将大行其道。一方面，技术创新可以提高生产力，提高企业竞争力；另一方面，技术创新的本质却是"创造性破坏"，将会颠覆传统的模式，一旦企业跟不上技术创新的步伐，被市场淘汰也就是不远的事了。西方有谚语说：靠近你的朋友，更要靠近你的敌人。不论把技术创新当作朋友还是敌人，都要靠近它、学习它、使用它，如此才能在时代的发展中立于不败之地。供应链金融作为一项金融创新，与新技术相结合，会在风控、反欺诈等方面取得长足进展，解决困扰其发展的瓶颈问题。

（一）大数据

金融是信息密集型服务产业，大数据时代的到来，将使金融业面临新的机遇和挑战。通过信息化建设，供应链平台上沉淀了海量的物流数据、商流数据、资金流数据和客户行为数据等。通过运用大数据分析技术，供应链金融的提供者，可以掌握平台会员的交易历史和交易习惯等。这些分析结果可用于判断资金的需求方向和需求量，让金融机构更好地对资金进行运营管理，更精准地调配资金，更准确及时地对供应链上的企业提供融资服务。

利用大数据分析，可以对客户财务数据、生产数据、订单数量、现金流量、资产负债、水电消耗、工资水平、投资偏好、成败比例、技术水平、研发投入、产品周期、安全库存、销售分配等进行全方位分析，提高资信评估水平，提高金融机构客户筛选和精准营销的能力，对供应链上的"长尾"企业，能有更好的融资服务覆盖。在此基础上，信贷模式可以从质押品信贷转向信用信贷，实现质押品的去监管，节约监管成本。

风控是金融的核心要务，传统主要根据财务报表和交易数据来进行风险管理，而大数据风控则运用更多的维度和更实时有效的数据，更精确地给客户画像，使得风险分析、风险预警和风险控制更为准确。

（二）云计算

透明、高效的信息平台是发展供应链金融业务的基础设施。银行等金融机构和物流企业可以通过云计算模式，建立一整套数据服务框架，将数据按业务属性进行归类集中，形成可组合、可管理的数据仓库，实现不同系统之间的数据信息的整合、交互，实现核心企业、物流企业与银行间的信息共享，从而改变传统供应链金融中信息缺失、信息孤岛、信息不对称等种种弊端，提高供应链整体的对接效率和凝聚力。通过打通业务操作系统、信贷系统和运营操作系统，可以快速实现线上信贷。在此基础上，结合线上商流、物流、资金流和信息流所积累的数据以及外部商业数据、社交数据等，整合形成大数据平台，为大数据分析打下基础。

中小企业面临着较为严重的资金不足问题，很难独立地进行信息平台的建设，云计算有按需租用的特点，能够按需满足中小企业对信息资源的需求，提供诸如电子商务、客户关系管理和办公自动化等方面的服务，帮助中小企业实现业务电子化、自动化。此外，云计算通过规模经济降低了成本，使得中小企业可以将更多的资金用在核心业务上，提高效率。云计算有助于补齐供应链的短板，提升供应链的整体竞争力。

（三）人工智能

反欺诈是风控中非常重要的一道环节，人工智能反欺诈是有效的解决办法。深度学习和知识图谱是在反欺诈中应用最多的人工智能技术。深度学习是机器学习的一个新的分支，是大量训练样本配合计算能力和系统使用人工神经网络机构设计的算法，深度学习算法能替代人工提取特征。例如，用大量的正常信贷数据对人工智能进行深度学习训练，人工智能会迭代出正常信贷的特征，当遇到异常信贷时，便会提出预警。

基于大数据的反欺诈难点在于如何把不同结构的数据整合在一起，并构建反欺诈引擎，从而有效地识别出欺诈案件（比如身份造假、团体欺诈、代办包装等）。但是很多欺诈案件会涉及复杂的关系网络，这给欺诈审核带来了新的挑战。知识图谱作为人工智能技术中关系的直接表示方式，可以很好地解决这个问题。首先，知识图谱提供非常便捷的方式来添加新的数据源。其次，知识图谱本身就是用来表示关系的，这种直观的表示方法可以帮助金融机构更有效地分析复杂关系中存在的特定的潜在风险。

不一致性验证可以用来判断一个借款人的欺诈风险，比如借款人甲和借款人乙填写的是同一个公司电话，但甲填写的公司名称和乙填写的公司名称完全不一样，这就成了一个风险点，需要审核人员格外注意。

组团欺诈是比虚假身份更难识别和挖掘的欺诈手段。这种组织在复杂的关系网络里隐藏着，不易被发现。只有把组织关系中隐含的关系网络梳理清楚，才有可能去分析并发现其中潜在的风险。作为关系网络分析工具的知识图谱，可以帮助金融机构更容易地识别这种潜在风险。例如，有些组团欺诈的成员会用虚假的身份去申请贷款，但部分信息是共享的，通过知识图谱的分析，可以找出这个可疑点，并向审核人员预警欺诈风险。

（四）区块链

区块链有去中心化、去信任、可追溯和不可篡改等特点，运用于金融领域，将改变金融领域的底层技术，成为全球金融的基础架构。由于信息不对称，银行等金融机构往往仅愿意给核心企业的一级供应商提供应收账款融资服务，而不愿意授信给更上游或更下游的供应商，因为它们和核心企业没有直接的交易。将区块链运用到供应链金融中，可以很好地解决金融机构的授信限制问题。由于区块链技术可以追溯每个供应链上每个节点的交易，勾画出可视性的交易全流程图，保证每笔交易的真实性，金融机构根据真实的交易，可以给不和核心企业直接交易的二级乃至更上游或更下游的供应商提供融资服务，提高融资服务的覆盖率，更好地为中小企业提供资金支持。

有实力的核心企业往往会成立金融子公司，来经营供应链金融业务。由于核心企业掌握着上下游中小企业的信息，出于竞争的目的，核心企业不会共享这些信息，这就构成其他金融机构的进入壁垒，而缺乏竞争将会抬高中小企业的资金成本，最终损害供应链的整体竞争力。区块链去中心化的特征，将打破核心企业控制供应链的困局，为供应链引入更多的金融机构，如小贷公司、P2P 网络借贷平台等，使得供应链的参与主体更多元，有利于形成良性发展的金融生态圈。

银行等金融机构除了担心中小企业的还款能力外，也关注交易数据的真实性。区块链的分布式记账技术，将供应链上所有的交易数据分散记录在所有节点账本上，且带有时间戳，即使企业能篡改某个节点的数据，也不会影响账本的真实性，这就解决了银行等金融机构对数据造假的疑虑。

银行等金融机构在操作存货质押融资的贷后管理时，必须要编列一定人数的巡核员，来核实和盘点质押品，需要大量的人力、物力的投入，会增加银行等金融机构的操作成本，也会增加银行等金融机构的操作风险。如果使用区块链对质押品编码，通过智能合约成为智能资产，不仅可以验证质押品的真实性，还可以监控质押品的转移，这将精简核实与盘点质押品的人力和物力，减少操作风险和降低作业成本。

四、供应链金融的发展趋势

"众里寻他千百度，蓦然回首，那人却在，灯火阑珊处。"在经历了经济"脱实向虚"的弯路和"资产荒"的困窘之后，各类金融机构把目光转向有实业背景的供应链金融，把供应链金融当作下一个风口，纷纷布局。供应链金融具有产业和金融的双重属性，是实践产融结合、深化供给侧改革最好的场景。在"互联网＋"的大潮中，供应链金融的发展前景如何，是大家都关注的问题。本文通过对供应链金融的深入研究，总结出供应链金融线上化、资产证券化、垂直化、生态化和普惠化五大发展趋势。

（一）线上化

线上化是供应链金融发展的大势所趋。金融机构在开展供应链金融服务的过程中，需要及时掌握供应链成员间的订单和发票等信息，跟踪并监控与之相关的物流、信息流和资金流等状况。运用互联网等信息技术建设线上供应链金融平台，可以连接供应链的上下游及各方参与者，促成交易流程的在线化、交易数据的电子化和交易信息的集成化。在线上化的供应链金融平台上，金融机构可以最大限度地掌握供应链上的物流、信息流和资金流等信息，进而可以运用大数据、人工智能等技术分析手段将中小微企业的交易信息转化成信用信息，降低信息不对称程度，更准确地衡量企业还款能力，提高融资效率，保障资金安全。

线上化可以实现融资业务全流程在线处理，从业务申请、业务审批到贷款发放，都可以在供应链金融平台上进行，简化了手续，提高了效率，这将极大地降低中小企业的融资成本，提高企业的资金周转率。

线上化还突破了地域的限制，允许提供供应链金融服务的金融机构将分散在全国各地的中小制造商、经销商纳入其服务网络体系，提供跨地域的服务，从而扩大业务规模。

（二）资产证券化

2016年2月16日，中国人民银行、银监会、证监会等八部委联合发布《关于金融支持工业稳增长调结构增效益的若干意见》，强调稳步推进资产证券化发展，并指出应当加快推进应收账款证券化等企业资产证券化业务发展，盘活工业企业存量资产，同时推动企业的融资机制创新。

应收账款融资在供应链金融创新中应用最为广泛。应收账款的证券化，可以让提供供应链金融服务的金融机构从市场上获得低成本资金，解决自有资金供给的瓶颈问题，满足对企业持续放贷的需求，更好地解决当前制约企业生产经营的"回款难"问题，进而平衡供应链上下游企业之间的利益，促进闭环产业链的良性发展。

（三）垂直化

每个行业都有自身的属性和特点，不同产业链上的企业也具有不同的金融服务需求特征，供应链金融是产业和金融结合的专业化领域，有着较强的专业壁垒，这使得互联网在大众消费领域简单平台化的创新模式受到了挑战，进而要求供应链金融在互联网化时向更垂直细分、更专业的方向发展。

供应链金融的参与主体要深耕各自所熟悉的一条或几条产业链，充分了解该行业的行业属性和特征，并结合自身的专业分析与研究判断能力，才能为各垂直细分供应链上的企业提供量身定做个性化的供应链金融服务。

（四）生态化

供应链金融通过互联网、物联网等技术手段，可以在平台建设上搭建跨条线、跨部门、跨区域的金融生态平台，并连接政府、企业、行业协会等外部部门，整合产业链的整体价值，打造出拥有成长活力和盈利潜能的产融结合生态系统。在供应链金融生态平台主导的生态系统中，各参与主体都能够利用平台进行资源汇集、资源查询、资源分享，整合的产业资源通过平台进行系统化的配置，并在整个平台进行共享，通过平台的数据分析能力，发掘新的市场机会，并配置资金对新的领域进行探索，实现金融和产业的协同进化。

随着国家政策强调对实体经济倾斜，供应链金融作为金融服务实体经济的典范，将成为实现产业结构调整的重要抓手，协同实体经济完成转型升级。

（五）普惠化

普惠金融的首要目标是解决金融服务的可获得性，让中小企业和小微企业等受到金融排斥的弱势群体，享受到同等的金融服务。但是，以往的普惠金融商业可持续性并不强，往往出现"使命漂移"现象，即金融服务对象向具有更高收入的非弱势群体靠拢。早期的供应链金融服务对象也只针对核心企业，并通过核心企业为其上下游企业提供金融服务，存在授信的局限性。但是，在"互联网＋"的时代，移动互联、云计算、大数据和人工智能等信息技术的运用，使得供应链金融能够更好地将以前无法覆盖到的企业涵盖进来，突破授信的局限，逐渐把金融服务范围扩大到供应链全链条，可以使供应链金融服务的规模和范围扩大，进而实现降低成本和增加利润的目标，实现金融机构商业发展的可持续性。从这种意义上来说，"互联网＋"下的供应链金融将发展成为真正意义上的普惠金融，保障中小企业和小微企业平等地获得金融服务。

第十章 网络借贷

一、网络借贷发展概况

（一）网络借贷的定义

网络借贷包括个体网络借贷和网络小额贷款。个体网络借贷，又称 P2P（Peer to Peer）网络借贷，是指个体和个体之间通过网络借贷信息中介机构实现的直接借贷。其中，个体包含自然人、法人和其他组织。网络借贷信息中介机构是指依法设立，专门从事网络借贷信息中介业务活动的金融信息中介公司。该类机构以互联网为主要渠道，除信用信息采集、用户身份核实、贷后跟踪、抵（质）押管理等风险管理和有关监管明确规定的经营环节外，网络借贷信息中介机构不得在互联网、固定电话、移动电话和其他电子渠道以外的物理场所开展业务。P2P 网络借贷打破了以往受制于血缘、地缘关系的小额借贷方式，能够快速、高效、灵活、简便地实现资金流转，成为银行等传统金融机构贷款的有力补充。网络借贷信息中介机构为投资方和融资方直接借贷提供信息搜集、信息公布、信息交互、信贷撮合、资信评估等信息中介服务，但是不能提供增信服务或设立资金池。在网络借贷信息中介机构上发生的直接借贷行为属于民间借贷范畴，由银监会负责监管。大多数网络借贷信息中介机构都有自己独特的信用打分体系和定价模型。贷前通过对借款人进行信用审查，拒绝不合格借款人的借款需求；贷中为借款人和投资者提供资金转账的服务；贷后若借款人拖欠贷款或违约，机构会尽量收回贷款，最大限度地降低投资者的损失。借款利率可以由多个投资者以竞拍的方式产生，也可以由网络借贷信息中介机构基于借款人的信用给出。

网络小额贷款是指小额贷款公司作为贷款人，通过互联网向小微企业或个人提供短期、小额信用贷款，使贷款申请、贷中审核、贷款发放网络化。网络小额贷款公司要遵守现有小额贷款公司的监管规定，不能吸收公众存款。网络小额贷款作为传统信贷体系的有益补充，成功运用大数据技术来进行风险控制，减少了贷款违约风险，有效降低贷款申请门槛，大幅缩短放贷时间，可以降低客户融资成本，一定程度上缓解了部分小微企业的融资需求。然而，由于网络小额贷款受到融资渠道有限、大数据来源的限制和多重风险的威胁等因素的影响，其在国内的发展规模远不如 P2P 网络借贷。

（二）网络借贷发展现状

2005 年，全球第一家 P2P 网络借贷平台 Zopa 成立。2006 年，宜信在中国成立，成为中国最早开展网络借贷的公司。随着互联网和电子商务在我国的快速发展，许多 P2P 网络借贷信息中介机构趁势而起，2010 年平台数量首次过百。步入 2013 年后，P2P 网络借贷平台如雨后春笋般悄然兴起。2012 年，运营平台的数量仅为 200 家，2013 年约 800 家，2014 年达1575 家。截至 2016 年 12 月 31 日，全国 P2P 网络借贷平台共有 4856 家[①]。

---

① 仅包括有线上业务的平台。

网络借贷行业竞争日益激烈，随着互联网金融安全专项整治活动的开展，以及 2016 年 8 月 24 日《网络借贷信息中介机构业务活动管理暂行办法》的出台，网络借贷行业的规模由快速扩张转为稳中有升，呈现出集中趋势。以 P2P 网络借贷为例，一方面，正常运营的 P2P 网络借贷平台在减少，截至 2016 年 12 月 31 日，P2P 网络借贷平台共 4856 家（仅包括有 PC 端业务的平台，且不含港台澳地区），其中，正常运营的仅有 1625 家，仅占 33% 的比例，正常运营的平台环比下降 3.9%，新增平台自 2015 年 5 月开始就一直呈现下降趋势。另一方面，2016 年全年 P2P 网络借贷行业成交额接近 1.95 万亿元，成交量曲折上升。平台成交量整体呈上升趋势，而正常运营平台一直呈环比下降趋势，可见行业集中趋势正在显现，大平台的市场占有率越来越高，小平台面临着巨大的竞争压力。随着监管的加强和利率市场化改革，P2P 网络借贷的收益率开始趋于合理化，P2P 网络借贷行业的总体综合收益率已经从 2016 年 1 月的 12.18% 下降至同年 12 月的 9.86%。

二、网络借贷行业发展面临的挑战

（一）信息不对称

根据信息的可传递性不同，Stein 在 2002 年提出，将金融市场中存在的信息分为两类：一类是硬信息（Hard Information），指可以被直接证实、能够准确向市场传递的信息，例如公司财务信息等可以被量化、记录的信息；另一类是软信息（Soft Information），指除了信息提供者以外无法由其他市场参与者证实的消息，不同于硬信息，软信息具有难以量化、难以传递、不可保证等特征，只能在有限范围内被熟悉的市场参与者了解和掌握，因此软信息的获取途径通常是通过投融资双方的长期密切接触。

在 P2P 网络借贷中，硬信息主要指借款人有无违约记录、借款申请历史、房产证明等信息，软信息包括借款人的年龄、性别等，也可能包括诸如 Kiva 平台上分享的精彩故事和本人照片。P2P 网络借贷定位于服务中小微企业和缺乏信用记录或信用记录较差的个人，在虚拟网络中完成相关交易和服务，交易双方缺乏现实中的沟通和交流，没有传统金融机构的权威认证，借款人的硬信息往往披露不足甚至是虚假披露。借款人的软信息对于中小投资者来说更是难以搜集、掌握和分析，因此在 P2P 网络借贷市场中信息不对称现象更为严重，导致投资人无法预知和规避投资中存在的各种潜在风险和问题，风险识别能力和判断能力过弱，容易诱发信用风险。

借款人和投资人之间的信息不对称，是网络借贷各种风险的根源和症结所在。信息不对称导致 P2P 网络借贷市场利率相对较高，处在信息不对称中劣势的一方，可能会出现逆向选择问题，从而挤出信用良好、具有较强还款能力的借款人。当市场中信用风险高的借款人占据较大比例的时候，坏账率会上升，势必导致市场风险加剧，资金不能得到充分利用，资源配置效率降低。长此以往，投资人将选择其他投资方式进行投资，网络借贷市场成交额将会降低，借款成功率也将降低。因此，无论是为了促进 P2P 网络借贷定价更加规范、合理，还是为了促进 P2P 网络借贷行业健康发展，改善信息不对称的局面都是至关重要的。

（二）洗钱风险

洗钱（Launder Money），指将违法所得及其产生的收益，通过各种手段掩饰、隐瞒其来源和性质，使其在形式上合法化的行为。P2P 网络借贷的隐蔽性、匿名性、即时性使得资金追踪更加困难。在 P2P 网络借贷洗钱风险的成因中，既有 P2P 网络借贷业务模式导致的天然风险，也有交易行为留存和监管较为薄弱导致的风险。

业务模式特征导致的天然风险包括三个方面：其一，资金性质不明难以追踪。我国 P2P 网络借贷平台定位为信息中介机构，对进入平台的资金来源及去向缺乏核实的积极性，流于形式，其关注的重点是借款人是否具备良好的信用状况和经济实力以按时还款，因此性质不明的资金进出平台几乎不存在障碍。其二，身份识别存在困难。P2P 网络借贷具有远程性，交易双方及平台极少进行面对面交流，使得顾客身份及其真实性验证存在困难，账户注册又不受限制，洗钱者可以通过注册多个账户，在 P2P 网络借贷的两端通过借款和投资两个渠道双向洗钱。同时 P2P 网络借贷的资金流入及流出通过第三方支付，使得资金交易环节分离，资金转移更加方便和虚拟，第三方支付机构对客户管理并没有十分严格的身份审查机制，而身份识别制度在反洗钱体系中处于核心地位。其三，洗钱指标监测困难。一些 P2P 网络借贷标的允许提前还款，随借随还，加快了洗钱速度，增加了监测的难度。同时 P2P 网络借贷平台面对的客户量和交易量都很庞杂，且各个平台的数据维度不统一，这对数据的处理分析都是不小的挑战，由此导致洗钱风险指标监测更加困难。

交易行为的留存与监管较为薄弱也会导致洗钱风险。传统金融机构具有一整套成熟的反洗钱工作体系，按照要求履行反洗钱义务，同时接受检查和监督。但现阶段对 P2P 网络借贷的监管还停留在业务规范发展阶段，P2P 网络借贷还未成为反洗钱工作的主体，未纳入反洗钱监管框架，P2P 网络借贷平台缺乏履行交易记录保存和可疑交易报告等责任意识，现今未有相关的法律法规明确规定 P2P 网络借贷平台承担客户身份识别和可疑交易报告等反洗钱责任。虽然 2016 年 8 月 24 日出台的《网络借贷信息中介机构业务活动管理暂行办法》对借款余额作出了限制，具有一定的反洗钱色彩，但对于复杂的反洗钱工作，依旧任重道远。

（三）刚性兑付

刚性兑付始于信托市场，指信托产品到期后，信托公司必须返还给投资者本金以及收益，如果信托计划不能如期兑付或者兑付困难，信托公司需兜底处理。刚性兑付制度现在不仅存在于信托市场，在 P2P 网络借贷兴起的时候，为了吸引投资者，网络借贷平台纷纷承诺保本付息，时至今日，网络借贷市场依旧有刚性兑付的现象存在。

刚性兑付对于我国金融市场的发展和 P2P 网络借贷行业的发展都是不利的。投资的基本规律就是高收益对应高风险。刚性兑付会降低投资者的风险意识、扰乱资产价格定价秩序、削弱市场风险化解的能力。一方面，由于 P2P 网络借贷平台承诺刚性兑付，投资者不会意识到风险的存在，不能谨慎投资；另一方面，刚性兑付打破了市场定价规律，风险定价是基于风险暴露的概率，刚性兑付不论资产风险大小一律保本保息，并没有体现利率背后隐藏的借贷风险，这对于我国金融市场资产价格形成是非常不利的。由于 P2P 网络借贷风险被刚性兑付所掩盖，一旦风险积累到一定程度，平台缺乏问题处理的能力，风险将加速暴露。

（四）法律合规风险

我国 P2P 网络借贷行业刚刚经历了野蛮增长的阶段，之前不少平台的业务模式走在国家法律的边缘，也有触及法律"高压线"的情况发生。2016 年 8 月 24 日，《网络借贷信息中介机构业务活动管理暂行办法》正式出台，其中划定了平台不能触及的十三条红线，最具热议的当属资金限额、银行存管以及电信经营许可证。2017 年 2 月 23 日，中国银监会发布《网络借贷资金存管业务指引》，对网络借贷平台与接受资金存管委托的商业银行之间的责任与义务进行详细规定。目前，行业内大多数平台所发标的和资金存管情况都不符合相关规定，在一年的整改期内实现合规化对于平台来说是不小的挑战，因此，绝大多数 P2P 网络借贷平台面临着法律合规风险。

三、网络借贷中的技术应用

（一）大数据

网络借贷发展中面临的挑战大多数都是由于信息不对称导致的，信息不对称带来一系列风险，而大数据恰恰能在一定程度上解决信息不对称的问题，降低风险，解决风控难题，带来更好的用户体验。

首先，应用大数据，可以解决网络借贷面临的征信不足问题。借助大数据技术对借款人的各种信息进行抓取，深度挖掘其中蕴含的信用价值，对海量数据进行加工、分析和整理，将数据的潜在信用价值提取挖掘，能够对客户进行有效的信用评估，判断用户的还款能力、还款意愿和稳定性，并对其进行风险定价，大幅降低平台风控成本，一定程度上弥补了金融信贷数据缺失所带来的无法授信的影响。

其次，大数据有助于规避网络借贷行为的贷前风险。在用户准入环节，对用户的信用情况进行评估，充分考虑用户相关业务的历史数据以及与业务相关的弱变量，能够有效规避风险。例如，将用户水电费的缴纳情况、论坛、社交网站以及新闻等信息数据纳入大数据风控模型中，对风险进行事前控制，能够更加细致准确地判断用户的信用情况，在用户准入环节对用户进行筛选，提高用户的质量，降低平台的风险损失。

最后，网络借贷平台借助大数据，能够获取全面细致的用户画像，由此获知真实有效的借款、投资偏好和借款、投资动机，并在此基础上实现产品的个性化推荐和实时营销。与传统营销方式相比，大数据营销能够有效降低网络借贷平台的获客成本，得到更为精准的借款、投资需求分析，从而及时推送符合借贷双方需求的产品，加速借贷双方需求的撮合和匹配，提高借贷成功率，降低获客成本，提高获客效果与用户黏性。

（二）人工智能

在网络借贷交易中，应用模式识别的虹膜识别和人脸识别技术，可以降低身份冒用风险，保障账户安全。模式识别是指使用计算机代替或者帮助人类感知外界，是对人类感知能力的模拟，能够让计算机和人一样通过感官识别并接收外界的信息，识别和理解周边环境的变化。虹膜识别和人脸识别都属于模式识别。2015 年 4 月，众可贷布局人脸识别，并在同年 9 月 5 日正式上线。通过人脸识别技术，将借款人的脸部特征与公安部公民身份证照片进行比对，可以快速精准识别借款人的真实身份，防止身份冒用，同时为账户安全提供多一层保障。

（三）区块链

在 P2P 网络借贷领域，区块链技术可以作为一种支付网络来创建一个去中介的、全球性的、实时的 P2P 网络借贷市场。数字货币具有广泛的影响力和应用性。以 Bitbond 公司为例，它提供了基于区块链技术的 P2P 网络借贷行业的思路，未来还可以根据需要进行扩展。借款人在区块链终端发起自己的借款需求，详细列出贷款总额、期限、利率、过往信用记录等基本信息，并说明接受借款跟踪检查项目。意向投资人通过已提供信息或者与借款人直接交流来决定是否借款，到期后借款人通过系统设定实现自动还款。

去中心化的 P2P 网络借贷平台 MoneyCircles 为借贷双方创建了一个以信任为基础的借贷关系支付网络。它不需要任何中介机构或中间商的介入，通过智能合约自动完成交易，并且所有的交易和协议都会透明、公开地被记录在账本上。完整、可靠的历史交易数据为政府部门提供了监管依据，并大大节省了平台的组织成本，智能合约的使用降低了执行借贷关系的监督和服务成本，控制了业务风险并提高了工作效率。

区块链能记录所有发生过的交易行为的数据，所有参与主体都能够复制数据，并且在各个节点共同维护数据，已经记录的数据更改成本十分高昂，所以基本可以视为区块链记录的数据具有不可篡改性。数据的全面、透明和不可更改，可以应用于 P2P 网络借贷的征信方面，这将提升征信工作的效率和准确性。

区块链作为一种去中心化和去信任化的科技，具有快捷、安全、速度快、成本低的特点。区块链技术使数据基于密码学原理，而不再依赖于彼此的信任，同时数据透明度高，方便随时调取，这大大降低了监管部门的监管难度，使得 P2P 网络借贷交易发生的各个环节都可以完全被监管部门检测和监督。监管部门作为区块链的一部分，可以随时获取各个 P2P 网络借贷平台的公共账本，实时监控反洗钱，防止平台拆分、打包标的或者私设资金池。

四、网络借贷的未来发展趋势

（一）打破刚性兑付

我国金融业普遍存在着刚性兑付。在 P2P 网络借贷行业，通过各种形式担保、风险准备金以及与保险公司合作等方式为投资者提供本息保障，是非常普遍的现象。如果这些产品在风险发生后都能以各种方式兑付，投资者就会漠视风险，将其视同于无风险产品。P2P 网络借贷平台为了招揽客户，明知刚性兑付的危害，难以长期坚持，但仍纷纷作出刚性兑付的承诺，因为打破刚性兑付的平台，将会遭受市场份额和客户减少的损失。打破 P2P 网络借贷平台刚性兑付的"神话",让投资者自行承担风险,这是市场发展的趋势,但是如何平稳有序地打破刚性兑付将会是监管部门要考虑的关键问题。

2014 年 5 月,知名 P2P 网络借贷平台贷帮网发生借款逾期事件,规模达 1280 万元,贷帮网拒绝为投资者刚性兑付引发了社会的广泛热议。贷款逾期事件发生后,贷帮网打破行业潜规则,没有给投资者刚性兑付而是坚持走法律途径解决问题。贷帮网的案例是在警醒广大投资者要有承担风险的意识。然而,P2P 网络借贷平台去担保化是一个漫长而痛苦的过程,特别是当前投资者风险意识不足,平台一旦不承诺刚性兑付,结果就是在激烈的行业竞争中面临生存危机。P2P 网络借贷平台应遵守自身的行为规范以及行业底线,确保借款人和项目的真实性、还款来源和抵押物的安全可靠性,让投资者清醒认识到投资风险,由投资者自主衡量项目收益与风险,才能使 P2P 网络借贷行业更加健康地发展。

(二)加强信息披露

目前,我国尚没有一套关于 P2P 网络借贷行业通行的信息披露标准。P2P 网络借贷行业信息披露不完全,信息不对称问题严重,导致行业信息成本上升和道德风险提高,充分有效的信息披露显得尤为迫切。

平台信息披露对于投资者防范投资风险和 P2P 网络借贷平台可持续经营能力的考察具有重要价值。P2P 网络借贷平台需要向公众披露的信息主要包括两个方面:一是平台自身的经营情况信息;二是平台撮合交易的情况。平台撮合交易情况的具体涵盖内容在《网络借贷信息中介机构业务活动管理暂行办法（征求意见稿）》中已有明确说明。平台自身经营情况的信息主要包括平台组织架构、高级管理人员团队、公司年报、信用评估方法、风险管理情况、实收资本运营情况、平台各项业务的收费明细、业务经营情况与资金托管机构、增信机构的合作情况和各项有关部门要求其进行披露的信息。P2P 网络借贷平台披露的信息应保证全面性、完整性和真实性，以保护投资者利益，接受社会公众的监督，使投资者更加了解投资项目和平台的运营情况，防止平台虚假宣传。

加快建设网络借贷行业综合数据库，汇总各家网络借贷平台上发生的债权债务关系。一方面，综合数据库有利于实时监测各家平台的资金流向，防止出现利用平台自融、关联交易等违规行为。另一方面，借贷双方的债权债务关系经过数据库的认证后，可以给债权债务关系更好的保障。一旦债务出现违约，也可以计入征信系统黑名单，如果债务履行顺利可以为债务人增信，为其下次融资提供便利。同时，也可以防止出现同一个借款项目在多家平台进行融资的情况。

（三）注重垂直细分市场

垂直化经营模式专注于单一行业产业链的上下游业务。行业内部信息有着极强的相关性，可以降低平台信息搜集成本，提高平台风控能力，为投资者提供标准化、专业化的金融服务。供应链金融、消费金融等都是垂直细分领域资产端创新的典型代表。

供应链金融依托于产业链的核心企业，在信息真实的情况下，将单个企业难以控制的违约风险转化为对于整条供应链来说可控的风险。目前主要包括三种经营模式：其一是短期应收账款模式。供应链的核心企业与其上游供应商之间存在真实的赊销债务，且核心企业无法偿还该债务的风险基本不存在，由 P2P 网络借贷平台撮合供应商和投资人达成借贷关系，核心企业协助 P2P 网络借贷平台对供应商进行信息核实和风险监督。其二是债权转让模式。上游供应商获得核心企业应收账款后将债权转让给商业保理公司，商业保理公司通过 P2P 网络借贷平台将这项资产打包为线上投资标的，由投资人进行线上投资。应收账款到期后，商业保理公司将收回的本息的一部分支付给 P2P 网络借贷平台上的投资人。其三是与物流公司合作。P2P 网络借贷平台借助物流企业提供的上游供应商和下游经销商的第一手交易信息，可以为上下游企业提供信用贷款。

消费金融广义上是指与消费相关的所有金融活动，狭义上是指为满足居民对最终商品和服务消费需求而提供的金融服务。P2P 网络借贷平台向消费金融方向发展具有门槛较低、资金配置效率高等天然优势。我国消费金融具有巨大的市场潜力，并且随着大数据、云计算等技术的成熟会逐步提高 P2P 网络借贷平台的信用评估能力。因此，在市场利润和市场空间的推动下，抛弃并不强势的理财端，转而深耕资产端，P2P 网络借贷平台参与消费金融业务是一种必然的发展趋势。

第十一章　股权众筹

一、股权众筹基本介绍

（一）股权众筹的历史沿革

股权众筹是金融行业中企业融资的新方式之一，对其定义的确定需要先从股权众筹的发展历史进行梳理。

股权众筹属于众筹中的一种类别，世界上第一个以股权形式进行项目线上募资的平台诞生在英国。2010年诞生于美国硅谷的股权众筹融资平台AngelList发展则更为迅速，成为全球更具代表性的股权众筹融资平台，这一商业模式自产生之后迅速传入世界其他地区。我国以股权众筹方式建立公司的例子要追溯到美微传媒在淘宝网出售股权获得资金这一事件。中国大陆以平台形式出现，专注于为初创企业提供融资服务的股权众筹平台是于2011年11月11日成立的天使汇，如今为大家熟知的出租车共享服务平台滴滴打车是其成功案例之一。中国的股权众筹经过从无到有的快速发展，截至2017年，股权众筹平台呈现出多样化的发展态势。部分股权众筹平台向打造创业孵化、服务、咨询为一体的创投生态转型，基于平台上对融资项目的历史性经验和风险把控能力，为创业企业提供全产业链服务，其中京东金融旗下的互联网非公开股权融资平台是这一类平台的代表。这些具有丰富线上线下资源的企业同时带来一定的垄断效应。在这样的背景下，其他的股权众筹平台开始转向垂直领域的行业深耕，打造股权众筹行业内的"小而美"，比如酒店业股权众筹平台。

（二）股权众筹的定义

如上文所述，股权众筹是众筹中的一种类别，众筹是以互联网形式为特定项目在线上筹集资金和人力，股权众筹则是以互联网形式在线上为特定项目——其中以初创小微企业为主——向合格投资人发行股权进行融资，投资人用资金作为对价获得该项目的部分股权。

虽然在发展过程中，平台对合格投资者均有自身的要求，但不同平台上项目融资的方式与平台自身的商业模式均存在一定的差别。根据股权众筹中资金的募集方式和募集对象的不同，股权众筹分为互联网公开股权融资与互联网非公开股权融资。根据2015年我国十部委联合发布的《关于促进互联网金融健康发展的指导意见》中的定义，由中国官方认可的股权众筹为互联网公开股权融资，这一形式具有公开、小额、大众的特征。当前，我国获得此种运营模式试点资格的公司只有平安、阿里、京东三家，并且试点开展并未真正落地。互联网非公开股权融资限定投资人人数，通过非公开的互联网互动方式进行项目融资。在行业的发展与相关法律规定共同作用下，我国的发展以互联网非公开股权融资为主，如上文所述，平台的业务拓展延伸至创业者服务、税务咨询等一站式的增值服务，力图打造创业生态圈。本文论述的股权众筹主要以互联网非公开股权融资为主。

（三）股权众筹的特点

股权型众筹融资本质上是小微企业和初创企业的融资方式之一，参与众筹的一般为 B 轮以前处于融资初期的项目，融资规模控制在 15% 的股权以内，根据项目行业不同，融资规模由几百万元至几千万元不等，能在一定程度上解决小微企业、初创企业"融资难、融资贵"的问题，与传统的私募融资进行比较呈现出以下特点：

1. 股权众筹平台属于直接投资范畴。平台通过线上对接，由投资人直接参与项目进行投资。在部分平台上，领投人更有参与被投公司尽职调查、投后管理的功能与义务，比如早期成立的 AngelList 便是此类平台之一。

2. 参与人数更为广泛。一方面，股权投资是一项具有高风险、高收益的投资行为，每个国家都会设定合格投资人的审核与准入，以确保有效控制风险，因此股权投资具有较高的门槛；另一方面，股权众筹作为面向大众并服务于中小企业融资的平台，在合格投资者设定方面根据其承担的义务不同或者资产不同设定投资额度，使得参与者的范围有所扩大。

3. 股权退出方式不同。在法律合规的情况下，根据不同的项目设计，不同的参与者在投资后期享有的权利与承担的义务皆有所不同，与以往的较为单一的股权投资回报模式不同，平台投资者在退出投资时拥有多元化的退出选项。

（四）股权众筹平台业务简介

"领投＋跟投"模式是世界上应用最广、最为普遍的股权众筹平台的运营模式，其代表主要有 AngelList、天使汇等。这种模式的运行机制如下：在项目筹资人的融资前期，由领投人投入一定的资金，再由跟投人跟进进行投资。在这种模式中，领投人通常是具有丰富经验的专业投资人，而跟投人则是进行风险投资的自然人。领投人多由天使投资者和风险投资人构成，他们需要履行以下职责和义务：项目分析、尽职调查、项目估值议价、投后管理、退出等，具体体现在向跟投人提供项目分析与尽职调查结论、帮助创业者尽快实现项目成功融资、帮助创业者维护协调好融资成功后的投资人关系和牵头创立合伙制企业。这种模式里，领投人在项目成功后的投资收益中获得一部分提成，作为其回报。"领投 + 跟投"模式不仅能降低普通投资者面临的投资风险和信息不对称，还能帮助创业者获得除资金以外更多的行业资源、管理经验等附加价值。由于中国征信体系的不完善以及投资者的非专业性，这种模式在国内得到发展。

经过平台与市场的发展，"领投 + 跟投"模式形成了进一步的分化，股权众筹平台的角色也在发生演变。"领投 + 跟投"模式中衍生出平台作为中间人承担部分尽职调查、估值定价的工作，尽职调查根据私募基金的尽职调查标准进行，并根据所做工作获得一部分的收入，其中收益包括融资成功顾问费、跟投者交易费、项目的股权或收益、平台服务费等。

股权众筹平台进一步发展的形式以生态闭环开始展现。股权众筹平台将专业投资机构、天使投资人、项目发起者、其他投资人进行资源整合，联动线上线下形成社群，打造生态闭环，项目融资方可以最大限度地展示项目，投资人获得有效信息，投资者的教育和孵化功能也为平台带来部分增值服务。比如"云创汇"的"股权型众筹融资平台 + 社群 + 生态系统"

的模式，是打造创投生态闭环的尝试。

二、股权众筹行业发展面临的挑战

（一）信息不对称

股权众筹平台的信息不对称问题多数表现在领投人、项目人与跟投人之间的信息不对称以及由信息不对称引出的权利界定问题。现阶段在大多数平台采取的"领投＋跟投"模式下，事前的项目筛选和事后项目管理也存在投资人与融资人双方的信息不对称问题，项目融资方在项目信息的披露上或因为自身产权的保护或因为项目融资成功率的考虑，选择信息披露上的部分隐瞒。在投资人门槛较低的情况下，不少投资人尤其是跟投人被收益驱动，风险防范意识淡薄，对信息披露的内容知识缺乏了解，更有"刚性兑付"传统带来的不合理诉求与心理预期。跟投人主要通过绑定一致行动人，依靠专业领投人完成尽职调查和信息核实，而项目方所披露的信息能否如实地反映企业的核心价值和优势则难以得到客观评判，且对重大不利事项进行隐瞒得不到强有力的约束，导致风险事件的发生。

信息不对称也体现在互联网模式下的虚假刷单问题。社群基础和社群经济效应存在于互联网股权众筹融资当中，部分项目领投人起到一定的社群吸引和合理获客的作用。股权众筹通过线上平台操作进行，存在互联网行业内共有的"水军"刷单情况，"水军"通过虚假留言，提升项目热度以吸引真实用户投资。在平台倾向于向信息中介转型以来，刷单现象同样能带来一定的社群效应，刷单现象和成功率是部分项目融资成功与否的关键。平台公信力隐性担保从某种程度上助长了刷单现象的产生，为信任机制的建立带来挑战。

（二）定价与退出难题

1. 定价难题。定价难题主要体现在项目定价方法的有效合理性和项目估值泡沫存在的行业现象。单从股权投资的估值方式来论，项目估值方法多达十种以上，行业内目前仍无通用、标准化的方法，估值方法权威性的缺失导致一些第三方平台的估值流于形式。此外，众筹平台上的项目因行业的兴起会得到投资者的过度青睐，推升行业热度，催生行业泡沫。

2. 退出难题。退出难题是指股权众筹平台投资人在投资平台上投资某一项目后所面临股权转让渠道受限的问题。股权众筹平台上的项目不确定性大、回报周期长、退出渠道单一，在新三板、地方股权转让系统开放之前，退出渠道甚至仅有 IPO 上市一种选择。现阶段，股权众筹的主要退出方式包括项目再融资、项目上市、地方股权转让系统等。参与股权众筹的投资人以财务型投资为出发点，鉴于股权众筹的高风险、高收益、项目周期长等特点，投资人在投资获得一定股权后的一段时间内，如何使用合理高效的方法退出投资获得收益是股权众筹行业得以长期发展的关键所在。

（三）政策变动风险

新生事物的快速发展，对应着监管真空和政策波动，为行业带来了潜在风险与不确定性。从 2011 年我国股权型众筹融资市场活动进程开始，行业规范与律法制定也随之提上日程。在官方的表态中，公开、小额、大众的股权众筹为标准定义。2013 年 8 月，国务院办公厅发布的《关于金融支持小微企业发展的实施意见》中指出，要"充分利用互联网等新技术、新工具，不断创新网络金融服务模式"。2015 年 3 月，在股权众筹融资试点被增补进政府工作报告的同时，国务院办公厅发出的《关于发展众创空间推进大众创新创业的指导意见》也特别提到：国务院将开展互联网股权众筹融资试点，增强众筹对大众创新创业的服务能力。在 2015 年 7 月，十部委联合发布的《关于促进互联网金融健康发展的指导意见》（以下简称《指导意见》）明确表示"股权众筹融资中介机构可以在符合法律法规规定前提下，对业务模式进行创新探索，发挥股权众筹融资作为多层次资本市场有机组成部分的作用，更好服务创新创业企业"，并将股权众筹交由证监会进行监管。关于股权型众筹融资的行业监管政策除了 2016 年 10 月的互联网金融方面的整体实施方案外，在其他的政策上，国家也给予了相关规定。2016 年 8 月，国务院办公厅发布的《"十三五"国家创新规划》（以下简称《规划》）中提出健全支持科技创新创业的金融体系，提高直接融资的比例。股权众筹作为直接融资的一个典型代表，"双创"作为国家现阶段坚定执行的一大政策，《规划》的发布为股权众筹的发展提供了政策上的认可与支持。文中提到"鼓励成立公益性天使投资人联盟等各类平台组织，培育和壮大天使投资人群体，促进天使投资人与创业企业及创业投资企业的信息交流与合作，营造良好的天使投资氛围，推动天使投资事业发展。规范发展互联网股权融资平台，为各类个人直接投资创业企业提供信息和技术服务"，体现了国家政策对个人直接投资创业的支持。

2015 年 8 月公布的《场外证券业务备案管理办法》将第二条第十项"私募股权众筹"修改为"互联网非公开股权融资"，这一表述为市场上的平台业务和称谓指明了方向。2016 年 10 月颁布的《股权众筹风险专项整治工作实施方案》对平台业务进行了明确的限制，但是方案也呈现出过于简单、规定模糊的特征，方案从几个容易发生风险的角度对平台业务加以限制，如禁止擅自公开发行股票、禁止非法开展私募基金管理业务。行业的快速发展也带来参与者良莠不齐的现象，区域性股权交易中心作为股权众筹平台项目股权退出的渠道之一，存在担保缺失、产品设计有漏洞、登记结算系统不规范等问题，也成为监管的风口浪尖。2017 年 1 月 26 日，国务院发布《国务院办公厅关于规范发展区域性股权市场的通知》，用于规范整治区域性股权交易市场。

政策的不确定带来合格投资人设定难题。股权众筹发展之初，平台起投金额偏低，吸引大量投资者参与投资，符合监管所要求的小额、大众特征。股权众筹平台是按照互联网非公开股权融资的制度设计，还是把股权型众筹融资设计为小额、公开、大众，是从业者共同关注的问题。政策的不确定甚至缺失，《证券法》修订尚未完善，也容易给开展业务的从业者带来法律风险。

三、股权众筹中的技术应用

现阶段 Fintech 中所讨论的技术包括上文所述的大数据、云计算、人工智能、区块链，也包括 VR/AR 等任何在金融领域具有想象空间和可行性的新兴技术。结合股权型众筹融资和不同技术的特点，本章主要讨论人工智能、区块链、VR/AR 在股权型众筹融资中的应用。

（一）人工智能

股权众筹是小微企业和初创企业的融资方式之一。上文提到，现阶段，股权众筹平台上项目的估值并没有确定的、标准化的估值计算模型，领投人在对项目进行尽职调查、估值定价时需要对不同要素权重进行设定和运用合理的运算方式以确保项目估值定价处于合理的区间水平。在传统的股权众筹平台的运作当中，对某一项目的可投性进行分析时，会选取不同的要素指标，比如财务报表等，并赋予这些要素指标一定的权重进行分析得出结果。人工智能尤其是机器学习在项目的融资定价估值这一环节存在天然的技术优势，人工智能通过程序设计对不同要素、项目数据进行分析，可以有效地形成行业分析和项目估值，提升一级市场股权融资效率。

从产品研发方面看，人工智能基于大数据信息，进行金融建模分析，能够对行业趋势产生一定的预测效应，对股权众筹平台的项目选择带来参考。从项目估值定价方面来看，人工智能可以通过不同要素和项目中的特有因子等来设定算法，对项目进行合理估值定价与矫正分析。从后续服务的方面看，人工智能能成为投后管理工具中的一部分，行业分析可以帮助创业者了解行业、公司和竞品，避免盲目扩张。

市场上已有这方面的尝试，因果树（Innotree）基于大数据采用人工智能的方法进行项目估值、投后管理分析等。根据内部计算模型机制，因果树通过大数据和人工智能技术实现分类、聚类、分析、建模和评估。根据公司的介绍，因果树建立全网项目数据库、项目信息实时披露，其中涵盖知识产权数据、定点行业数据等，实时跟踪并分析每个项目在投前、投中、投后的信息，包括其所在行业状况、资本状况、项目团队水平和用户表现等。

因果树对数据的分析包括定点行业数据，主要涵盖每个项目在投前、投中、投后的信息，以及其所在行业状况、资本状况、项目团队水平、用户表现等，通过对项目信息实时收集、结构化分析、处理，帮助用户准确、及时获取行业和项目信息。对每个项目进行行业归类，并对细分行业进行分析。记录每个行业的资本轨迹、市场容量、未来趋势，所在行业所有项目排名，以此绘制投融资关系。依托大数据，结合细分行业状况、资本投资趋势，估算细分行业的企业行为价值，根据企业成熟度，形成企业行为价值矩阵，为风险投资标准定价提供了依据。比如，因果树投资机器人依托平台大数据，人工智能评测，每周挖掘未来3～6个月内最可能获得融资的潜在明星公司。

（二）区块链

区块链技术在股权众筹的作用主要体现在股权交易市场的机制优化方面。区块链是一种交易验证和数据共享技术，可以使彼此之间没有建立传统信任关系的经济主体达成合作。区块链采用分布式结构，无须通过中央权威机构，运用算法建立信任，具有去中心化、去信用化、不可篡改和可追溯性等特征。通过区块链技术，股权资产将以数字资产的方式进行存储和交易，不易丢失、无法篡改，具有更强的安全性和不可抵赖性。在股权交易市场中，区块链技术具有天然优势。

1. 转变机制，达成共识。区块链在交易后领域的应用成为区块链落地的尝试领域之一。区块链可以应用于股权的登记与发行、结算和清算环节。当前的登记结算系统由具有公信力的权威机构保证登记或权益变更信息的真实性和一致性，由中央登记结算机构担任，区块链将对这种操作方式带来改变。第一，区块链上的区块具有承载信息的功能，可以记录、存储和传播交易信息，这一特点可以用在交易过程中的细节处理，比如所有权的变更；第二，每个区块上记录着上一个区块的所有信息，在事后管理、监管细则方面做到可追溯；第三，同一网络中，每个节点都有一个完全相同的区块链副本，任一节点的损坏都不影响其他节点和整个网络，这为区域性的股权交易降低了人工操作的风险。这三点均在交易后清算、结算、保管方面有着重要的作用，交易标的可以变成编码通过区块链进行传输。区块链在运行机制方面，工作量证明机制是最可靠的去中心化共识机制，比如股权众筹的股权退出二级市场交易具有高频、多量的特征，如果每一笔交易由区块记录，相当于比特币矿工的"挖矿"工作，高频、大量的交易成为诚实的节点，数量上的优势避免合作攻击的可能性，这样有助于共识机制的达成，成为区域内交易的法则。

2. 提升效率，加强合规。区块链技术的特点在于去中心化、隐秘性和可追溯。区块链技术去中心化通过技术手段使社会个体或组织按分布式的方式相互协作变成可能；分布式架构设计可以以更低的成本匹配供给与需求；点对点的交易方式将避免银行、证券等传统中心化金融结构中复杂的清算过程和高昂的清算成本，从而大大提高金融系统甚至整个经济体系的运行效率。例如，资本市场中股权型众筹融资作为新兴事物，不免会有不合规和不合理的经营现象出现，在没有严格监管的环境中，个人或企业有可能不遵守合约，为金融活动带来高风险。区块链技术可追溯特征将交易透明化，区块中记录着详细交易信息，可追溯性可以有效解决由信息不对称引起的道德风险等激励和逆向选择问题，扩展可交易边界。另外，可追溯性可使全部交易的历史信息可查，所有接入的节点都能通过追溯交易历史核验金融机构运行是否合规，有利于简化业务流程、维护金融稳定及防范金融风险。区块链技术还有助于降低交易后流程的错误率和复杂度，缩短流程时间，节省机构开支。每个市场参与者都有一份完整的市场账本，共识机制保证证券登记在整个市场中同步更新，保证内容的真实性和一致性，在没有中央证券存管机构的情况下，实现全部功能的完成。在区块链上通过建立智能合约规定参与者的权利和义务，智能合约以计算程序的方式实现执行自动化并可以可靠地监控合约中参与方的执行情况，再次降低人工操作成本并且降低操作风险。

3. 实践探索。国内外针对区块链在股权后交易市场中的运用已处在实践探索阶段，中国证券登记结算有限公司与俄罗斯国家证券存管公司（NSD）签署合作备忘录，表示将展开"交易后领域"区块链应用的合作。美国的证券结算制度是 T + 3，运用区块链可以使结算时间缩减至以分钟为单位计算，做到实时交割，有效降低结算时间和风险。美国的比特币公司 Chain 与 Nasdaq 推出私募股权市场交易平台 Linq，该平台通过区块链进行数字化证券产品管理，适用于私人公司阶段，Linq 用于公司在公开发行股票前的股份交易过程中的发行、登记和结算管理。

交易后结算系统探索应用于金融领域的一个重要原因在于股票已经数字化，如何在不同的系统中安全高效流转是行业痛点所在。另一个普遍现象是，全球范围内对其进行应用探索时均是基于某一特定范围和某一特定目的，是对原有系统的一种改良和效率的提升。例如，原有的澳洲证券交易所采用 T＋2 的结算机制，从世界范围来看，已经处在较为高效和低风险的行列。澳洲证券交易所探索利用区块链升级证券结算系统，其选择与 Digital Asset 合作并计划于 2017 年底完成交易后系统的基础设施建设。在探索利用区块链技术升级证券结算系统的过程中，澳洲证券交易所仍只将其作为一种改善数据存储、交换的底层技术，它的运作将在私有的、安全的、可控的领域内进行，而非完全公开化。

（三）VR／AR

现阶段股权众筹平台中，项目的融资阶段由多次路演构成，VR／AR 通过线上连接不同投资人，使项目方、投资人能身临其境地进行与真实场景无差别的交流会议，从空间上取得便利，并使参会人的时间能够合理灵活地安排。市场上已经有平台开始了类似的尝试，36 氪推出过线上路演机制，将线下的形式在线上进行，虽然从技术角度看，并不属于严格的 VR／AR 应用，但 VR／AR 技术的成熟可以很好地契合路演场景，减少相应成本并建立起新型的路演制度。

四、股权众筹的未来发展趋势

（一）股权众筹模式的持续创新

1. 商业模式的创新。市场上已经出现收益权众筹，该类型众筹平台上的投资人享有股份收益但不占有股权，这样的创新和制度设计产生多方收益和共赢局面。目前，我国对股权众筹的政策尚不明朗，并且在股权众筹的实际操作上，存在时间周期长、手续烦琐等现实问题。而收益权众筹因为投资门槛相对较低、交易结构简洁、投资赎回更为灵活，受到投资人的青睐。

此外，对于项目方来说，也愿意选择不占用股份的收益权众筹模式。通过收益权众筹方式投资，项目方公司不会因为股东的基数大而难以上市，同时也避免投资人长期分红而减少项目方收益的问题。

商业模式的创新也体现在上文提到的增值服务的提供和创投生态圈的培养。创投孵化服务性质成为部分众筹平台转型的方向之一，针对股权型众筹融资的增值服务成为创业的尝试方向之一。2016 年 12 月 12 日，众筹家推出"尽评"服务，全方位地对平台项目进行审核，降低股权众筹行业整体项目审查风控的成本，帮助投资者作出投资决策。这类的模式创新中更有上文中提到的 Innotree，通过人工智能、机器学习进行项目的定价估值。

2. 寡头垄断格局形成。苏宁、京东等众筹平台依据产品众筹、创业孵化、股权型众筹融资等不同众筹形态形成良性运转的生态圈，在服务质量、社群建立、项目筛选方面具有独特的优势，具有自然垄断的属性。

3. 制度创新。部分股权众筹平台引进 SPV 制度，具体运行机制在于设立特殊目的实体，投资人通过 SPV 间接持有股权众筹平台上项目的股权，在后期股权转让退出行为中，只需 SPV 参与退出环节，无须投资人签字，节省运行成本。制度创新也体现在上文中将区块链应用在股权众筹中的试想。

（二）股权众筹平台行业聚集趋势

中关村众筹联盟发布的《2017 互联网众筹行业现状与发展趋势报告》统计显示，在股权众筹平台的项目中，先进制造、文化消费、餐饮消费、健康养老消费、体育消费等领域在互联网创投平台上获得了市场青睐。数据显示，文化娱乐、餐饮、企业级服务是投资人较为看好的三大领域。该报告中将 32 家互联网非公开股权融资平台累计成功融资项目按行业划分后，可以看出文化娱乐、餐饮、企业级服务这三个行业成功融资项目数量居前，分别为 102 个、75 个、74 个，占比分别为 10.2%、7.5%、7.4%；而互联网金融、文化娱乐、企业级服务这三个行业成功融资额居前，分别为 7 亿元、7 亿元、6.8 亿元，占比分别为 9.8%、9.7%、9.5%。

部分行业的良好发展前景使得垂直型的股权众筹平台开展起来。例如成立于 2016 年的多彩投是专注于民宿行业的股权众筹平台，根据民宿的消费性质，项目的投资人不仅通过投资得到股权，也获得一定的民宿使用权利，是采取股权型与物权型众筹结合创新的一种形式。实体店股权众筹以股权＋权益的新型方式进行开展，实体店以餐饮行业为主，其主要优势在于可观的现金流，投资者通过投资享有实体店的股权和股权分红。

（三）股权众筹会成为资本市场中的重要组成部分

中国目前是以间接融资为主的国家，相较于直接融资，前者在企业融资市场具有高达85%的份额，后者只占15%。在金融市场中，直接融资比例高表现为资本市场的发达，间接融资比例高体现出银行系统的支柱作用。国际经验显示，金融市场随着经济体的发展，由以间接融资为主向直接融资为主进行转变，经济金融发展的历史与数据也表现出，以资本市场为主导的经济体在应对金融危机时的经济修复能力要强于以间接融资为主的市场修复能力。股权众筹平台以其直接融资的属性作为资本市场的一部分，是资本市场的有效补充，有助于我国多层次资本市场的形成。目前，我国拥有多家区域性股权交易所，即OTC中心，主要作用于未上市中小企业的股权流转工作，包括北京股权交易中心等。在这些交易所当中，天津股权交易所可作为典型代表，天津股权交易所是最早接入股权众筹平台的交易所之一，服务于股权众筹平台股权流转和投资人股权退出。

在股权众筹平台上进行融资的企业中，为首轮融资的企业占比80%，由此可见股权众筹平台在助力"大众创业、万众创新"方面具有明显的重要作用，不仅可以支持初创企业融资，更有潜力撬动大量社会闲散资金。

（四）引入征信系统，促成良性发展循环

2016年11月，人创咨询、众筹家、外滩征信共同推出国内首份《中

国众筹平台评级报告》，正式将第三方评级模式引入众筹行业。报告以长期积累的行业数据和征信数据为基础，依据企业背景、运营能力、信息披露、风控合规和影响力5个维度和50多个评测指标，构建了众筹平台综合评级体系。从400余家众筹平台中，评选出50家优秀的众筹平台，并按综合得分将其分为A＋、A、B＋和B四个等级。众筹评级的出现作为考察平台的重要指标，服务于投资人投资决策、政府的行业监管，也将为行业健康发展提供科学支撑。

第十二章　智能投顾

智能投顾，即 Robo – Advisor，起源于 2008 年的国际金融危机。国际金融危机导致了严重的信任危机，一方面，投资者对传统投顾应对市场异常波动的能力产生了怀疑；另一方面，"麦道夫黑洞"等欺诈行为的曝光也使投资者对传统投顾的信任度急剧下降。许多智能投顾初创企业抓住时机，开始直接为投资者提供透明的自动化投顾服务，受到越来越多投资者的青睐，随着市场接受度的上升，传统金融机构也开始积极布局智能投顾。

一、智能投顾的定义

智能投顾是在线投资咨询服务提供商，基于投资者填写的问卷，在有限或者没有人为参与的情况下，在线自动为投资者提供专业的资产组合管理服务，并收取较低的服务费用。智能投顾一般具备以下三个特征：(1) 问卷导向。智能投顾在为投资者提供资产管理服务之前，需要投资者回答一系列简短的问题，智能投顾会根据问卷的结果，确定投资者的投资目标、投资风格和风险偏好等信息，以此作为依据为投资者提供一个或多个合适的资产配置组合。(2) 较低的服务费。智能投顾的服务费要远低于传统投顾，典型收费范围在 0 ~ 0.5%。部分智能投顾平台会采用阶梯式收费，投资者的资产规模越大，收取的服务费率越低。(3) 有限的人为参与。智能投顾平台上的大部分服务都是由机器自动化提供，部分智能投顾平台可能会配备传统投顾，但传统投顾提供服务的方式仅限于电话、电子邮件和网络聊天，与投资者之间不进行面对面沟通交流。

（一）智能投顾 VS 人工智能投顾

智能投顾和人工智能投顾是两个不同的概念。从定义来分析，无论是上文中对智能投顾的定义，还是业界对智能投顾的各种定义，都在强调智能投顾是在最小化人为参与的情况下，在线自动提供资产组合管理服务。例如，维基百科将智能投顾定义为"在最小化人为参与情况下，在线为投资者提供资产组合管理服务的投资顾问"；Betterment 公司将智能投顾定义为"通过自动化程序，为投资者提供个性化资产组合管理服务，帮助投资者实现投资目标的平台"。智能投顾的"智能"主要是指"自动化"，人工智能虽然是实现自动化的主要途径之一，但并非唯一的途径，将智能投顾的"智能"理解为"人工智能"并不合适。从运营环节来分析，可以发现市场上很大比例的智能投顾平台在提供服务的过程中，只有部分操作是通过人工智能来完成的，有的智能投顾平台甚至在整个运营环节都未使用人工智能。主要原因是开发实际可用的人工智能投顾系统，在计算设备和软件开发方面通常需要少则几亿元多则几十亿元的投资①，运营成本和风险较大。

但智能投顾和人工智能投顾也不是两个孤立的概念。人工智能投顾是智能投顾的重要组成部分，同样也是智能投顾未来主要的发展方向。智能

---

① 张家林．监管政策渐明　人工智能投顾进入发展快车道［J］．新金融评论，2016.

投顾领域的标杆公司 Wealthfront 在 2016 年 3 月发布的 Wealthfront3.0 战略中，就曾提出要引进人工智能和 API，并指出人工智能对自动化投资咨询服务会有很大促进作用。

（二）智能投顾 VS 量化投资

量化投资是指通过数量化方式及计算机程序化发出买卖指令，以获取稳定收益为目的的交易方式。智能投顾和量化投资存在很多相同点，例如，两者都是基于风险报酬和效用边界的现代金融理论，对数据的依赖程度都比较高，都是通过计算机程序化进行交易，程序可以决定交易时间、交易价格，甚至可以选择最后需要成交的数量。在部分智能投顾平台上，量化投资对冲基金还是智能投顾配置资产组合的重要组成部分。

虽然智能投顾和量化投资存在很多相同点，但是两者在准入门槛、同质化程度、交易条件和服务范围等方面仍然存在较多的差异。例如，在准入门槛方面，智能投顾的准入门槛相对比较低，Wealthfront 的准入门槛仅为 500 美元，Schwab Intelligent Portfolios 甚至没有准入门槛，而量化投资的准入门槛相对比较高，一般都在 10 万元以上；在交易条件方面，智能投顾在资产配置比例失衡超过预定阈值的时候，会帮助投资者自动进行再平衡，而量化投资通过全面、系统地扫描捕捉错误定价、错误估值带来的机会，在发现估值洼地后，才会买入低估资产，卖出高估资产；在服务范围方面，智能投顾除了为投资者提供资产管理服务外，还为投资者提供养老金管理计划、税收损失收割计划等服务，而量化投资一般只为投资者提供资产管理服务。

二、智能投顾的主要模式

智能投顾根据人为参与程度的不同，可以分为机器导向模式、人机结合模式和社交平台模式三种模式。

（一）机器导向模式

机器导向模式是指资产管理过程由智能投顾自动完成，不需要投资者进行操作，也没有传统投顾参与管理。机器导向模式是智能投顾最典型的模式，人为参与程度最低，是三种智能投顾模式中最"智能"的。机器导向模式智能投顾提供资产组合管理服务一般需要经历以下三个步骤：

1. 风险评分。智能投顾会为投资者设计问卷，投资者填写个人信息、投资目标等资料，智能投顾基于投资者填写的内容，运用分析算法对投资者的风险承担能力和风险承担意愿进行评估。

2. 建立资产配置组合。根据投资者的风险评分，结合投资者的投资目标、投资期限以及账户类型，为投资者提供个性化资产配置组合。

3. 后续跟踪优化。在完成资产配置组合之后，智能投顾会跟踪市场环境的变化，动态地模拟出投资组合的表现，判断投资者是否需要修改投资计划来达到投资目标。此外，对于应纳税账户，智能投顾平台还会为投资者提供税收损失收割等增值服务。

Wealthfront 公司是美国最大的智能投顾平台之一，其业务模式被国内外多家智能投顾公司效仿，下面以 Wealthfront 公司为例介绍机器导向模式。

Wealthfront 公司于 2008 年在美国加利福尼亚州成立，原名为 Kaching，在 2011 年 12 月更名为 Wealthfront。公司使用计算机算法和标准投资模型为投资者提供资产配置服务，是美国最大的智能投顾平台之一，截至 2016 年 11 月，公司管理的资产规模已经超过 40 亿美元。

Wealthfront 通过在线平台为投资者提供资产管理服务，首次使用的投资者需要在网站上进行注册，在注册过程中，投资者需要回答一系列问题，用来评估投资者的风险容忍度，Wealthfront 基于投资者的风险容忍度和投资目标为投资者量身定制一个资产配置组合。当投资者决定使用定制的资产配置组合进行投资后，投资者的资金会转入 Apex Clearing 进行托管，以保证投资者的资金安全。在托管期内，Wealthfront 会随时监控该投资组合的动态，并定期对投资计划进行更新，以便合理控制风险，使之始终处于投资者的容忍范围之内。

Wealthfront 的投资种类包含 11 种 ETF 基金：美股、海外股票、新兴市场股票、股利股票、美国国债、新兴市场债券、美国通胀指数化证券、自然资源、房地产、公司债券、市政债券。这么多种类的 ETF 基金一方面有利于投资者分散化投资，降低风险；另一方面有助于满足不同风险偏好类型投资者的需求。

Wealthfront 提供税收损失收割服务，会自动为投资者卖出亏损的 ETF 基金，同时买入风险收益高度相似的 ETF 基金，将资本亏损部分用于抵消当期资本增值以降低投资者的收入税。税收损失收割服务可以分为每日税收损失收割服务（Daily Tax – Loss Harvesting）和税收优化直接指数化服务（Tax – Optimized Direct Indexing），都是由计算机自动提供，两者的区别在于收割对象不同，每日税收损失收割的收割对象是 ETF 基金，而税收优化直接指数化服务则是更进一步，会把握每一只股票的税收损失收割机会。目前，Wealthfront 每日税收损失收割服务的面向对象是所有投资者，税收优化直接指数化服务则是面向投资规模超过 10 万美元的投资者，Wealthfront 官网的资料显示，税收优化直接指数化服务让每个账户每年平均能够提高 2.03% 左右的税后投资收益。

此外，Wealthfront 还为投资者提供单只股票分散投资服务（Single - Stock Diversification Service）。单只股票分散投资服务是将单只股票逐步以无佣金、低税的方式卖出，并重新投资到投资者的资产配置组合中。当投资者持有大量某个公司的股票时，需要完全承担这只股票的风险，包括股价波动、抛售时机不当等，结合投资者的资金规模、投资计划以及风险容忍度，Wealthfront 帮助投资者在一定时间内逐渐卖出持有的股票，并且不对使用该服务的投资者收取佣金或其他费用。

在费用上，投资者开户的最低金额是 500 美元，前 10000 美元免费管理，超过部分收取 0.25% 的年费，这部分费用是 Wealthfront 利润的主要来源。Wealthfront 具有推荐人制度，如果投资者邀请其朋友在网站上进行注册，那么两人都能增加 5000 美元免费管理额度。除了支付给 Wealthfront 的年费外，投资者每年还需要交 0.12% 左右的 ETF 基金持有费用。

（二）人机结合模式

人机结合模式是指在平台上既有智能投顾为投资者提供投资服务，又有传统投顾为投资者提供资产配置组合建议。人机结合模式将智能投顾和传统投顾结合起来，主要有以下两方面的优势：一方面，平台能够提高受众范围，智能投顾的面向对象主要是中小投资者，传统投顾的面向对象是高净值群体，人机结合模式能够同时为不同资产规模的投资者提供服务，满足不同投资者的投资需求；另一方面，智能投顾和传统投顾都存在优势和劣势，将两者结合起来能够实现优势互补，为投资者提供更好的资产管理服务。下面，以 Personal Capital 公司为例介绍人机结合模式。

Personal Capital 于 2009 年在美国加利福尼亚州成立，是一家在线资产管理和投资理财顾问服务公司。Personal Capital 平台主要提供两方面服务：免费的分析工具和收费的传统投顾服务。截至 2016 年 11 月，在平台上注册的投资者超过 110 万人，跟踪的资金超过 2700 亿美元。Personal Capital 上的传统投顾通过电话或者电子邮件等方式为广大富裕阶层提供资产管理服务，资产管理规模已超过 29 亿美元。

Personal Capital 提供的免费分析工具是指将投资者的全部账户连接到平台的仪表板上，跟踪分析投资者的资产配置情况、现金流量情况以及投资费用，并以图表的形式清晰明了地展现出来，帮助投资者对自身的财务状况有更加清晰的认识。同时，免费分析工具还能为投资者发现资产配置组合中的潜在风险和不合理费用，有助于投资者及时采取措施降低隐性费用，建立更加合适的投资组合。此外，Personal Capital 还通过强大的建模工具和蒙特卡罗分析，为投资者提供最精确、最实际的退休计划工具。

借助免费的分析工具，Personal Capital 平台积累了较多投资者。在此基础上，Personal Capital 在 2011 年针对资产规模较大的投资者推出收费的传统投顾服务，通过组建专业的传统投顾团队，根据投资者的资产状况以及风险偏好程度，结合相关的资产管理模型，为投资者提供高质量的投资咨询服务，满足不同投资者的投资需求。

Personal Capital 的主要收入来源是传统投顾的咨询费用，针对不同资产规模的投资者采取差异化的收费标准，具体收费标准见表 12 - 1：

表 12 - 1   **Personal Capital 收费标准**

投资金额（美元）	费率
0 ~ 1000000	0.89%
1000000 ~ 3000000	0.79%
3000000 ~ 5000000	0.69%
5000000 ~ 10000000	0.59%
≥10000000	0.49%

数据来源：Personal Capital 官网，https：//www.personalcapital.com.

注：Personal Capital 采用阶梯式费率标准。除第一行以外，其他都是针对资产规模超过 100 万美元的投资者。

（三）社交平台模式

社交平台模式是指智能投顾平台强化投资者的社交属性，使投资者能够跟随智能投顾平台上专业投资者的投资组合，也能够在智能投顾平台上建立、修改和分享自己的投资组合，相比智能投顾另外两种主要模式，社交平台模式的人为参与程度最高。根据运营模式的差异，社交平台模式又可以分为主题投资模式和跟随模式。主题投资模式为投资者提供不同主题的投资组合，投资者可以选择最有价值的主题进行投资；跟随模式让普通投资者能够实时跟随专业投资者进行投资。

1. 主题投资模式。主题投资模式是指投资者既可以选择平台提供的主题投资组合进行投资，也可以在平台上建立主题投资组合，并将投资组合分享给其他投资者。该模式以主题为导向，不仅能够满足投资者投资不同主题的需求，还能够充分调动投资者建立和分享投资组合的积极性。下面，以 Motif Investing 公司为例介绍主题投资模式。

Motif Investing 是一个以主题作为导向的社交投资平台，平台上的投资组合被称为 Motif，每个 Motif 都包含不超过 30 只具有相似主题的股票或者 ETF 基金。目前，在 Motif Investing 平台上由官方提供的 Motif 超过 150 个，包括 3D 打印、奥巴马医改和无人驾驶智能汽车等主题，平均年收益达 16.3%，由投资者建立的 Motif 超过 18 万个。投资者只需要在 Motif 平台上完成注册并绑定资金账户，就可以直接使用平台上已有的 Motif，也可以在修改 Motif 中股票和 ETF 基金的比例之后再使用，更可以创建全新的 Motif。

Motif Investing 提供强大的自助式投资组合设计工具，投资者可非常方便地修改、创建和评估 Motif。此外，平台引入社交机制，投资者可以选择把自己的 Motif 分享给好友，大家共同对 Motif 进行讨论和优化。

除了投资股票和 ETF 基金外，Motif Investing 还和 J. P. 摩根开展合作，让平台上注册的投资者可以参与到由 J. P. 摩根主导的 IPO 中。投资者在平台上填写邮箱，每当有 IPO 信息时，平台会及时将 IPO 相关新闻信息发送到投资者的邮箱。投资者可以审查公司的定价和招股说明书，如果投资者对这家公司的 IPO 感兴趣，以 250 美元为起点将资金转移到 Motif Investing 账户，就可以参与到 IPO 中，平台不收取任何交易佣金或首次公开发行的费用。股票一旦 IPO 成功，就会分配股份给投资者，投资者可能会获得比所要求的股份少，多余的现金会退还到投资者账户。

Motif Investing 还为投资者提供 Motif Blue 服务，Motif Blue 提供自动化投资、自动化再平衡、市场评论、实时报价以及免佣金交易等服务，帮助投资者更有效率地进行投资。目前，针对不同投资者的需求，Motif Blue 服务可以分为 Blue Starter、Blue Standard 和 Blue Unlimited 三种。Blue Starter 为一个 Motif 提供自动化投资和自动化再平衡服务。Blue Standard 为三个 Motif 提供自动化投资服务，为任何官方提供的 Motif 提供自动化再平衡服务，同时还为投资者提供市场报告，投资者有一次免费交易 Motif 或者个股的机会。Blue Unlimited 是 Blue Starter 的升级版，投资者有三次免费交易 Motif 或者个股的机会，附加服务还包括所有股票交易的实时报价以及下一个交易日无限制的无佣金交易机会。

在收费方面，无论投资者在 Motif 上的总体投资额是多少（最低不能低于 300 美元，保证金交易不能低于 2000 美元），也无论该 Motif 由平台提供还是由投资者建立，投资者购买或出售一次 Motif，平台都会收取 9.95 美元，如果该 Motif 是由投资者建立的，建立者将获得 9.95 美元中的 1 美元作为回报。如果投资者交易的是个股，则每次收取 4.95 美元。Motif Blue 中 Blue Starter、Blue Standard 和 Blue Unlimited 服务的收费标准分别是每月 4.95 美元、每月 9.95 美元和每月 19.95 美元。除了提供 Motif 之外，平台还提供 9 个不收取佣金和年费的投资组合。这 9 个组合中包括了股票和 ETF 基金，有保守型、稳健型和激进型三种之分，为各类投资者提供了短期、中期和长期的投资方案。

2. 跟随模式。跟随模式是指在平台上有专业投资者提供资产组合，普通投资者可以跟随专业投资者进行投资。该模式借鉴管理人的管理人基金（Manager of Mangers，MOM）模式的投资理念，通过科学、严格的筛选机制，筛选出符合要求的专业投资者，普通投资者通过跟随专业投资者的资产组合来获取收益。跟随模式又与 MOM 模式有所不同，MOM 模式中普通投资者需要通过投资机构筛选出合适的专业投资者，因为普通投资者和专业投资者之间存在信息不对称，普通投资者很难充分获取专业投资者的信息，而跟随模式借助社交平台，不仅能够降低普通投资者和专业投资者之间的信息不对称性，让普通投资者也能够低成本地获取到专业投资者的信息，还能够随时关注资产组合的变化，成本更低，资产管理过程更透明。下面，以 Covestor 公司为例介绍跟随模式。

Covestor 是一个社交投资平台，总部位于美国波士顿，平台主要为普通投资者提供在线投资管理服务。Covestor 平台上的投资者分为专业投资者和普通投资者，其中专业投资者由注册投资顾问和注册对冲基金管理人组成。专业投资者在平台上建立资产组合，普通投资者可以根据自身的投资目标和风险评分等信息，跟随专业投资组合的资产组合。目前，平台上共有 49 个组合，每个组合都有投资策略、近一年的夏普比率、市场表现、风险评分以及管理费率等信息。

普通投资者想要跟随平台上的资产组合，需要完成以下三个步骤：

（1）完成注册。投资者首次使用 Covestor 时需要在平台上进行注册，在填写完投资者姓名、手机号码等相关信息之后，平台会向投资者确认是否已经拥有 Interactive Brokers 的账户，如果有，可以直接进行绑定，如果没有，投资者可以在平台上进行申请。

（2）风险评分。在完成注册之后，平台需要向投资者询问五个问题来确认投资者的风险评分，问题涉及投资目标、投资时间以及委托金额比例等信息，在完成问卷之后，平台会给出投资者的风险评分。

（3）投资。投资者根据风险评分可以筛选出符合要求的资产组合，投资者需要根据自身情况选择合适的资产组合进行跟随，最低金额要求为10000美元。当专业投资者配置的资产组合发生变化时，平台会帮助投资者自动更新资产组合，而且资产配置的价格和专业投资者配置的价格相一致。

为了提高普通投资者对专业投资者的信任，平台对专业投资者的身份信息和交易信息进行证实，普通投资者可以随时在平台上查看专业投资者的资产配置情况和近期操作情况。此外，专业投资者需要用自有资金进行交易，让专业投资者和普通投资者之间的利益保持一致。

Covestor平台有两种收费模式，第一种是根据普通投资者的投资额收取管理费用，不同投资组合收取的年化管理费率从0.25%到1.5%不等，此外，普通投资者还需要向 Interactive Brokers 支付平均每笔交易1美元的经纪费用。Covestor平台的另一种收费模式主要面向合格投资人，平台为合格投资者提供定制的投资策略，合格投资人除需缴纳常规的管理费和经纪费用外，还需要缴纳2%至12%的业绩分成费用。

三、智能投顾的 SWOT 分析

（一）内部优势（S）

1. 效率高。传统投顾主要是根据个人的知识和经验，结合投资者的资金规模和投资目的，为投资者提供资产配置组合，同一时刻只能为单一投资者提供服务，效率相对比较低；智能投顾将理财专家的投资知识和投资经验算法化，一套系统可以同时为成千上万需求各异的投资者提供专业的投资服务，效率相对比较高。

2. 服务费用低。传统投顾需要收集各种资料，用来全面分析当前的市场环境，帮助投资者配置符合投资目的的资产组合，花费的成本较高，需要向投资者收取较高的服务费用；智能投顾借助大数据技术，能够自动对各种形式的数据进行分析，降低了人力成本，此外，互联网上规模扩张的边际成本几乎为零，智能投顾可以通过低成本吸引更多的投资者，提高平台盈利水平。

3. 便捷性。投资者只需要在智能投顾平台上填写相关资料，智能投顾就能根据资料分析出投资者的风险偏好程度，并为其推荐合适的资产配置组合。在投资者完成资产配置后，智能投顾会帮助投资者进行跟踪优化，在资产组合中的某项资产偏离预定比例时，自动实现再平衡。此外，智能投顾能够 7 × 24 小时为投资者提供服务，投资者可以随时通过手机等移动设备了解资产组合的表现和获取投资服务，不像传统投顾服务那样需要提前预约，还能节约花费在交通上的时间和金钱成本。

4. 客观性。传统投顾会受到情绪因素或者其他环境因素的干扰，对市场环境的认知存在着一定程度上的偏差，从而作出错误的决策。例如，女性投资者被问及年龄、年收入和养老金计划的概率要显著低于男性投资者，传统投顾对女性投资者的熟悉程度要低于男性投资者，而传统投顾对投资者的熟悉程度直接影响大类资产配置比例，一般情况下，熟悉程度越低，传统投顾建议的资产配置组合中权益性资产比例也会越低；[①] 智能投顾不

---

① Mullainathan S. , Noeth M. , Schoar A. . The Market for Financial Advice: An Audit Study ［J］. Ssrn Electronic Journal, 2012.

易受到外界环境因素的干扰，只基于数据的客观表现和科学计算，全面客观地对数据进行分析，为投资者提供相对客观的分析结果。

5. 降低代理成本。资产所有权与使用权的分离会产生委托代理关系，委托代理关系会产生代理成本。当传统投顾的个人利益和投资者的利益之间发生冲突时，由于业务的不透明性，少量传统投顾可能会优先考虑自身的利益；智能投顾需要事前披露投资标的和投资策略等信息，而且整个资产配置过程对投资者都是可见的，能有效避免代理成本的出现。

（二）内部劣势（W）

1. 维护费用高。传统投顾对 IT 软硬件设施的要求不高，主要依靠自身的投资知识和投资经验，相应基础设施的维护费用较低；智能投顾对 IT 软硬件设施的依赖程度较高，需要专业人士对数据库和相应设施进行长期、高频的维护，维护费用较高。

2. 同质化风险较大。不同传统投顾为投资者提供的投资建议存在较大的差异，同一个传统投顾为不同投资者提供的投资建议也可能存在差异，传统投顾带来的同质化风险较小；目前，运营模式较好的智能投顾所管理的资金已达到几十亿元，且规模还在不断增长中，由于采用的同一种算法，提供的建议容易趋向于同质化，可能会造成市场异常的波动，风险难以控制。

3. 风险评估偏差。投资顾问服务的核心在于正确评估投资者的风险偏好程度，在此基础上为投资者提供合适的资产配置组合。智能投顾仅从几个简单的问题进行评估缺乏说服力，如果评估存在偏差，可能会给投资者造成巨大的损失，而专业的传统投顾通过和投资者面对面的交流，可以更加全面地了解投资者，有利于作出正确的风险评估。

4. 不适合复杂情况。当投资者拥有的资产结构、交易情况和税收情况较为复杂时，目前的智能投顾很难考虑周全，提供的投资建议可能不能涵盖所有账户的情况，而专业的传统投顾具有丰富的投顾经验，往往能够为投资者提供全面的投资建议。

5. 投资表现有待长时间验证。传统投顾存在的时间较久，经历过很多个经济周期，其长期的表现已经获得市场的认可。智能投顾自 2008 年国际金融危机后才开始出现在市场上，而真正得以推广的时间是在 2012 年，相比于传统投顾，智能投顾在市场上出现的时间较晚，未经历过整个经济周期，不能确定整个经济周期里的综合表现。

（三）机会分析（O）

1. 潜在市场规模大。普华永道 2015 年发布的研究报告显示，预期全球资产管理规模到 2020 年将达 102 万亿美元；麦肯锡估计通过虚拟咨询服务的潜在个人金融资产价值到 2020 年也将达 13.5 万亿美元。智能投顾作为虚拟咨询的重要组成部分，随着全球资产管理规模和虚拟咨询服务规模的扩大，很可能会是下一个风口。根据 AT Kearney 的预测，智能投顾的市场规模到 2020 年将会突破 2.2 万亿美元。

2. 市场接受程度提高。智能投顾的推广基于市场对互联网产品的接受程度。目前，市场对互联网产品的接受程度不断提高，且对互联网产品接受程度较高的年轻一代正处于财富快速积累阶段，这也就意味着将来通过智能投顾进行管理的资产将会进一步上升。

3. 科技创新带来新活力。科技创新，尤其是人工智能技术和云计算技术的不断成熟，将会为智能投顾带来新的活力。人工智能技术的应用将会使智能投顾提供的资产配置组合更加符合投资者的个性化需求，而云计算技术的进步，将会降低智能投顾平台研发人工智能的成本，智能投顾平台通过云计算平台能够低成本接入人工智能。

（四）威胁分析（T）

1. 模式被复制。随着智能投顾吸引的投资者越来越多，盈利模式较好的智能投顾平台可能会被其他平台模仿，大型金融机构可以依靠自身拥有的资源来抢占市场，初创企业可能会通过收取更低的服务费用来吸引投资者，会对现有的智能投顾公司造成较大的冲击。

2. 客户资源流失。智能投顾适合初入门的投资者，他们的投资金额一般较少，没有达到传统投顾的门槛，而当投资者积累一定的财富之后，可能会转向专业的、一对一的传统投顾，造成智能投顾的客户资源流失。

3. 黑客攻击。智能投顾通过互联网为投资者提供资产配置服务，很可能会受到黑客的攻击，造成投资者信息的泄露。此外，智能投顾的算法如果被其他战略投资者获知，对方可能会根据算法的漏洞来获利，会给投资者带来巨大的损失。

4. 系统性风险上升。指数型基金的交易成本较低，长期来看，被动型投资的表现要好于大部分主动型投资，因此，智能投顾采用的投资策略主要是被动型投资策略。随着智能投顾的接受度越来越高，指数型基金等产品的市场份额也会不断上升，有研究表明指数型基金市场份额的上升，将会提升资产之间的相关性，从而提高市场的系统性风险。[①]

四、智能投顾对传统金融机构运营的影响

智能投顾具备运营效率高和服务自动化等特点，能够低成本为客户提供便捷的投资顾问服务。一方面，传统金融机构视智能投顾为威胁，谨慎防范智能投顾对现有金融业务带来的冲击；另一方面，传统金融机构对智能投顾产生极大的兴趣，目前已经有较多传统金融机构开始布局智能投顾。

（一）数据收集

1. 原有数据价值得以变现。传统金融机构在业务开展过程中能够获取海量高价值数据，基于这个特性，金融机构天然具有巨大的数据价值变现潜力。智能投顾为客户提供投资顾问服务，需要对客户有充分客观的认识，重新收集客户信息需要耗费大量的时间和金钱成本，而且还无法保证客户信息的客观性和全面性。传统金融机构积累的海量高价值数据，包括客户的资产规模、投资情况和消费记录等信息，能够很好地为智能投顾所用，通过处理和分析这部分数据，智能投顾能够更加准确地提炼出客户的投资目标、投资风格和风险偏好等信息，更好地为客户提供资产配置服务。

2. 对数据的重视程度得以提升。金融机构在以往的业务开展过程中虽

---

① Sullivan R. N., Xiong J. X.. How Index Trading Increases Market Vulnerability [J]. Financial Analysts Journal, 2011.

然积淀了大量的数据，但是对数据的重视程度还不够高，较多数据以原始形态存在，尚未进行加工处理，此外，还有很多数据是以纸质形式存在，尚未进行电子化处理，这些情况都会使数据价值不易体现。智能投顾使原有数据的价值得以变现，使金融机构能够更加清晰直观地认识到数据的重要性，促使金融机构在数据收集、处理和存储上投入更多的人力和物力。

3. 数据来源更加丰富。智能投顾为金融机构提供更加丰富的数据来源。一方面，智能投顾在为客户提供投资顾问服务之前，需要客户填写问卷，而且整个过程都是电子化完成的，金融机构很容易获取并储存客户的信息；另一方面，在智能投顾的使用过程中，客户的投资行为和资产配置组合的表现，也能扩充金融机构数据来源渠道。

（二）业务范围拓展

智能投顾能够拓宽金融机构的业务范围。对商业银行来说，其私人银行业务主要面向高净值客户，中低净值客户很难从商业银行获得理财服务，借助智能投顾，商业银行理财业务的范围能够延伸到中低净值客户。在证券业中，证券经纪商可以分为折扣经纪商和全方位经纪商，折扣经纪商是指以最低佣金标准来为客户执行股票等证券的买卖服务的证券经纪公司，全方位经纪商是指向客户提供全方位投资服务的证券公司或个人经纪人。与全方位经纪商相比，折扣经纪商最大的特点是通过降低人力成本来降低佣金，但是大多数折扣经纪商从成本上考虑，不提供投资顾问服务。基于智能投顾低成本服务客户的特点，通过布局智能投顾，折扣经纪商能像全方位经纪商一样提供投资顾问服务，例如，折扣经纪商嘉信理财在 2015 年

3 月上线智能投顾——Schwab Intelligent Portfolios，在为客户提供交易服务的同时，免费为客户提供投资顾问服务，一定程度上拓宽了嘉信理财的业务范围，并提高了市场竞争力。

（三）基础设施投入

智能投顾需要大量数据资源和高效运算能力作为支持，这就对金融机构的基础设施提出了新的要求。金融机构需要加大基础设施方面的资金投入，完成对现有基础设施的更新升级，例如，对于中小型金融机构来说，可以逐渐将基础设施迁移到云端，通过云平台资源共享池提供的数据资源和计算能力，来完成智能投顾的布局。

智能投顾对基础设施的依赖度比较高，基础设施的故障会给金融机构带来业务连续性风险，不仅会给投资者带来损失，还会给金融机构的声誉带来影响。为了降低业务连续性风险，金融机构需要加大资金投入建立灾备体系，并切实提高灾备响应的及时性。

（四）人力资源建设

智能投顾会降低金融机构中传统投顾的比重，并提高金融机构中技术人员的比重。一方面，智能投顾对传统投顾具有一定的替代性，智能投顾的出现会降低客户对传统投顾的需求。此外，传统投顾借助智能投顾，能够简化数据收集和处理流程，提高服务效率，在客户数量不变的情况下，传统投顾之间的竞争会加剧，导致传统投顾的数量减少。另一方面，金融机构需要技术人员研发智能投顾，并对智能投顾进行持续的运行、维护和更新升级。

智能投顾有助于提高金融机构中传统投顾的服务质量。智能投顾出现之后，客户会在智能投顾和传统投顾之间进行选择，那些长期表现不如智能投顾的传统投顾会失去客户，被市场所淘汰；未被市场淘汰的传统投顾也会保持学习，提高自己的投资能力，防止投资收益被智能投顾超越，从而使传统投顾的服务质量上升。

五、中国智能投顾面临的挑战

在美国智能投顾发展得如火如荼的时候，中国的智能投顾还尚未取得突破性的进展。在中国，智能投顾这个词虽然广为人知，但用户对智能投顾的接受程度却并不高。下面，通过比较中美两国在投资者结构、资产规模和类别、数据接口以及制度层面的不同，分析中国智能投顾面临的挑战。

（一）投资者结构

中美两国在投资者结构上存在的差异会影响用户对智能投顾的接受程度。美国投资者以机构投资者为主，散户投资者持股比例持续低于20%，投资者结构较为完善，投资者的投资预期明确，风险承受能力高，对于长期投资的观念具有较大的认同感，偏好投资收益稳定的指数型基金。根据美国投资公司协会（The Investment Company Institute，ICI）公布的数据，美国市场自从2007年起，主动型基金被连续大额赎回，净赎回金额从2007年的每月百亿美元到2015年的每月千亿美元，而指数型基金净申购金额却保持持续增长。智能投顾的投资标的主要是指数型 ETF 基金，因符合美国投资者的投资需求而易为投资者接受。中国投资者以散户投资者为主，散户投资者持股比例约为50%。散户投资者的投机性较高，更加关注市场的短期收益，倾向于追涨杀跌的短期投资策略，而不是长期基于价值的指数投资策略。中国的投资者对指数投资策略的接受程度较低，采用指数投资策略的智能投顾在中国的市场空间较为有限。

（二）资产规模和类别

作为智能投顾主要投资标的的 ETF 基金，中美两国在市场规模和产品类别方面存在巨大差异。美国 ETF 基金市场的规模庞大，资产类别齐全。根据 ICI 公布的数据，截至 2015 年底，美国 ETF 基金的资产规模达 2.1 万亿美元，存量数量为 1594 只，类别包括股票 ETF 基金、债券 ETF 基金、房地产 ETF 基金、自然资源 ETF 基金和新兴市场股票 ETF 基金等，而同期中国 ETF 基金的资产规模仅为 4000 亿元人民币，存量数量仅为 127 只，而且类别十分有限，主要是股票 ETF 基金，这就使智能投顾难以通过有效的资产组合配置来帮助投资者分散风险，也不能满足投资者多样化的投资需求。

为了突破资产规模和类别的限制，一部分智能投顾选择布局海外 ETF 基金，例如，弥财布局了 8 只海外 ETF 基金；另一部分智能投顾选择投资 ETF 基金以外的产品，例如，资配易主要投资于 A 股。这些改变虽然有助于投资者分散投资，但也会在一定程度上提高智能投顾的成本或风险。

（三）数据接口

中美两国对金融机构数据接口的不同限制，影响了智能投顾初创企业的发展速度。智能投顾对数据的依赖程度比较高，获取充足的用户数据是智能投顾提供最佳投资建议的保障。金融机构在业务开展过程中能够获取海量高价值的用户数据，这部分数据若能被智能投顾使用，将会极大地提高投资建议的准确性。

美国将个人信息置于隐私权的范畴内加以保护，并在 Griswold v. Connecticut 案中确立自治性隐私权的概念，使用户对私人性质的事务具有自我决定的权利，也就是说通过用户授权，金融机构可以为第三方机构提供个人信息数据的接口，[①] 这就扩充了智能投顾初创企业的数据来源。中国与数据保护相关的法律法规还有待完善，目前，尚无法律明确用户对个人数据信息的自主权和控制权，监管机构只是规定金融机构不得向第三方机构提供数据，这会导致智能投顾初创企业较难获取用户的金融数据信息，限制智能投顾初创企业的创立和发展。

（四）制度层面

1. 法律合规性。智能投顾本身是融投资顾问和资产管理为一体的金融服务，美国现行的法律体系并未明确区分投资顾问业务和资产管理业务，为智能投顾的合规性发展提供了良好的法律环境，而在中国，投资顾问业

---

① 张志安．网络空间法治化：互联网与国家治理年度报告［M］．北京：商务印书馆，2015．

务和资产管理业务适用不同的法律法规，使得智能投顾的发展还有待于相关法律法规的调整和突破。

在美国，智能投顾和传统投顾一样，都受到美国《1940年投资顾问法》的约束，仅通过网络开展业务的投资顾问公司，无论管理规模大小，都必须成为SEC的注册投资顾问，但只要投资顾问公司成为注册投资顾问，就能为用户提供资产管理服务。在中国，《证券投资顾问业务暂行规定》中规定"投资决策由客户作出，投资风险由客户承担，证券投资顾问不得代客户作出投资决策"。《证券、期货投资咨询管理办法》中也有明确的条款，"证券、期货投资咨询机构及其投资咨询人员，不得代理投资人从事证券、期货买卖"。《账户管理业务规则（征求意见稿）》（以下简称《意见稿》）对账户管理业务进行定义，指取得证券投资咨询业务资格并符合本规则条件的机构接受客户委托，就证券、基金、期货及相关金融产品的投资或交易做出价值分析或投资判断，代理客户执行账户投资或交易管理。《意见稿》呈现出投资顾问可以涉足资产管理业务的趋势，但《意见稿》还尚未正式实施。

2. 税务筹划。中美两国的税收制度存在较大差异。在美国，资本利得需要缴纳资本利得税，采用不同的交易和报税方式可以产生不同的纳税结果，通过税务规划可以合法地为用户避税。智能投顾将税务规划程序化，实现税务优化的自动化，降低用户的税费，提高用户投资的收益。例如，Wealthfront通过计算机程序为投资者提供自动化避税服务，根据Wealthfront官网公布的数据，通过税收优化直接指数化服务，每年能够帮助用户提高2.03%的收益，Wealthfront将此作为平台的亮点之一来吸引更多的投资者选择 Wealthfront。但是，中国对资本利得并不收取资本利得税，智能投顾的税收优化服务在中国无法发挥作用，对投资者的吸引力有限。

六、监管建议

智能投顾和传统投顾具有较大的相似性，整体的监管框架可以参考传统投顾，并在此基础上考虑智能投顾的特殊性。针对智能投顾，主要有以下七条建议：

（一）信息披露

智能投顾需要随时更新账户资料，包括资产组合、交易情况等，使得投资者能够随时通过手机 APP 或者电脑软件等方式接触到账户的资料。此外，如果投资标的出现重大事项，智能投顾需要即时通过短信和邮件等方式通知投资者。

（二）账户隔离

每个智能投顾平台都会对多个账户进行管理，如果账户之间存在信息交流，会产生同质化交易的问题，降低市场的有效性。需要保持各个账户之间是相互隔离的，各个账户管理之间没有任何的信息、数据交换。同时，每个客户的数据都是采用公钥、私钥加密方式进行加密。只有在得到客户授权的情况下，才能获得数据。①

---

① 张家林.“机器人投顾”作用原理、应用前景和监管建议［R］.中国金融四十人论坛，2016.

（三）留痕管理

留痕管理，是指在各种管理工作过程中，从时间和管理内容方面，不留间隙或空白、死角的缜密的工作记录。留痕管理最大的优点就是通过查证保留下来的文字、图片、实物、电子档案等资料，可以有效复原已经发生的活动。对于智能投顾的工作过程进行记录，一方面有助于后台了解到智能投顾的投资过程，观察其操作是否和预期的相同；另一方面，监管部门可以通过工作记录来判断智能投顾的相关操作是否合规。

（四）信息安全

智能投顾不需要投资者和投资顾问进行面对面的交流，而是采用网上填写信息方式。采用这种方式，会让智能投顾接触到投资者的很多信息，这类信息是投资者的个人隐私，对投资者信息的保护将会是监管的一个重要方面。

（五）止损及再授权制度

智能投顾平台与投资者应当在服务协议中就是否以及如何设置止损线或再授权进行约定，并确保止损或再授权能切实执行。经投资者同意设置止损线的，智能投顾平台应当采取有效措施保证止损操作得到切实执行。设置再授权制度的，投资者账户资产累计亏损（含浮亏）占委托资产的比例超过一定数额的，应当最迟于当日收市结算后半小时内通知客户，并再次获得客户授权方可继续进行账户代理操作。

（六）禁止利益输送

根据《意见稿》第二十四条：资产管理公司应当公平对待账户管理业务客户，以及其他业务客户，有效防范和管理利益冲突，禁止进行利益输送。

（七）算法测试

智能投顾的投资建议主要依赖用户数据和程序化的算法，监管机构需要对算法进行测试，了解算法背后的经济假设和投资策略，评估算法是否真正符合投资者的投资目标。

第十三章　大数据征信

一、概念解析与理论基础

（一）概念解析

1. 大数据征信的定义。随着大数据技术的广泛应用，大数据征信受到人们越来越多的重视。大数据征信是指通过对海量的、多样化的、实时的、有价值的数据进行采集、整理、分析和挖掘，并运用大数据技术重新设计征信评价模型算法，多维度刻画信用主体的"画像"，向信息使用者呈现信用主体的违约率和信用状况。

大数据征信活动在《征信业管理条例》所界定的征信业务范围内，其本质仍是对信用主体信息的收集、整理、保存、加工和公布，但与传统征信方式相比，突出大数据技术在征信活动中的应用，强调数据量大、刻画维度广、信用状况动态交互等特点，可作为征信体系的有益补充。

2. 大数据征信与大数据的关系。大数据征信与大数据相辅相成，有着先天基因层面的密切关系。第一，征信数据是大数据的重要构成要素，大数据为征信提供丰富、海量的信用信息资源。征信业务活动的开展主要是围绕数据收集、整理、分析、挖掘并最终形成报告提供给信息使用者。第二，大数据征信将分散的信息数据进行加工处理，呈现信息主体更全面的

"画像"，挖掘信用风险，有助于解决信息不对称的问题。而大数据的优势就在于运用技术优势整合、分析分散的数据，最终形成所需的结果，二者具有天然的契合。数据是征信机构的核心资产，大数据对征信业务模式、征信产品设计和生产理念的影响都是颠覆性的。

3. 大数据征信的特征。大数据征信创新主要表现在征信人群覆盖广泛、应用场景丰富、信息维度多元和信用评估全面四个方面，由此带来征信成本的降低和征信效率的提高。

（1）人群覆盖广泛。以中国人民银行征信系统为基础的传统征信体系覆盖面积较为有限，据统计，全国还有5亿左右的人口没有在持牌金融机构中留下有记录的信用活动，从而不被中国人民银行个人征信系统所覆盖。而随着网络环境的日趋完善，上网设备的逐渐普及、互联网应用场景的日益丰富、网络覆盖能力的进一步增强，互联网已成为个人生活的重要组成部分，2016年全球网民数量突破34.2亿人，我国拥有近7亿的网民用户。互联网的普及使得征信数据来源渠道不断拓展，通过对网民在互联网上留下的信息数据进行整理分析、深度挖掘和信用判断，覆盖过去没有征信记录的人群，还将拓展到非金融的方方面面。

（2）应用场景丰富。大数据征信的应用场景更加丰富广泛。大数据征信由于数据来源、数据内涵以及信用评级模型的不同，信用评价更趋向于对人本性的判断，因此大数据征信将不再单纯地用于经济金融活动，还可将应用场景从经济金融领域扩大到日常化、生活化的方方面面，如租房、租车、预订酒店、签证、婚恋、求职就业、保险办理等各种需要信用履约的生活场景。大数据征信将更多的网络信息信用数据纳入征信体系，完善征信产业链，不仅有利于消除经济金融领域中违约、坏账等不良现象，还将在非金融方面的应用得到巨大拓展。

（3）信息维度多元。互联网时代，大数据征信的信息数据来源更广泛、种类更多样、更具时效性。大数据征信数据不再局限于金融机构、政府机构以及电信提供的个人基本信息、账单信息、信贷记录、逾期记录等，还引入互联网行为轨迹记录、社交、客户评价等非结构化数据，包括电商交易平台数据、网络借贷信息数据、社交平台关系数据、第三方支付消费数据、移动 APP 上地理位置信息等。这些数据在一定程度上可以反映信息主体的行为习惯、消费偏好以及社会关系，有利于全面评估信息主体的信用风险。

（4）信用评估全面。大数据征信的信用评估模型关注信用主体历史信息的深度挖掘，更看重信用主体实时、动态、交互的信息，以信用主体行为轨迹的研究为基础，在一定程度上可以精准预测其履约意愿、履约能力和履约稳定性。此外，大数据征信运用大数据技术，在综合传统建模技术的基础上采用机器学习建模技术，从多个评估维度评价信用主体的信用状况。

4. 传统征信。传统征信是由专业机构通过固定的模型定向采集财务和金融交易信息并对信息进行加工、处理、报告的专业化信用管理服务。①传统征信兴起于国外，在美国以 1933 年成立的邓白氏公司为代表，在我国主要是以中国人民银行征信系统为代表，是目前我国乃至全球范围内普遍

---

① 吴晶妹 . 2015 展望：网络征信发展元年［J］. 征信，2014（12）.

存在的征信业态。我国征信机构的设立和征信业务的开展受《征信业管理条例》的约束，需要申请相应的牌照。

大数据征信与传统征信并不是替代与被替代的关系，而是互为补充、互为印证的关系。大数据征信极大地扩展了传统征信体系的数据范畴，为征信产品带来全新的设计理念和先进的信息数据处理方式，转变传统信用评分模型。而传统征信体系具备大数据征信所不具备的信用数据积累优势。对大数据征信和传统征信加以整合，构建以大数据为基础的征信体系对整个社会信用体系的建设有着重要的作用。

从表面上看，大数据征信和传统征信似乎只是数据的获取渠道不同，前者主要来自互联网，后者主要来自传统线下渠道，但是二者存在较大的区别，主要表现在以下方面：

一是数据范畴和内涵。传统征信的数据主要来源于金融机构和公共部门构成的数据循环，以银行信贷信息为核心，包括社保、公积金、环保、欠税、民事裁决与执行等公共信息，数据相对完整且权威性高。大数据征信采集数据的范畴突破"金融属性"，数据主要来源于电商类平台、社交类平台以及生活服务类平台等，涵盖网上交易数据、社交数据及互联网服务过程中生成的行为数据等，各平台的数据完整性各有不同，权威性较弱。

二是覆盖人群。传统征信主要覆盖在持牌金融机构有信用记录的人群。大数据征信通过大数据技术捕获传统征信没有覆盖的人群，利用互联网留痕协助信用的判断，满足 P2P 网络借贷、第三方支付、互联网保险、虚拟信用卡和网络银行等互联网金融新业态身份识别、反欺诈、信用评估等多方面征信需求。

三是征信基本原则。传统征信坚持独立第三方征信原则，征信机构是"市场中立"的——既不与信息提供者或信息使用者有直接的商业竞争关系，也不介入或影响信息提供者或信息使用者在各自细分市场的竞争。大数据征信突破"独立第三方"的边界，征信机构数据的采集和使用多源于并应用于自身开展的业务。

大数据征信能够降低信息不对称，更全面地了解授信对象，并增加反欺诈能力，同时更精准地进行风险定价，但目前还不能完全取代传统征信。大数据风控可以从数据维度和分析角度提升传统风控水平，是一个必要的补充，可以使风控更加科学严谨，但目前由于覆盖率、匹配率等问题，不能完全取代传统风控。

（二）理论基础

1. 信息不对称理论。信息不对称是指在市场交易过程中，由于不能进行有效观测，或者观测成本较高，使得交易的一方比另一方拥有更多的信息。拥有信息优势的一方，往往会利用信息优势为自身谋求更大利益，这样便会使信息劣势方的利益受到损害。

可以按信息的内容和信息发生的时间两个维度来刻画信息的不对称性。从信息的内容方面可以划分为两类：第一类，交易的双方拥有不对称知识，比如一方不知道另一方的工作能力、社交群体、财务状况等，研究这一类不可观测知识所导致的信息不对称模型称为隐藏知识模型；第二类，交易时双方拥有对等信息，但在合同签订之后，一方无法对另一方的行为进行监督，这是一方故意隐瞒项目进展、提供虚假信息甚至刻意歪曲事实真相造成的，研究这一类不可观测行为所导致的信息不对称模型称为隐藏行动模型。

按信息发生的时间划分，不对称信息可分为事前不对称和事后不对称，研究事前不对称信息博弈的模型称为逆向选择模型，研究事后不对称信息博弈的模型称为道德风险模型。其中，逆向选择是指在信息不对称条件下，信息优势方通过隐藏信息，在交易中牟取最大利益，给信息劣势方带来利益损失。逆向选择不会完全阻碍交易的进行，但是信息不对称的存在，会影响交易效率使得交易无法高效率完成，甚至会导致市场失灵。Akerlof（1970）认为信息不对称会限制市场功能的发挥，极端情况下会导致整个市场消失。

表 13 - 1   **信息不对称的基本模型**

	隐藏行动	隐藏信息
签约前		逆向选择模型 信息传递模型 信息筛选模型
签约后	隐藏行动的道德风险模型	隐藏信息的道德风险模型

资料来源：张维迎. 博弈论与信息经济学［M］. 上海：格致出版社，上海三联书店，上海人民出版社，2012.

（1）逆向选择和信号传递。P2P 网络借贷市场上所面临的问题主要是由信息不对称所引起的逆向选择问题，借款人比投资人更加了解自己的还款能力、还款意愿以及所提供信息的真实性，出于机会主义，借款人往往会夸大自己的还款能力来获得融资。虽说互联网环境下可以方便交易双方之间的信息沟通，但是随着借贷融资范围的扩大，交易对象的数量会极大扩充，信息真实的审核难度将加大，信息不对称问题在互联网环境下也将变得更加严重。

由于 P2P 网络借贷市场准入门槛低、无行业标准，这就使得风险较高的劣质借款人和风险较低的优质借款人都会进入市场，但是由于信息不对称的存在，投资人很难区分借款人的优劣。根据 Akerlof 的理论，优质借款人会如实提供信息，且给出适合自身信用等级的利息来融资，而劣质借款人极有可能采取隐瞒真实信息、粉饰财务状况、提供虚假报表等手段来提高自身的信用等级，并故意提高借款利率来吸引投资人。而投资人因为信息不对称，无法完全获知和辨别借款人真实信息。这种情况下，投资人将更倾向于选择借款给出价较高的借款人。如此博弈之下，优质借款人将因为给的利息较低而被挤出了该借贷市场，从而使整个网络借贷市场风险增大，违约率和坏账率增高，风险积累到最后甚至会危害整个网络借贷市场的存在。

信息不对称所导致的逆向选择问题，在均衡的情况下，只有劣质借款人能够获得贷款，甚至在极端情况下，P2P 网络借贷平台可能消失。解决逆向选择问题有两种方法：信号传递和信息筛选。信号传递指优质借款人主动向市场发出信号，将其拥有的信息传递给交易中缺乏信息的一方，并提供验证真实性的方式，从而消除交易中信息阻隔的现象，那么交易的帕累托改进就能够实现。

为改善信号传递的效率，P2P 网络借贷平台应切实发挥其信息中介的作用，加强客户信息管理，对借款人进行征信，评估借款人的信用状况，并把评估结果传递给投资人，供投资人决策备用。通过沉淀借贷数据，平台可以对数据进行分析挖掘，选择信用好的借款人并与之建立长期稳定的关系，从而把信用差的借款人从平台上剔除出去。

在传统个人征信模式下，相关信息由信用申请者主动提交，授信机构一次性审核，评估结果相对静态化。由于甄别信用申请者所提供信息真伪的成本较高，授信机构很难对相关信息一一核实，鉴于此，处于信息优势的申请者会倾向于伪造个人信息，来骗取高于自身真实水平的信用评估，且结果比较容易通过。而授信机构在察知这种情况后，会因无法辨别用户审核资料的真实性，而普遍降低信用申请者的信用评估结果，从而使个人征信的质量大打折扣。

由于自身的特点，大数据征信能弥补传统征信的不足，在解决上述问题方面拥有传统征信不具备的优势。一方面，大数据征信的数据来源非常广泛，不再局限于身份、工作、信用记录等认证材料，还加强了对申请人网上购物、网上社交等零散数据的整合分析能力。大数据技术的应用让信用申请者很难在申报信息上作假，也让授信机构在征信过程中拥有了丰富的数据选择权和强大的数据挖掘分析能力。另一方面，大数据征信有丰富的使用场景，用户在这些场景下的网络行为数据会及时提供给授信机构，成为更新用户信用评估的新依据，使得个人征信结果动态化。如此，投资人可以实时掌握借款人的真实信用评价，辅助其作出贷款决策以及做好贷后管理工作。

（2）道德风险和声誉理论。信号传递解决了在事前可能出现的逆向选择问题，但还存在事后的道德风险问题。道德风险产生的根源是投资人在与借款人签订不完全契约之后，借款人将所得到的资金挪用到其他高风险投机活动中，由于存在信息不对称问题和非常高的事后监督成本，贷款人在较短的时间内很难监控到借款人的这些违规行为。为了使自身利益最大化，处于信息优势的借款人会选择隐瞒投资人从事一些违规的高风险投机活动，进而损害投资人的合法利益。

经济学中的声誉是指：在各方信息不对称的情况下，个体间存在一种信誉维持，这种维持会对双方起到一定的正面效用。KMRW 声誉模型（Kreps、Milgrom、Roberts 和 Wilson，1982）证明，当一个博弈参与人的收益函数（特征）不为他人所知时，该参与人可能有积极性去建立一个好的声誉以换取长远利益。声誉机制的形成有助于降低信息甄别成本，进而节约交易双方的交易成本。

信用不佳会导致声誉下降，传统征信只在传统借贷范围内建立信用，但其实人们的声誉在其各个领域都能表现出来。人们频繁使用互联网在一定程度上能反映其特征，声誉的好坏也可以被分析出来。大数据征信的广泛性和动态性，能反映人们在更多方面的声誉度，这会督促人们保持良好的声誉，进而形成稳定健康的信用大环境。

2. 长尾理论。美国经济学家克里斯·安德森（Chris Anderson）首次详细阐述了长尾理论，他指出，随着互联网技术的不断推进，商品的存储成本、流通成本急剧降低，流通渠道大大扩展，那些基数庞大、需求不旺盛的产品所共同占据的市场份额，完全可以和少数热销品的市场份额相匹敌甚至更大。如图 13－1 所示，尾部产品虽然需求较小但却数量众多，其市场份额完全能够媲美需求较大的头部产品的份额水平。

传统征信对接大额借贷客户居多，对小额借贷不甚关注，除了信息不对称的问题外，也有经济成本的考量。而互联网的出现使得细分市场被挖

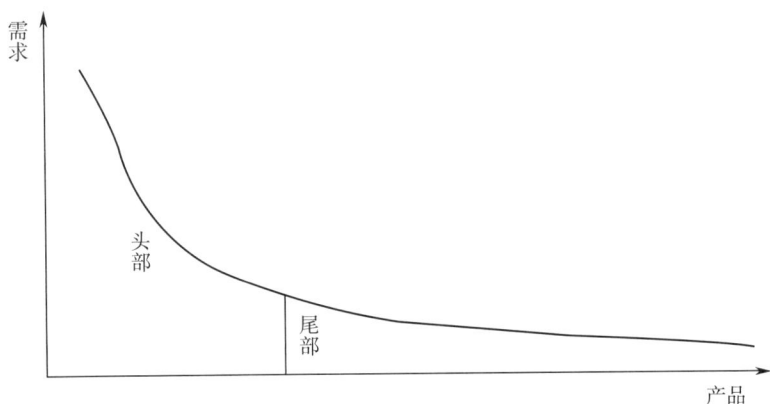

资料来源：克里斯·安德森. 长尾理论［M］. 北京：中信出版社，2006.

图 13 – 1　安德森长尾理论曲线图

掘，而大数据征信又更多针对这部分小微群体的行为痕迹特征进行分析。这部分群体数量非常大，但单笔借款金额可能比较微小，不过借贷总量却不可小觑。基于长尾理论挖掘和满足海量不被传统机构重视的需求，正是大数据征信发挥作用的地方。

综上分析，大数据征信产生的背后综合了信息不对称理论、信号传递理论、声誉理论以及长尾理论等，了解这些基础理论，能更容易掌握大数据征信的本质和范畴，更有利于在此基础上进行更深入的挖掘整理研究。

二、发展现状

随着互联网金融的发展和市场化征信的发展，越来越多的企业进入到征信领域。大数据时代下的征信将大量、全面和广泛的互联网数据加工为征信数据，可以弥补传统征信体系在信息不对称、反欺诈能力以及精准风险定价方面的不足。目前，我国大数据征信的发展现状主要呈现三个态势：一是法律监管框架逐步建立；二是基础设施建设日趋完善；三是行业发展初具规模。

（一）法律监管框架逐步建立

自 2013 年起，我国陆续颁布了一系列法律法规为征信业的发展构建法律制度框架。2013 年 3 月实施的《征信业管理条例》（以下简称《条例》）是我国首部征信业法规，也是我国征信法制建设的基石。2013 年 12 月《征信机构管理办法》配合《条例》的施行，贯彻建立健全社会征信体系的要求，为征信经营活动确立统一遵循的制度规范和监管依据。此外，2014 年 6 月《社会信用体系建设规划纲要（2014—2020 年）》的出台，为信用信息资源的共享提供了法律依据。2015 年 7 月，中国人民银行等十部委发布了《关于促进互联网金融健康发展的指导意见》（以下简称《指导意见》），提出推动信用基础设施建设，培育互联网金融配套服务体系，鼓励有条件的机构依法申请征信业务许可。2015 年 7 月和 9 月，国务院印发的《促进大数据发展行动纲要》和《关于运用大数据加强对市场主体服务和监管的若干意见》鼓励大数据在征信业的应用和发展。这些法律法规条例的制定有利于加强整个征信市场的管理，对信息提供者、信息使用者以及征信机构的行为都予以规范，并要求对信息主体的权益予以保护。同时，其他配套制度也正在逐步制定和完善，将与《条例》共同构成征信法律体系，促进我国征信业的健康可持续发展，更好地满足个人和企业的融资需求。

（二）基础设施建设日趋完善

与欧美发达国家相比，我国征信体系建设起步较晚，但基础设施建设正逐步完善。我国征信体系的建设历经十几年的探索，已初见成效，逐步形成以金融征信体系为核心，以行政管理征信体系和商业征信体系为辅的征信体系。

目前，我国金融征信体系主要是由中国人民银行征信系统来主导。根据中国人民银行征信中心的数据，截至2015年4月底，征信系统已经收录了8.64亿自然人（其中有信贷记录的自然人为3.61亿人）、2068万户企业及其他组织（其中有中征码的企业及其他组织为1023万户）；2015年前四个月，个人征信系统机构用户日均查询161.2万次、企业征信系统机构用户日均查询24.5万次。中国人民银行征信在方便个人信贷、辅助金融授信决策、防范信用风险和提升金融可获得性等方面发挥着关键作用。

行政管理征信体系是以政府及其主要职能部门为主导进行建设，以信用信息在政府及其各部门间互通互联、实现统一的信用惩戒与预警监管为主要目的的政府行政管理征信系统。① 党的十八届四中全会通过的《中共中央关于全面推进依法治国若干重大问题的决定》明确提出要全面推进政务公开，推进政务公开信息化，加强互联网政务信息数据服务平台建设。数据公开制度的逐渐确立，可为行政管理征信体系逐步开放、实现社会信息资源的共享与服务提供制度保障。

---

① 吴晶妹.2015展望：网络征信发展元年［J］.征信，2014（12）.

商业征信体系的最大特征是市场化，它由独立于政府之外的民营机构构成并按市场方式运作。其商业模式是交易性交换或有偿性获取。目前，我国运用大数据从事征信活动的机构主要是从事个人征信业务的民营征信机构。

（三）行业发展初具规模

目前，随着互联网金融的深入发展，大量第三方征信机构开始为互联网金融提供征信服务。早期的征信服务主要聚焦于线下尽职调查和反欺诈，2014年，以费埃哲和益佰利为代表的美国征信服务商加入，开始提供风控模型服务。与此同时，国内商业征信服务商也以合作制或会员制的方式与互联网金融公司开展合作实现数据共享，例如北京安融惠众创建的"小额信贷行业信用信息共享服务平台（MSP）"、上海资信有限公司搭建的"网络金融征信系统（NFCS）"。除此之外，中国人民银行向社会放开个人征信市场，准备给腾讯征信、芝麻信用、前海征信、中诚信征信、鹏元征信、中智诚征信、拉卡拉信用和华道征信8家企业发放第一批个人征信业务牌照。基于此，我国逐步形成以中国人民银行征信系统为中心，以市场为导向，各类征信机构互为补充的征信行业格局。

中国人民银行批准筹建的8家个人征信业务机构按类型可分为四类：一是依托于互联网巨头成立的征信机构，如芝麻信用和腾讯征信。二是依托于金融巨头成立的征信机构，如前海征信。三是传统的第三方征信机构，如中诚信征信和鹏元征信。四是民营第三方征信机构，如中智诚征信、拉卡拉信用和北京华道征信。

表 13 - 2   8 家开展个人征信业务准备工作的机构

类型	开展个人征信业务准备工作的机构	相关产品
依托于互联网巨头成立的征信机构	腾讯征信	反欺诈、个人信用评级"腾讯信用"等
	芝麻信用	芝麻信用分、IVS、行业关注名单等
依托于金融巨头成立的征信机构	前海征信	好信度、反欺诈云、催收云等
传统第三方征信机构	中诚信征信	"万象分"、失信名单联盟等
	鹏元征信	鹏元 800 个人信用综合评分、申请欺诈评分、信用卡风险评分等
民营第三方征信机构	中智诚征信	反欺诈云平台
	拉卡拉信用	考拉信用分
	北京华道征信	反欺诈平台和猪猪分

三、应用案例分析

（一）新兴大数据征信公司——ZestFinance

1. ZestFinance 公司介绍。新兴大数据征信公司 ZestFinance 公司于 2009 年 9 月成立，总部设在洛杉矶。该公司的核心竞争力是运用大数据分析和机器学习为得不到传统金融机构服务的人群提供个人信用评估服务，提高征信服务质量和水平，有效降低融资成本，优化信贷流程。

2. ZestFinance 公司开展大数据征信的背景解析。一方面，FICO 评分大多集中在 650 分以上，这部分人群可以被传统金融机构服务所覆盖，但评分接近或低于 500 分的人群或信用分数不高而借贷成本高的人群只能借助新兴互联网金融公司获得基本的金融服务。从 FICO 评分人群分布结构来看，这部分人群呈现明显的"长尾特征"，因此如何解决这部分人群的无信用评分借贷问题成为关乎 ZestFinance 公司得以生存的基础。

另一方面，FICO 评分存在着局限性，评分体系与实际坏账损失比例存在偏差，因此该评分体系饱受质疑。ZestFinance 公司在 FICO 评分的基础上，做了很多积极的探索，引入更多可以反映个人信用状况的数据项，集合大数据采集和分析技术，得出更精准的信用评分。

表 13 - 3　　　　　　　　　　　FICO 评分人群分布

FICO 评分人群	服务的金融机构
小于 500 分	新兴互联网金融公司（ZestFinance、TurboFinance 等）
500 分 ~ 700 分	小额贷款公司
600 分 ~ 720 分	互联网 P2P 网络借贷公司
大于 650 分	美国大银行（花旗、摩根大通、富国、美国银行等）

资料来源：刘新海，丁伟．大数据征信应用与启示——以美国互联网金融公司 ZestFinance 为例［J］．清华金融评论，2014.

表 13 - 4　　　　　　　　　ZestFinance 与 FICO 的比较

	FICO	ZestFinance
服务人群	有丰富的信贷记录（约占 85%）	缺乏或无信贷记录（约占 15%）
数据格式	结构化数据	结构化数据和大量非结构化数据
数据类型	信贷数据	信贷数据、网络数据和社交数据
理论基础	逻辑回归	机器学习
变量特征	还款记录、金额和贷款类别	传统数据、IP 地址、电子邮箱名和填表习惯等网络行为
数据来源	银行提交给第三方的数据和银行当地数据	第三方数据（如电话账单和租赁历史记录等）和借贷者本身提供的数据
变量个数	15 ~ 30（变量库 400 ~ 1000）	多达几千到一万个

资料来源：刘新海，丁伟．大数据征信应用与启示——以美国互联网金融公司 ZestFinance 为例［J］．清华金融评论，2014.

3. ZestFinance 公司大数据征信实践。数据来源更广泛。ZestFinance 公司凭借大数据采集和挖掘技术，采集更多与个人整体信用状况相关的数据，不仅包括传统信用评分体系所需的结构化数据，如信贷信息、账单、还款记录等，还包括半结构化和非结构化数据，如消费信息、旅游信息、居住地和租房记录、上网习惯、书写习惯以及交友圈等众多信息数据。这些数据为精准的信用分析提供广泛数据支撑。数据主要从三个渠道获得：一是基本法律记录、传统信贷数据等结构化数据，主要通过合作的第三方机构获取。二是用户缴费清单、电话账本等记录，主要通过自身系统提取。三是用户网络行为轨迹、社交媒体数据等非结构化信息数据，主要通过互联网抓取技术获取。

分析模型更细化。ZestFinance 公司的数据归纳借助集成学习技术，数据分析处理则是以机器学习预测模型为基础。其数据分析处理流程包括三个方面：第一，将各种渠道获得的结构化数据和非结构化数据导入本公司数据库中。第二，利用集成学习技术和机器学习预测模型，将各种信息数据进行分类归纳汇总，形成决策数据板块。其中，机器学习模型提取每个信贷申请人中的 1 万个数据项，得出超过 7 万个变量指标，开发出 10 种预测分析模型，如欺诈模型、身份验证模型、预付能力模型、还款能力模型、还款意愿模型以及稳定性模型等。第三，将决策数据板块导入评分模型，得出最终的消费者信用评分等级。

(二) 个人征信业务机构——芝麻信用

1. 芝麻信用介绍。芝麻信用是蚂蚁金服旗下个人征信业务准备机构，依托于阿里巴巴旗下的淘宝、天猫、支付宝等平台，借助阿里巴巴在大数据和云计算方面的技术优势,采集阿里巴巴的电商交易行为数据和蚂蚁金服的互联网金融数据并进行整理、保存、加工、计算,得出芝麻信用评分,将其提供给合作机构,再经过第三方认证以及深度挖掘,评估用户的还款意愿及还款能力,形成风险定价,并用于授信、现金分期服务及信贷审批的决策。

2. 芝麻信用开展大数据征信的背景解析。首先,监管的改革措施为芝麻信用创造了良好的商业环境。2015 年,中国人民银行印发了《关于做好个人征信业务准备工作的通知》,要求 8 家机构做好个人征信业务的准备工作,芝麻信用是这 8 家之一。其次,互联网与数据技术的进步为阿里巴巴布局征信业务提供了基础。互联网时代,大量个人数据在阿里巴巴和蚂蚁金服平台不断沉淀和积累,而大数据挖掘技术为这些数据的采集提供了便利,人工智能算法模型为全面刻画用户违约概率和信用状况提供了有力补充。最后,"长尾特征"网络用户的征信需求为芝麻信用提供了巨大的应用潜力。"长尾特征"的网络用户难以被传统征信所覆盖,且风险多样化和分散化。为了减少时间和空间的限制,触达更多更广的人群,阿里巴巴和蚂蚁金服致力于打造一个更加开放的生态系统,助力实现普惠金融。

3. 芝麻信用大数据征信实践。芝麻信用分综合考虑了个人用户的身份特质、人际关系、行为偏好、信用历史、履约能力五个维度的信息数据(见表 13 - 5),其中来自淘宝、支付宝等"阿里系"的数据占到芝麻信用评分的 30% ~ 40%。分值的范围是 350 ~ 950 分,分值越高说明信用程度越好,高的芝麻分代表低的违约概率,可以帮助个人用户获得更优质、更高效的服务。芝麻信用分的应用场景已经覆盖金融、租车、酒店、签证、租房、购物、社交、婚恋、旅游等多个领域。其中，金融领域包括消费分期（花呗、天猫分期）、消费信贷（阿里小贷）和网络借贷等。

表 13 – 5 芝麻信用的五个维度

维度	具体描述
身份特质	在使用相关服务过程中留下的足够丰富和可靠的个人基本信息
人际关系	好友的身份特征以及跟好友互动的程度
信用历史	过往信用账户还款记录及信用账户历史
行为偏好	在购物、缴费、转账、理财等活动中的偏好及稳定性
履约能力	包括享用各类信用服务并确保及时履约，例如租车是否按时归还、水电煤气是否按时交费等

四、机遇和挑战

（一）机遇

传统征信在方便个人信贷、辅助金融授信决策、防范信用风险和提升金融可获得性等方面发挥着关键作用，但其在互联网金融领域的局限性也不容忽视。一是全国还有 5 亿左右的人口没有在持牌金融机构中留下有记录的信用活动，从而不被其所覆盖。二是随着"互联网＋"的发展，互联网上产生、沉淀了大量与个人征信相关的数据，目前还难以被其采用。[1]大数据征信的出现有助于解决上述问题，并在一定程度上取得了快速发展。大数据征信得以发展的基本条件有以下三点：一是我国政策扶持和部署所

---

[1] 谢平，邹传伟. 发展独立第三方征信机构之道［J］. 财新周刊，2017（6）.

释放的良好信号；二是以"金融线上化"为代表的互联网金融更巨大的长尾需求；三是大数据技术的强力支撑。

1. 政策扶持。为提高个人征信服务水平，引入市场竞争，我国正为逐步开放征信市场做好立法准备。2015年1月，中国人民银行印发《关于做好个人征信业务准备工作的通知》，批准8家机构做好开展个人征信业务的相关准备工作。2015年7月，中国人民银行等十部委发布《关于促进互联网金融健康发展的指导意见》（以下简称《指导意见》），提出推动信用基础设施建设，培育互联网金融配套服务体系，鼓励有条件的机构依法申请征信业务许可。监管的改革措施为大数据征信的发展创造了良好的外部环境。

值得注意的是，为加快大数据部署，深化大数据应用，推进落实"互联网＋"国家战略，2015年7月，国务院印发《促进大数据发展行动纲要》；2015年9月，国务院办公厅印发《关于运用大数据加强对市场主体服务和监管的若干意见》。《促进大数据发展行动纲要》中最引人注目的就是开放政府数据和推动产业创新，鼓励大数据在征信业的应用和发展。相关专家认为，大数据是征信建设的重要"矿产资源"，征信建设必须以大数据为依托和支撑，在广度和深度上运用大数据建立信用体系，提高信用评价的全面性、实时性和授信效率。

大数据时代，数据俨然成为等同于能源的战略资源，信息公开和数据开放成为当下时代发展的主题。行政机关在履行行政管理和公共服务职责过程中掌握了海量信息，如何通过信息公开管好、盘活这些数据资产，成为行政机关亟待解决的问题。党的十八届四中全会通过的《中共中央关于全面推进依法治国若干重大问题的决定》明确提出，要全面推进政务公开，推进政务公开信息化，加强互联网政务信息数据服务平台建设。数据公开制度的逐渐确立，为社会信息资源的开放、共享与服务提供了制度保障。

2. 市场需求。近年来，互联网金融异军突起，成为我国经济发展的新兴力量。互联网金融在繁荣发展的同时，由于成立的时间较短，自身风险防控能力较弱，信用评估、风险定价和风险管理等方面都不完善，问题事件不断涌现。一方面，互联网金融的用户大多是具备"长尾特征"的网络用户，这部分用户难以被传统征信所覆盖，且由于行业机构间缺乏信息数据的沟通和交流，致使"一人多贷"重复借款现象突出，整个行业面临着巨大的信用风险。另一方面，由于征信体系不健全，互联网金融公司普遍以线下风控为主，大量尽职调查耗时耗力，既增加了自身的运营成本，也容易使借款人的信用评估出现偏差，间接提高融资成本。传统征信机制不健全成为制约互联网金融发展的主要因素。互联网金融的发展为大数据征信的发展提供了巨大的应用前景，倒逼征信跟上时代的步伐，推动征信机制的变革。

3. 技术支撑。大数据征信之所以兴起，除了上述两个因素之外，技术支撑也不可或缺。大数据和云计算技术的进步为大数据征信的发展提供了支撑和便利，人工智能算法模型为全面刻画用户违约概率和信用状况提供了有力补充。一方面，随着"互联网＋"的发展，老百姓的衣食住行、社会交往与互联网趋于紧密结合，互联网上产生、沉淀了大量与个人征信相关的数据。借助大数据抓取和挖掘技术、云计算技术，这些数据的采集、记录、储存和分析变得更加容易。另一方面，以机器学习为代表的人工智能技术相继被采用，不仅可以分析、归纳和汇总各种渠道获取的结构化和非结构化数据，还可设计多种预测模型（欺诈模型、身份验证模型、还款意愿模型和稳定性模型等）预测信用主体的履约意愿和履约能力，减少违约风险和坏账率。

（二）挑战

大数据征信为市场主体提供了多元化、多层次的征信服务，在提高征信服务水平、优化征信市场竞争格局及促进普惠金融发展等方面具有积极意义，是我国现有征信体系的一个有力补充。但由于法律顶层设计尚未完善、行业发展规范尚未健全以及核心技术相对缺乏，我国大数据征信仍处于初级阶段，在发展中面临着一系列挑战和现实性困境。

1. 现行业务规范和监管与大数据征信不适配。我国征信业的法律法规框架及其配套制度是围绕《征信业管理条例》来构建的，其出台标志着我国征信业进入有法可依的时代，但《征信业管理条例》规制的主要对象是传统金融行业。大数据时代，征信发展模式与传统的征信模式相比有所转变，《征信业管理条例》能否满足新的模式要求，尚无定论。此外，尽管《征信业管理条例》对个人信用信息提供了一定保护，但就大数据征信的数据报送范围、查询用途范围、授权形式、安全管理、异议处理和维权等方面的监管细则相对缺乏。

大数据应用给征信监管带来了新的挑战，对相应监管制度、监管体系和监管主体的专业能力等均提出了更高要求。要适应大数据征信监管需求，监管水平要与大数据征信的发展水平相匹配，监管政策要与大数据发展规律相契合，监管部门的工作人员要具备丰富的大数据征信知识储备。

2. 大数据征信数据权威性和质量备受质疑。与中国人民银行征信系统的权威性、高质量、完整的数据相比，大数据征信虽然数据来源广泛、维度多元，但数据的权威性、质量和完整性备受质疑。大数据征信引入海量互联网行为轨迹记录、社交平台和客户评价关系型数据等信用弱相关数据，这些数据多与借贷行为关系不大，因而能否作为判断信用主体信用状况的主要指标，尚待市场和时间检验。

3. 大数据征信机构独立性问题突出。传统征信机构遵循独立第三方征信基本原则，信息采集者与信息产生方没有任何关系。但目前市场化的大数据征信公司大多突破了"独立第三方"的边界，数据的采集和使用多源于并应用于自身开展的业务，所得的信用评分可针对自身经营业务来进行客户分析和风险判断，但在其他应用场景的相关性和效用性则得不到保证。不仅如此，非"独立第三方"大数据征信公司在数据商业用途中很有可能造成数据的滥用、泄露和消费者行为扭曲，带来信息安全隐患和消费歧视。

4. 线上信息安全和隐私保护形势严峻。线上信息安全和隐私保护问题是制约大数据征信发展的主要障碍。一是征信机构采集信息数据的范围和使用原则不符合法律规范。我国2013年出台的《征信业管理条例》对信息数据的采集有严格的限制，主要体现在如下几个方面：禁止采集个人的宗教信仰、基因、血型和病史等个人信息；除明确告知主体提供该信息可能产生的不利后果并取得其书面同意外，禁止采集个人收入、存款、保险、有价证券、不动产等信息；采集个人信息应当经信息主体本人同意，未经本人同意不得采集。而在互联网大数据时代，征信机构采集的数据通常来源于互联网，这些互联网大数据是否包含禁止采集或限制类信息不得而知，且采集的数据是否经过本人授权也不得而知。因此，征信机构在做到既能掌握丰富完整的信息数据的同时，又不违反法律规范，就变得尤为重要。

二是信用主体线上的隐私保护存在巨大风险。大数据时代，数据挖掘和抓取技术的广泛应用，使得信用主体全方位信息数据被全盘收录，海量信息数据的收集给信用主体的隐私带来巨大挑战，隐私防护变得更加困难。用于特定场合的信息数据被用于其他商业用途，隐私侵犯的风险大大增加。不同机构之间信息数据的交叉验证，隐私则极有可能泄露。当前，各类征信机构参差不齐的数据存储、防护能力也容易造成用户隐私的泄露。不仅如此，我国对很多信息数据的所有权和使用范围并没有明确界定，隐私安全防护也涉及得较少。

5. 机构间"信息孤岛"严重。信息数据是各家大数据征信公司业务经营的基础，如今，市场化的大数据征信公司都积极采集尽可能多的信息数据来提高自身竞争力。一方面，大数据征信公司虽然希望借助外部征信数据交叉验证来进行风控；另一方面又担心通过与其他公司来共享客户资料和信贷信息数据，会失去自身积累的优势并导致优质客户资源的流失。而且更为遗憾的是，各大数据征信公司的征信手段各异、采集标准和格式不同、管理体制等问题使得各信息数据库之间形成一个个"信息孤岛"，彼此之间互认、对接状况不容乐观。大数据征信公司之间跨机构信息共享差，以致征信效果大打折扣，增加信息采集和审核成本，甚至出现基于自身利益考虑通过抢占资源封锁信息等手段恶性竞争的局面，这在很大程度上不利于整个征信市场的健康运作。

6. 数据处理技术亟待提高。大数据时代，数据处理能力得到大幅度提升。目前已有很多征信机构在数据处理方面采取多层次数据清洗、数据挖掘等先进技术，利用云平台，对系统中海量数据进行抽取与集成、分析、解释，在减少主观判断、提高预测信用主体的还款意愿和还款能力以及反欺诈方面都有不错的应用表现。尽管成绩斐然，但总体上由于我国征信业务和大数据技术起步较晚，数据处理的核心技术相对缺乏，数据抓取、数据挖掘和数据分析技术仍有诸多瓶颈无法突破，比如大数据抓取技术很难实现对数据质量的保证，噪声数据和不完整数据很容易也被收录其中，噪声数据的过滤和清洗直接影响数据分析结果。

五、国外征信发展经验研究

在西方，经历多年的努力与发展，征信已经相当成熟，制度和法律配套齐全，个人信用体系完善，企业征信和个人征信覆盖人群和面积广泛，在有效过滤失信者、屏蔽恶意的失信行为方面积累了很多经验，值得我国借鉴。

（一）欧洲征信介绍及启示

1. 欧洲征信发展历史。欧洲征信起源于对信息数据的保护，其发展历程以 20 世纪 80 年代为界限分为两个阶段。20 世纪 80 年代之前，欧洲银行资金充沛，融资较容易，因此征信需求相对不大，即使有征信需求也是公共征信系统辅助中央银行更好地防范信用风险，监督金融市场，促进金融市场健康发展而采集一些贷款额度较大的公司和个人客户的信息。20 世纪 80 年代之后，间接融资地位下降，新兴产业兴起，征信的地位被投资人和金融家们再次重视。征信具有有效评估企业申请贷款和信用额度的资质、防范贷款风险的功能，由此私营征信机构开始兴起，逐渐在德国和法国的国内市场居于主导地位。

2. 欧洲征信构成的主要特征。

一是政府主导。欧洲征信业的发展主要采用的是政府主导型运营模式，又称公共模式或中央信贷登记模式，由中央银行而非私人部门建立以"中央信贷登记系统"为主体，兼有私营征信机构的社会信用体系。在公共信用信息征信模式下，企业信用信息和个人信用信息的采集是由中央信贷登记系统来进行的。其征信系统由两部分组成，分别是各国中央银行与市场化的征信机构，各国中央银行主要采集一定金额以上的银行信贷信息，目的是为中央银行监管和商业银行开展信贷业务提供服务。市场化的征信机构如美国益佰利公司以及其他美国征信公司在欧洲业务的扩展，一般从事个人征信业务。这种模式的成员国主要是欧洲大陆的德国、法国、意大利、西班牙、奥地利、葡萄牙和比利时等国家。

二是强制性和全体参加。由中央银行建立的欧洲公共信用信息系统通常强制处于中央银行监管之下的所有金融机构必须参加，这是公共征信系统与私营征信体系的主要差别。在奥地利、法国、葡萄牙和西班牙，财务公司被要求加入公共征信体系；在葡萄牙，信用卡公司也被要求纳入这一体系；在德国，则是拓展到保险公司领域。这些机构需要向公共信用信息系统提供所搜集到的信用信息，由此系统可以向商业银行、中央银行以及其他银行监管机构提供有关公司和个人对整个银行体系的负债情况。

三是信息保密性强。公共征信系统严格保护参加机构的信息安全和单个借款人的隐私。参加机构的信息仅以加总形式对其他信贷机构公布，且公布的目的只为满足授信需求。单个借款人根据隐私保护法有权检查和更正系统里的信用档案。

四是中央银行承担主要的监管职能。美国的征信立法侧重于维护信用征集系统的公正性和有效性，将个人权利保护放至第二位，而欧洲征信的立法更侧重于对数据和个人隐私的保护，且更为严格。以德国为例，信用立法最早，1934 年就建立了个人信用登记系统，并出台了一些操作细则；1970 年前，联邦德国又颁布了《个人数据保护法》，是世界上最早的个人数据保护法；此后，欧洲其他国家开始纷纷效仿，同年，联邦德国颁布并实施《分期付款法》。之后，德国分别在 1976 年和 1977 年制定出《一般交易约定法》和《联邦数据保护法》，并于 1990 年对《联邦数据保护法》加以修订，以上法律的颁布都有效促进了个人信用资料的合理使用和个人隐私权的保护。同样，英国在信用管理立法方面也很积极，1970 年颁布了一部有关消费者保护的法律《消费信贷法》，1984 年效仿德国颁布了《数据保护法》。

3. 对我国的启示。

一是在法律建设方面保证信息数据的安全和个人隐私。欧洲在个人信息和隐私安全方面作出明确规定，规范征信机构运营以保护消费者权益。我国征信立法尚不健全，宜借鉴欧洲征信的经验，及早出台有关隐私保护的法律法规，明确一些敏感信息采集、使用方式和范围。

二是保证信息数据的准确和完整。根据《数据保护指南》规定，信息主体如果质疑相关征信数据的准确性和完整性，可向征信机构反馈，征信机构必须在 30 个工作日内重新对质疑数据进行调查，并将调查结果于 30 个工作日内反馈给数据提供方，数据被发现有误必须立即删除和更改，更改之后经核实才能被重新使用。

三是信息实现共享。由于我国征信业还处于发展初期，在信用信息收集方面，面临信息采集方面的难题，因此可以借鉴欧洲国家的一些成功做法，由征信机构和主要信息提供者（银行、保险公司、租赁公司、电信公司等）建立良好合作，组成理事会，在法律允许的范围内，以互利为原则，商定信息共享方式和范围，实现信息的交流与沟通，并借助最重要信息提供者的影响力和信誉度吸引更多信息提供者的加入，扩大共享规模。

（二）美国征信介绍及启示

1. 美国征信发展历史。美国征信始于消费需求的爆发，历经四个阶段：快速发展期、法律完善期、并购整合期以及成熟拓展期，日趋壮大最终形成较为成熟完善的征信体系。

1920 年至 1960 年，大众消费文化盛行，催生大量信贷需求。随着第一次世界经济危机爆发，社会经济的大萧条导致大批公司破产，高违约率居高不下，征信机构就此快速发展。

1960 年至 1980 年，征信快速发展，相应的法律也陆续出台。这期间，共有 17 部征信法律被颁布，为征信法律框架的形成奠定了基础，而银行卡联盟 VISA 推行信用卡，极大地拓展了应用场景的信贷需求。

1980 年至 2000 年，银行开始跨区经营，大举并购整合，征信公司数量从 2000 家降至 500 家，征信需求也扩至全国范围。与之相伴的是信息技术的发展，使全国性征信经营成为可能。

2000 年发展至今，征信步入成熟拓展期。这期间，国内征信市场被三大征信局——艾可菲、环联和益佰利所垄断，且日渐饱和，开始向海外市场拓展，走向全球化。

2. 美国征信构成的主要特征。

一是市场主导。美国征信区别于欧洲大陆政府主导型的征信模式，采用市场化为主的第三方独立运行模式，其特点可以概括为"民营"两个字，由私人投资或公司法人投资组成以盈利为目的的征信机构，为信用使用者提供征信报告。征信机构包括企业征信机构和个人征信机构。企业征信机构的代表是邓白氏公司，为私人银行、私人信用机构、税收征管机构、政府部门等机构提供企业 12 个月的信用信息（企业基本概况、资产状况、财务状况、纳税状况、破产记录及被追账记录等）。个人征信机构的代表是三大征信公司（征信局）：艾可菲、环联和益佰利，为信用需求者提供信用报告（消费者基本信息、当前和以往的贷款清单及公共信息等）。企业征信机构和个人征信机构在激烈的市场竞争环境中形成一套完整的行业规章制度和体系。

二是信息交互共享。美国公民从出生起就有一个社会保障号（Social Security Number），公民申请工作、租赁房屋、纳税、保险及借贷都要登记这个号码，与个人信用密不可分。征信机构与社会保障号相对应，便于个人信用信息的共享。不仅如此，1912 年，美国成立行业协会——联合信用局，消费者还贷数据从金融机构无偿传输给联合信用局，联合信用局再将数据无偿传输给三大征信局，信息共享具有乘数效应。

三是FICO信用评估。信息数据被收集之后，三大征信局通常会将其进行一系列严谨的加工处理，包括分类、计算、分析、评估等，最后生成征信产品。信用评分则采用FICO评分模型，分数范围是300~850分，分数越高表示信用风险越低。FICO评分模型是通过对超过100万份数据样本分析所得出的精密模型，能有效预测还款能力和违约概率，将信用分数作为客户决定贷款的重要依据。

四是法律监管体系健全。征信机构完全市场化运作，政府和中央银行并不干扰和参与其日常管理，只是扮演制定相关法律法规的角色。美国征信法律配套齐全，《信息自由法》促进信用信息公开，保证征信机构采集信用信息的合法性；《公平信用报告法》《诚实租借法》保护消费者个人对信用报告的合法权益，对征信机构传播消费者信用报告作出规范，以保障信息的安全；《公平债务采集实施法案》对消费者的基本权利和义务、数据采集使用原则、征信机构的行为准则等方面作了明确规定，保证消费者的知情权。在惩戒机制方面，出台《公平债务催收作业法》，对失信、信用资料滥用及违反信用管理法的行为进行惩戒。

3. 美国征信发展趋势。美国征信经过近百年的发展，呈现出以下趋势：数据来源更加广泛，除金融财务数据外，电商、社交、电信、互联网等数据也被纳入征信体系；输出统一数据标准，为促进本国征信体系的全球化进程，美国征信局协会在其他国家正积极推广本国数据标准；企业征信和个人征信逐渐融合，企业风险评估不仅考虑企业的基本概况，还将企业内部高管的个人风险作为变量指标；征信应用场景拓展化，不再单一地只评估信用风险，还拓展到资产、破产、偿债、收入的预测；定制化方向发展；从风险领域拓展到营销、咨询等领域。

4. 对我国的启示。一是推进征信市场化进程。美国以市场机制来调节征信运作，市场效率高，而且市场化的征信机构服务范围广阔，在更大范围降低了社会信用风险。因此，我国政府应积极调动民间投资进入市场。二是加强个人信用意识的培养。在美国，公民的信用意识强，不良信用会影响生活的方方面面，包括学习、就业、工作等，因此每个人都十分关注和维护自己的信用状况。因此，我国应该借鉴美国信用文化，从小培养公民的信用意识，促进征信体系的成熟发展。三是建立信息共享机制。信息共享可以降低征信成本，减少数据搜集的重复工作，降低信用风险。四是加强立法建设，为征信创造健康的外部环境。美国配套的征信法律法规，使征信运作处于一个稳健、健康、高效的模式下，我国应该积极推进征信法律法规制定的相关工作。

六、发展建议

随着互联网大数据时代的到来，未来大数据征信的发展从加强法制建设、落实征信监管、发展市场化机构、鼓励征信产品创新、建立信息共享机制及推进人才队伍建设等路径着手，同时促进大数据和征信的融合，推进征信在大数据背景下跨越式发展，为市场主体借贷行为提供信用信息服务。

（一）加强法制建设

大数据征信有广阔的发展前景，但如果没有相应的法律法规保驾护航，大数据征信推进得越快，隐患会越多。当下，建立符合大数据征信的法律法规、业务规则和制度体系迫在眉睫。

征信立法建设应重点解决以下问题：一是明确数据的收集和使用规范，厘清职责边界。在大数据背景下，数据的收集和使用可能涉及公民隐私，为了给大数据征信发展提供制度保障，立法部门在征信立法层面需要完善信息安全和隐私保护的法律制度，明确数据采集、整理、加工、分析和使用等征信业务规则，确保大数据征信发展有法可依。二是打破信息壁垒，促进数据开放和共享。数据公开是征信"拥抱"大数据得以发展的基本前提保障，立法部门应加快立法，扫除阻力，打破政府、金融机构和民营企业等部门壁垒，明确各自的职责和义务，促进金融、司法、商务、消费、公共事业等领域的信息数据依法公开和互联互通。三是明确隐私保护权益，建立信息保护机制。海量数据的收集对隐私保护提出了挑战，通过立法手段可以依法保障信息主体的隐私权益和知情权益，明确当信息主体隐私受到侵害时的相应申诉渠道、申诉程序和司法救济方式。四是建立司法惩戒机制。明确对无故封锁数据和非法采集、窃取、泄露和传播数据等行为的具体惩罚措施。

（二）落实征信监管

征信监管体系的完善，需要监管部门、行业协会和征信机构三者之间的积极配合，明确各自职责，避免监管真空现象，推动征信业健康、有序和稳定发展。一是监管部门制定符合大数据征信的监管机制和监管措施，实行牌照管理，提升监管水平，加强对行业的监督管理，规范市场竞争；监管工作人员应通过不断学习，熟知监管风险和制度规则。二是行业协会积极引导和推动征信行业自律，加强行业业务和技术交流，以行业自律促进大数据时代下行业的有序发展，保护信息主体的合法权益，对不当行为进行惩戒。三是征信机构筑牢机构风险防线，加强内部治理和风控管理。

（三）发展市场化机构

中国人民银行征信系统是我国个人征信市场的主力军，基本上为国内每一个有信用活动的个人建立了信用档案。其信息来源以银行信贷信息为核心，还包括社保、公积金、环保、欠税、民事裁决与执行等公共信息。中国人民银行个人征信系统在方便个人信贷、辅助金融授信决策、防范信用风险和提升金融获得性等方面发挥着关键作用，但其在互联网金融领域的局限性也不容忽视。

国内外征信发展经验表明，市场化征信机构是征信市场的重要力量和活力源泉，市场化征信机构依托大数据优势，信息数据来源多元广泛，机制灵活，对信息主体信用的研判贯穿其行为的全过程，提供多样化的征信服务，一定程度上弥补了传统征信人工监管成本高和效率低的不足，满足社会对征信产品多层次、多元化的需求，有利于征信市场的长远和可持续发展，在促进普惠金融发展过程中也发挥着积极作用。因此，我国应出台相应的政策和优惠措施，鼓励和调动独立第三方征信机构积极参与，合理竞争，优胜劣汰，并与政务信息系统实现互联互通，实现信息共享，提升征信市场的供给水平，完善征信市场组织体系，助力监管部门积累监管经验，提高监管水平。

（四）鼓励征信产品创新

一是鼓励传统征信机构开展技术创新和产品创新。技术方面，加快研究符合大数据征信业务要求的数据接口、储存媒介和分析模型，为征信产品的研发提供技术保障；产品创新方面，随着数据规模越大，数据维度越多，大数据和云计算等新兴技术的运用，不仅可以深度挖掘这些数据资源的价值，拓展征信产品种类，提供包括信用报告查询、信用评分、身份验证、欺诈检测、风险预警和关联分析等基础服务和产品，还可以提供其他综合性产品，满足市场需求，提高服务质量和水平。二是鼓励传统征信机构和新兴互联网公司两类机构依托各自资源优势开展业务合作。传统征信机构具备长期数据积累及风险分析经验优势，互联网公司具备海量数据优势，二者合作可助推传统征信产品与大数据征信产品的复合创新，开发出能够满足征信市场不同主体的征信需求，提升整个征信市场服务水平。

（五）建立信息共享机制

金融活动离不开征信的支撑，没有足够的信息数据，交易成本上升，交易被迫中止。因此，各信息系统互联互通与数据共享就成为现实需求。实现互联互通有三种方式：一是由政府或行业协会主导，建立数据交换平台，确立统一的行业对接标准，形成权威的征信大数据库。二是鼓励市场化信息数据采集机制，支持一家或几家独立第三方征信机构建立大数据征信平台，负责收集、筛选、汇总和储存数据，建立信用记录提取规范，形成一套相对完整的信用体系，建立有条件的数据查询接口，按费用统一对外输出征信产品。三是在各部门信息系统建设的基础上，实现系统间的数据互联与共享，提升大数据融合能力，实现各信息数据库之间的"无缝对接"。

（六）推进人才队伍建设

大数据征信聚焦技术在数据挖掘、数据清洗、产品开发和风险管理等场景的应用，征信机构运用大数据技术可以增强核心能力，获得独有竞争优势。因此征信机构应该高度重视大数据处理分析人才的运用及创新人才的培养，满足征信多元化发展的需要，通过多层次人才培养和引进机制搭建人才智慧高地。

风险与监管篇

Fintech的出现促进了金融业务的快速发展，但新技术的出现并没有消除金融风险。一方面，Fintech在提升金融服务便捷性的同时，并没有偏离传统金融的本质。在继承了传统金融风险的基础上，新技术与金融的结合放大了金融风险的表现形式和传播方式，加快了金融风险的蔓延速度，使风险变得更为错综复杂，也更加隐蔽和难以评估。另一方面，由于Fintech领域投资者的风险承受能力较弱、Fintech业务的准入门槛更低，使得金融的顺周期性更为明显，金融体系的整体风险偏好上升，极易引发系统性风险。

Fintech发展至今，不能一味追求速度与高效，而应在效率与安全之间寻求平衡。对Fintech的野蛮生长如果监控不当，不仅会影响整个金融行业，也可能给国家安全带来隐患，因此急需解决监管难题，加强金融监管。此外，科技是把双刃剑，新科技为金融领域带来一系列风险的同时，也能够通过技术本身的应用降低Fintech中的风险损失并丰富监管手段和方法，进而更好地维护金融行业的持续、健康、稳步发展。

第十四章　Fintech 的潜在风险

一、传统金融风险

（一）信用风险

信用风险又称违约风险，是传统金融风险的主要类型。信用风险是指交易参与方未能及时履行约定契约中的义务而造成经济损失的风险，即授信人未能履行还本付息的责任而使授信人的预期收益与实际收益发生偏离的可能性。Fintech 中信用风险的产生主要源于 Fintech 企业的经营不合规以及信息不对称。

第一，一些 Fintech 企业由于缺乏正确的经营理念，在投资理财过程中盲目承诺"高收益"以吸引消费者，最终导致企业资金周转困难，加之缺乏完善的风险处置机制，不得不选择倒闭。另有一些 Fintech 企业原本成立目的便不单纯，一旦成功完成"非法集资"或"洗黑钱"的目的，便会携款逃跑。

第二，信息不对称也是导致信用风险的主要原因。由于 Fintech 具有虚拟性，交易参与者众多且分布广泛，交易双方不容易直接接触，加之我国征信体系并不完善，使得交易者之间缺乏充分了解，决策地位并不平等。虽然信息披露和信息共享有助于改善信息不对称现象，然而这两种办法在目前的推进过程中也不甚顺畅。正是由于 Fintech 企业的准入门槛相对较低，个人信息披露不足，在项目融资过程中缺乏完善的信息披露机制，对交易方资金的运营情况缺少监督，才使得信用风险滋生。

（二）流动性风险

Fintech 的流动性风险主要是指 Fintech 企业由于资金短缺而无法实现消费者提款指令的风险。导致 Fintech 流动性风险的主要原因在于资金错配、网络故障、Fintech 企业不自律以及投资者不理性的投资行为。

首先，Fintech 企业利用借短贷长的期限转换功能，将客户投入到借贷融资项目中的短期资金投入到长期的项目中，从而产生期限错配问题，一旦客户进行集中赎回或大量提款，流动性风险便会暴露无遗。

其次，系统瘫痪等网络故障会致使 Fintech 企业无法及时得到足够的资金以支付到期债务，或是无法及时应对用户的集中赎回行为，从而导致流动性风险。

最后，由于 Fintech 相关产品的投资门槛相对较低，对投资者的要求也相对偏低，许多 Fintech 的投资者并不具备丰富的基础投资知识，对于线上的信息无法进行有效甄别和筛选，易产生盲目跟风、扎堆投资和挤兑现象，从而加剧了 Fintech 的流动性风险。

（三）市场风险

市场风险是指未来市场价格的不确定性对企业实现其既定目标产生不

利影响的风险。市场风险分为利率风险、汇率风险、股票价格风险和商品价格风险。Fintech 企业面临的市场风险主要是利率风险，表现为收益率优势正在消失。

一方面，Fintech 产品的高收益率并不符合经济规律，Fintech 企业为吸引客户而推出的高收益模式只能维持较短时间，并非长久之计。与传统金融产品类似，Fintech 产品的收益率同样受市场利率影响，在高收益模式难以为继后，便会回落到合理的收益区间内。

另一方面，利率市场化改革也会给 Fintech 企业带来一定打击。随着利率的放开，银行等传统金融机构可能会通过提高存款利率、降低贷款利率以提高自身竞争优势。一旦 Fintech 企业丧失了高收益优势，市场份额将急剧减少。由于取消了对利率的限制，货币市场的波动也会变大，而大部分 Fintech 企业成立不久，缺乏完善的利率风险应对机制和足够的利率风险应对能力，利率波动会对其带来一定冲击。

（四）操作风险

操作风险是指由于人员、系统和内部程序的不完备或失效，或由于外部事件而造成损失的风险。Fintech 的操作风险主要是指误操作导致的风险。在金融行业，误操作事件不在少数，如 2013 年 8 月的光大"乌龙指"事件就是由于工作人员的误操作所致，导致光大证券遭受严重损失。"乌龙指"事件同样会发生在 Fintech 领域，由于 Fintech 企业多数处于发展初期，缺乏严格、系统的内部管理制度和员工培训机制，易出现因员工对业务不甚熟悉、不遵守操作规章而造成误操作的行为。

此外，系统的设计缺陷和互联网的实时性也加剧了操作风险。由于Fintech 尚处于起步时期，很多设备和系统均处于研发和试用阶段，因此可能存在部分系统没有完全考虑操作者的使用习惯，而导致违背其真实意愿行为的发生。以往，需到柜台经过人工审核方能完成转账、提款等金融业务，这给金融机构处置操作风险预留了一定时间，而互联网具有迅速、及时的特点，能够让一项金融业务在短短几分钟甚至几秒钟内得以完成，这便使得 Fintech 企业常常来不及应对误操作行为。

（五）法律合规风险

法律合规风险是 Fintech 企业因违反法律法规，或无法满足法律法规的要求，而给企业自身、消费者乃至整个社会造成损失。一方面，由于 Fintech 属于新生事物，监管落后于发展，对于该领域的法律法规尚未出台，使许多 Fintech 的经营行为没有法律依据。在法律并不完备的环境下，许多Fintech 的创新行为由于并不确定是否触及法律底线而迟迟未能开展。另一方面，Fintech 领域的法律空白和法律缺失导致消费者权益无法得到保障，一些 Fintech 企业利用法律空白和漏洞进行违法犯罪行为，出现监管套利现象，给 Fintech 的消费者、整个行业乃至社会造成极大影响。

此外，由于国家现在对互联网金融的监管手段已逐渐明晰，一些原本做互联网金融业务的企业由于自身经营不合规，为逃避监管而改用 Fintech的"外衣"以继续经营原本的不合规的业务，这也会产生严重的法律合规风险。

Fintech 作为新生事物，在存在法律合规风险的同时，不可避免地也在监管层面存有较大风险。首先，由于监管法律不完善，会导致监管部门在 Fintech 企业出现问题时不能对其进行及时有效监管，影响全行业的发展。其次，由于监管主体不明确，监管当局之间分工不清、协调机制欠缺，易产生监管过度和相互推诿现象。再次，由于监管部门缺乏相应的 Fintech 专业知识，从而产生监管能力不足的问题。为了监管新生事物，长期监管传统金融机构的监管机构急需储备具有专业知识的人才，这似乎偏离了监管机构的"舒适区"。虽然金融监管部门的工作人员对金融运行的规律和风险比较熟悉，但对新技术本身的架构、优势、局限性以及和金融业务的结合点，都需要一个学习和熟悉的阶段，这在一定程度上无疑会导致监管滞后。最后，监管工具的不完备也会导致监管难度加大。

（六）声誉风险

声誉风险是一个较为综合性的风险，上述的信用风险、流动性风险、市场风险、操作风险以及法律合规风险都会对 Fintech 企业的形象造成影响。内部问题和外部环境变化都会对 Fintech 企业的形象造成干扰，导致声誉风险。

从 Fintech 企业内部而言，一方面，由于 Fintech 企业多为初创企业，内部治理、风险控制、技术水平等不甚完善，一旦发生黑客攻击导致资金损失事件或企业高层卷款跑路事件，便会极大地影响消费者的信任度。同时，初创企业也没有过多关注广告营销和产品推广，在消费者心中并未打下良好的信任基础。另一方面，Fintech 企业的许多产品尚属新兴产品，并没有经受广大消费者的检验，在对产品的认知和操作方面难免存在不清晰、不合理之处，使得消费者体验不佳，易引发声誉风险。

从 Fintech 企业外部而言，黑客攻击等事件若经常被媒体报道，势必会削弱消费者对企业的信心。另有一些竞争对手或不法分子利用互联网虚拟性这一特点，对对手企业进行抹黑或冒充该企业员工进行欺诈行为，均会给 Fintech 企业带来声誉风险。

此外，当前社会是一个互联网技术发达且充斥着海量信息的社会，互联网特有的虚拟性、快速性，让消费者对爆炸式的信息应接不暇，无法准确地辨别信息真伪，更有可能产生偏听和误信行为，此时若 Fintech 企业又对舆情处理不当，则很容易使自身陷入声誉风险之中。

二、新的信息技术风险

（一）技术漏洞

Fintech 发展时间不长，许多技术并不成熟，存在技术漏洞，可能引发诸多风险，主要包括数据安全风险和网络安全风险。

1. 数据安全问题。技术的不完善可能会导致数据信息被窃取、泄露、篡改、灭失等。常见的数据安全威胁包括信息泄露、破坏信息的完整性、拒绝服务、非法使用、窃听、假冒、旁路控制、授权侵犯、特洛伊木马、后门、抵赖、重放、计算机病毒、人员不慎、物理侵入、窃取、业务欺骗等。现实情况中，Fintech 企业的数据都是由结构化和非结构化的数据组成，存储在生产系统和备份中心中，用户通过用户名、口令和手机短信验证码等传统的验证方式访问网站，进行数据传输。数据主要包括用户的用户名、登录密码、银行账号、身份证号等重要个人信息，这类信息是目前黑客最垂涎的个人隐私数据，有巨大的地下产业链，买卖交易异常火爆。目前，已出现不少客户信息数据丢失的案例，交易平台并没有在传输、存储、使用、销毁等方面建立个人隐私保护的长效完整机制，加大了信息泄露的风险。数据安全风险主要来源于以下方面：

（1）外部黑客的恶意攻击造成数据的篡改和丢失。技术漏洞吸引了大量的黑客盯着 Fintech 企业不停地研究和分析，黑客实行高效的信息分享和协同作战，整体攻击能力日渐提高，攻击手段层出不穷，交流和协作日趋频繁。据统计，黑客攻击 Fintech 企业网站最大的目的就是窃取数据，可见数据安全问题的严峻。

（2）内部人员误操作、恶意的破坏行为和系统设备故障都会导致数据损坏。实际上这些数据安全风险的形成主要还是因为技术的不完善。未来要确保电子数据安全，就要发展技术，减少漏洞，通过加密传输、存储等手段把电子数据在第三方的监管数据中心进行备份，从而保障用户和企业的权益，促进 Fintech 行业的健康、稳健发展。

2. 网络安全风险。网络安全风险指互联网环境中遭到网络攻击、渗透、窃听、计算机病毒等威胁导致的风险。网络安全风险是金融信息科技风险的重要组成部分。一旦 Fintech 企业出现了网络安全风险，将会引发系统性风险。网络安全问题主要有如下几类：

（1）网络通信安全风险。在互联网环境下，用户登录、查询、交易都是通过网络进行操作的，部分 Fintech 企业并没有建立保护敏感信息的安全机制，如保证用户身份信息、交易信息等在网络传输过程中的保密机制，或只是采用较弱的密码算法，很容易被攻破。一旦客户的资金、账号和密码等敏感信息在网络传输过程中遭到泄露或篡改，将给 Fintech 的信息安全造成严重影响。

（2）网站安全风险。网站交易平台为客户提供网上支付、网上投资、网上借贷等服务，因此网站的可靠与否将影响到用户的资金安全。近年来，随着互联网技术的发展和开放，Fintech 企业所面临的 Web 应用安全问题越来越复杂，安全威胁正在飞速增长，如黑客攻击、蠕虫病毒、DDoS 攻击、SQL 注入、XSS 攻击、Web 应用漏洞等，极大地困扰着用户，给企业的信息网络和核心业务造成严重破坏。网站信息系统在给 Fintech 业务带来高效性和便利性的同时，同样给外部和内部人员利用信息系统进行犯罪带来了便利性和隐蔽性。

（3）客户端安全风险。绝大多数金融安全事件源于客户端安全隐患。由于终端操作系统的脆弱性和用户安全保护意识的缺乏，Fintech 客户端极易受到恶意代码、网络钓鱼等黑客技术的侵害。此外，大多数客户端程序都基于通用浏览器开发，存在利用通用浏览器漏洞获取客户信息的风险。即使有的客户端采用了安全控件，但由于防护强度较弱等问题，仍有可能无法抵御一些常见攻击。

案例 14 - 1　The DAO 被攻击事件

The DAO（Decentralized Autonomous Organization，DAO）项目是一个运行在以太坊区块链上的去中心化自治组织。借助以太坊区块链，用智能合约推进管理，实现组织全面的自治管理。2016 年 5 月，The DAO 通过众筹获得了市场上价值 1.17 亿美元的以太币，成为了世界上众筹额度最高的项目。然而，在 The DAO 尚未完全开展业务时，就暴露出了程序漏洞问题，该循环调用漏洞直接导致 The DAO 丢失了价值近 600 万美元的以太币。不仅让 The DAO 的估值一落千丈，对以太坊的市场估值也造成了大幅冲击。

在 The DAO 被攻击事件中，攻击者组合了 2 个漏洞攻击，即递归调用 Split DAO 函数的漏洞以及资产分离后避免从 The DAO 资产池中销毁的漏洞。在攻击完第一个漏洞之后，再将 DAO 资产安全转移回原账户，在只利用两个同样的账户以及同样的 DAO 资产的情况下，攻击者便进行了 200 多次攻击。由此可见，科技一方面为金融带来很多技术革新，但另一方面却会创生出前所未见的风险，对待技术问题，监管者和参与者仍然要抱有谨慎的态度。

（二）适用性问题

目前，许多 Fintech 企业都在研发自己的设备，但是却没有一个统一的标准，极易引发兼容性问题。Fintech 尚属新生事物，并没有对兼容性问题进行全面试验，比如某金融软件只能在某一系统中运行，兼容性差会导致闪退、卡顿，设备完全无法使用。兼容性问题会给 Fintech 消费者带来很多不便，甚至会带来损失，影响 Fintech 的长远发展。

不仅各软件、硬件之间需要无缝衔接，科技也需与金融完好融合。事实上，科技并非一开始就适用于金融，或者说适用范围较小，甚至金融的逻辑和科技的逻辑之间存在一定矛盾，这严重影响 Fintech 发挥作用。如智能投顾服务可能存在过度拟合问题，机器通过现有数据得出的结论可能与金融的逻辑大相径庭，给消费者带来损失。如果智能投顾服务的影响范围较大，甚至有可能引发集体性的不理性投资行为，造成社会经济问题。

三、经营管理风险

（一）市场营销风险

Fintech 对企业的市场营销具有双重影响。一方面，科技给人们带来诸多便利，扩大了企业的客户吸引力并增加了客户的可得性，如大数据提高了营销的精准性，提升了产品营销的效率。但另一方面，消费者接受新科技需要一定时间，不成熟的科技将提高营销难度。Fintech 虽然降低了金融投资者的资金门槛，但却提高了金融的技术门槛，诸多消费者由于科技产品较为复杂而放弃使用。同时，Fintech 产品由于设计问题导致的用户体验度差，也会引发客户流失。

此外，许多 Fintech 企业存在负面新闻，如信息泄露、资金被盗等问题，导致消费者对其安全性心存疑虑，因此很大比例的金融消费者依然会选择传统金融产品，并不愿意轻易尝试新产品。

（二）内部管理风险

Fintech 企业的内部管理风险主要体现在产品设计不合理、员工培训不充分和内部风控不健全等方面。第一，Fintech 企业中的误操作问题值得深思。由于 Fintech 产品起步较晚，没有足够的试错时间，部分产品的设计难免存在不合理之处，设计缺陷增加了误操作的可能性。第二，Fintech 虽然发展迅速，但是相关人员的培训却没有跟上，很多金融行业的从业人员对 Fintech 产品并不了解，与顾客的沟通存在问题，误导消费者的现象屡见不鲜。第三，在 Fintech 发展如火如荼的当下，对 Fintech 企业内部风险的管控必不可少。Fintech 产品的不断优化调整可以有效减少误操作问题，而相关人员的知识培训也必须紧跟其上。

（三）资金和专业人才匮乏

科技的竞争在未来极有可能成为 Fintech 企业竞争的主要方面。谁拥有先进技术，谁就拥有先机。然而，技术的研发和应用需要大量资金和人才，许多中小企业根本无法负担如此巨额的成本支出，而 Fintech 领先机构凭借先行者优势在新领域率先站稳脚跟，将严重挤压小企业发展，容易形成寡头垄断现象，不利于社会发展。

此外，资金和人才分布不均也加剧了这种问题。Fintech 人才不仅需要拥有金融方面的知识，还需要丰富的技术经验作为支撑，然而这样的复合型人才并不多，且集中分布在北上广深及沿海发达地区。同样，资金也有这种分布不均衡的现象。因此经济发达地区将有更大的发展机遇，欠发达地区的中小型 Fintech 企业则面临巨大压力，不得不倒闭或迁出本地，从而延迟新技术在当地的传播，逐步加大了地域经济的差异。

四、潜在系统性风险

（一）技术导致人才重新配置

Fintech 的迅速发展可能会带来人才市场需求的结构性变化，在短时间内造成结构性失业。Fintech 提高了自动化水平，许多金融的流程不再需要人工完成。事实上，技术替代人工的例子已然比比皆是，ATM、网上银行、手机银行正在替代银行柜员的工作，智能投顾正在替代理财顾问的工作……虽然这些技术节省了金融机构的成本、提高了劳动生产率，但也因此减少了社会对劳动力的需求，特别是那些技术含量不高的金融服务岗位将减少，许多人将因此面临重新规划职业生涯的压力。

（二）技术导致系统性金融风险

Fintech 如果没有被合理利用，可能会造成系统性金融风险。以智能投顾为例，如果通过智能投顾得到的理财建议是不合宜的，便会引发大规模的非理性投资行为，众多投资者可能将资金投入到一个盈利能力较差的项目，而真正优质的项目却得不到资金投入。不仅如此，智能投顾通过程序化的计算公式得到的投资建议往往趋同，且智能投顾的影响范围较大，这便会造成大量一致性的投资行为，同一时间同向的资金流动会给金融机构带来巨大的资金压力，引致流动性风险。这种一致性的投资行为也会放大资产价格顺周期性，引发资产估值错误，加剧经济泡沫或经济危机。因此不够成熟的 Fintech 可能不仅无法给人们创造财富，反而会给投资者造成巨大损失，增加风险的传染性，影响整个经济的正常运行，扰乱社会秩序。

第十五章　政策建议

一、中国金融监管框架

（一）总体监管框架

1. 国内金融业监管的发展历程。我国的金融监管体制改革是在政府的强力推动下进行的，因此监管制度变化带有强烈的政治推动色彩。改革开放后，为鼓励国内金融业的发展，自上而下地提升我国金融业的竞争力，逐渐形成了以中国人民银行为核心的集中监管体制，其本质是混业监管中的单一监管模式。后来组建成立的工、农、中、建"四大行"，有能力从事境内所有证券业务。

从 1992 年开始，国务院组建了证券委员会和中国证券监督管理委员会，将证券业务从中国人民银行剥离，并于 1995 年颁布《中国人民银行法》，从立法角度明确了金融监管的主体；1998 年，中国人民银行将证券监督权移交到证监会，将保险监督权移交给保监会；2003 年，中国人民银行将对银行、资产管理公司、信托投资公司及其他存款类金融机构的监管职能移交给银监会，至此，我国"一行三会"的分业监管模式正式形成。

2. 国内金融业存在的问题。我国金融业的起步较晚，发展中遇到了许多问题，需要监管机构介入予以指导和纠正，以降低我国金融业风险。但监管机构的监管往往落后于市场创新，监管机构难以妥善平衡创新与市场安全的关系，常会导致两类结果：一是行业野蛮生长，破坏市场稳定性；二是监管过分谨慎，抹杀创新，降低金融业的发展速度。对于我国金融业的监管，主要存在以下几点问题：

一是监管趋利性强，常出现重复监管和监管空白两种情况。在实际监管中，由于各监管部门对于跨行业、跨区域企业的执行标准不同，对工作成果明显、监管较为容易且有额外收益的行业，会存在多个部门共同监管的情况；而对于工作成果不明显、监管工作量大又没有额外收益的行业，涉及的监管部门常常相互推诿，造成监管空白的局面。

二是金融监管部门难以准确把握行业创新与发展，监管落后于市场。金融创新往往会突破传统监管框架，监管部门无法很快理解新的产品市场和产业模式，这就导致金融监管对市场动态的反应迟缓，常会错过最佳管控期。一方面，出于对行业发展的考虑，金融监管对于创新持有一定的包容态度；另一方面，在行业野蛮生长后，又会出现法不责众的情况，阻碍了行业监管的升级。

三是区域割裂问题明显，涉及跨行业、跨区域的部门合作沟通周期长、效果差。当前，进行跨区域、跨行业经营的金融机构越来越多，为满足监管要求，监管部门也需要有跨区域、多部门的协同管理能力。但金融监管常常会遇到区域壁垒和协调问题，显著表现在分业经营中各个监管部门之间的协调成本高，监管效率低下。

四是常态化监管工作量大、强度较低。行业监管是一个系统性工程，需要将新的创新监管模式合理化才能有效提高监管工作效率。但目前的监管往往是工作量大，但监管效果并不明显，仅靠组织突击监管来发现积弊已久的问题。当前的监管状态一方面让监管部门觉得人力、物力不足；另一方面让市场参与方疲于应对监管，无法专心经营。

3. 国内金融业监管的发展趋势。由于现阶段的分业监管存在以上诸多问题，单纯的分业监管已经难以满足监管要求，混业监管逐渐吸引大家的眼球，并且以大数据、云计算、人工智能、区块链为代表的 Fintech 作为一种监管创新，开始尝试被运用于监管。原因如下：

第一，随着 Fintech 的发展，对市场 C 端的服务更加"一站式"，金融机构的服务更加全面，从而促使监管的混业化。随着市场经济的不断发展，买方占据强势地位，对消费者进行金融监管显得很有必要，金融机构逐渐开展多机构联合服务或者金融机构混业经营等方式为消费者提供"一站式"服务。同时，Fintech 又能为 C 端服务监管提供便利，一方面能够储存真实信息，提供智能服务；另一方面能够降低金融机构的成本，鼓励为消费者提供更满意的服务。

第二，面对混业经营的行业趋势，混业监管成为市场的重要诉求。分业监管向混业监管的转变，要以加强监管能力、提高监管水平为目的，借助 Fintech，能够方便监管部门随时获取金融机构的经营数据，实时了解市场经营状况，有效监测行业动态，更有利于多监管部门的协调沟通，提高管理效率。

4. 对互联网金融的监管。互联网金融经历了前些年的野蛮生长后，自 2015 年起，国家在鼓励创新之余开始对互联网金融进行审慎监管。2015 年 7 月，由中国人民银行、银监会等十部委发布的《关于促进互联网金融健康发展的指导意见》明确了我国互联网金融各业态的监管主体。其指出，互联网支付由中国人民银行监管，股权众筹融资、互联网基金销售由证监会监管，互联网保险由保监会监管，银监会则负责监管网络借贷、互联网信托、互联网消费金融。按照"依法监管、适度监管、分类监管、协同监管、创新监管"的原则，监管部门致力于既鼓励互联网金融创新，又实现风险的有效防范。

2016 年 4 月 14 日，国务院组织 14 个部委召开电视会议，提出将在全国范围内启动有关互联网金融领域为期一年的专项整治。当日，国务院批复并印发与整治工作配套的相关文件——《互联网金融风险专项整治工作实施方案》。在这份统领性文件之下，按照"谁家孩子谁抱走"的原则，共有七个分项整治子方案，涉及多个部委，其中中国人民银行、银监会、证监会、保监会分别发布第三方支付、网络借贷、股权众筹融资和互联网保险等领域的专项整治细则，个别部委负责两个分项整治细则。在职责分工上，持牌机构由发牌机构进行整治；不持牌但明显具备 P2P 网络借贷、股权众筹融资、互联网保险、第三方支付等业务特征的，按照相关领域的专项整治子方案进行整治；不持牌也不明确具备互联网金融业务特征的机构，由省市政府统一组织采取"穿透式"监管方法，对业务性质进行界定，以落实整治责任。

2016 年 8 月 24 日，银监会、公安部、工信部、互联网信息办公室四部委联合发布了《网络借贷信息中介机构业务活动管理暂行办法》，P2P 网络借贷行业监管细则正式出台。与 2015 年 12 月 28 日出台的《网络借贷信息中介机构业务活动管理暂行办法（征求意见稿）》相比，《网络借贷信息中介机构业务活动管理暂行办法》对"小额"作出了具体规定，P2P 网络借贷行业整改期也由征求意见稿中的 18 个月改为 12 个月，同时修改、新增了三条红线，禁止"开展类资产证券化业务或实现以打包资产、证券化资产、信托资产、基金份额等形式的债权转让行为"；禁止发售的理财产品新增"金融产品募集资金"；禁止借款用途新增"场外配资、期货合约、结构化产品及其他衍生品"。

2016 年 10 月发布的《互联网金融风险专项整治工作实施方案》（以下简称《实施方案》）对互联网金融进行了更详细的规定，并拉开了新一轮互联网金融风险专项整治活动的大幕。《实施方案》仍然延续了《关于促进互联网金融健康发展的指导意见》的总体目标，坚持鼓励互联网金融健康可持续发展。《实施方案》重点对本次专项整治活动的负责部门、开展方式、整治内容进行了规定。《实施方案》还细化了 P2P 网络借贷、股权众筹融资、第三方支付等重点领域的相关规定，严禁虚假广告等误导性宣传行为从而确保行业内信息的真实性，对互联网金融机构的工商注册进行了严格要求，此外还强调了技术、行业自律等在规范互联网金融方面的突出作用。

2016 年 10 月 28 日，中国互联网金融协会对外发布《互联网金融信息披露 个体网络借贷》标准（T/NIFA 1—2016）和《中国互联网金融协会信息披露自律管理规范》。正式发布稿定义并规范了 96 项披露指标，其中强制性披露指标逾 65 项、鼓励性披露指标逾 31 项，分为从业机构信息、平台运营信息与项目信息等三方面。根据中国互联网金融协会对标准的官方解读，强制性指标是各从业机构都必须披露的指标，鼓励性指标则是鼓励并支持从业机构根据自身条件自愿披露的指标。

5. 对 Fintech 的监管。如上所述，金融监管部门往往难以准确把握行业的创新与发展，监管时常落后于市场。Fintech 与互联网金融既相互联系又相互区别，互联网金融在国内土壤上发展多年后已逐渐规范化，而作为较互联网金融更为新颖的 Fintech 在监管方面却一片空白。对于 Fintech 这样的新生事物，一方面由于监管法律不完善，从而导致在 Fintech 企业出现问题时不能对其进行及时有效监管，影响全行业的发展；另一方面由于监管主体不明确，监管当局之间分工不清、协调机制欠缺，易产生监管过度或相互推诿现象。此外，由于监管部门缺乏 Fintech 的专业知识，易产生监管能力不足的问题，监管工具的不完备也会导致监管难度增大。对于 Fintech 的野蛮生长如果监控不当，不仅会影响金融行业，也可能对国家安全带来隐患。因此，Fintech 若想获得健康稳健的发展，急需解决以上监管难题。

（二）监管部门分工

Fintech 的出现对监管而言无疑是一大挑战，对待金融创新既不能"一棒子打死"，也不能"姑息纵容"，需要寻求监管与创新的平衡点。因此，在支持行业高效发展的同时，也要重视金融安全，在既定的分业监管基础上，更加注重监管的广度和深度，要求各监管部门之间、中央与地方之间、地方与地方之间都进行高效的协调监管，有力地发挥行业自律组织的作用，将"穿透式"监管、功能监管、行为监管等落实应用到现有的监管体系中，并且有目的地借鉴国外的"沙盒监管"经验等，使我国的监管体系更为合理、全面、完善。

1. 协调监管。当前，进行跨区域、跨行业经营的金融机构越来越多，为满足监管要求，监管部门也需要有跨区域、多部门的协同管理能力。但金融监管常常会遇到区域壁垒和协调问题，显著表现在分业经营中各个监管部门之间的协调成本高、监管效率低下。

首先，我国"一行三会"之间分工明确，虽然一定程度上可以避免推诿的现象，但是这四者的监管如果过于独立、缺乏沟通，就可能会引起重复监管或者监管漏洞。其次，不同监管机构的监管目标并不完全相同，所以其制定的法律法规之间有可能存在矛盾或标准不一，给行业造成一定混乱，使监管的有效性大打折扣。再次，不同地方之间的监管分割也会造成诸多问题。除了各地监管政策不同造成的混乱和不公平之外，各地方政府还有可能出于对政绩的考虑，放松对本地区 Fintech 等新兴行业的监管，轻视风险防范。地方政府也可能抱有本位主义想法，只顾本地区发展，以邻为壑，甚至出现负外部性行为。最后，中央和地方之间的交流合作也十分重要。无论大至整个金融行业，还是小至 Fintech 企业，只有在各监管部门之间、中央与地方之间、地方与地方之间均做到统筹协调，加强沟通协作，才能在横向和纵向上均做到监管全覆盖。

2. 行业自律。由于监管部门的监管力量有限，同时监管部门也不便对自由市场进行强势监管，因此通过行业协会来补足市场监管短板是很有必要的。相对于监管部门而言，行业自律组织更加了解行业的实际发展情况，因此行业自律组织应积极提出有针对性的行业规范。这些规范往往是非强制性的，具有很大灵活性，不会打压 Fintech 的创新积极性。行业协会还可以维护行业的共同利益，成为各经营机构之间、经营机构与政府之间的沟通桥梁，同时对行业发展情况进行统计分析和预测，对行业的安全与监管提出建议和意见。

在互联网金融领域，中国互联网金融协会发布的多项文件使行业自律变得有章可循，其举办的会员单位高管培训大大提高了行业高级从业人员的素质，其互联网金融行业信用信息共享平台的搭建在很大程度上减少了各机构在搜集信用信息时的重复劳动，减少了行业的信息不对称。在 Fintech 领域，也应向互联网金融学习，建立起像中国互联网金融协会这样的全国性自律组织以发挥行业自律作用，同时，也应建立起各地区的行业自律组织，为本地区的 Fintech 健康发展添砖加瓦。

二、世界主要国家的 Fintech 监管

Fintech 近年来已经逐渐成为社会热点，得到了各国政府、传统金融巨头和科技创新企业的重视。传统金融业发达的国家和以创新为主导的国家对 Fintech 的发展持续重视并通过政策进行引导和支持，希望在 Fintech 领域走在世界前列。

美国作为 Fintech 发展的主要市场之一，在政策制定方面表现主动，Fintech 研究智库 Lendit 主席、联合创始人 Peter Renton 表示，特朗普上台对 Fintech 发展会产生政策利好。西亚的以色列作为创新大国，政府在 Fintech 的研究和应用方面给予大量支持，主要表现为对现行法律法规的修改以降低市场准入门槛。金融行业是瑞士经济发展中的重要产业之一，该国对 Fintech 的发展也极为重视，在 2016 年宣布与新加坡监管当局达成合作，

吸引新加坡 Fintech 企业驻扎瑞士；2017 年，达沃斯论坛专门为 Fintech 行业开辟分论坛。

英国凭借传统金融中心优势，在 Fintech 领域逐渐奠定了全球中心地位，Fintech Week 2016 报告将其评为"领先世界的 Fintech 中心"。在鼓励创新的同时，英国也强调政府监管，以期更有效地提升 Fintech 的影响力。新加坡是继英国之后又一运用"沙盒监管"的国家，且在《日经亚洲观察》名为"未来数年谁将成为更重要金融中心"的调查中显示，在亚洲地区，新加坡是最多受访者的选择。

本节主要通过对上述国家在 Fintech 行业上的政策支持与监管创新进行对比分析研究，希望为持续关注和发展 Fintech 的国家提供政策方案参考，为 Fintech 行业从业者带来地域选择方案参考。

（一）美国

美国对 Fintech 的监管和政策制定秉持支持创新、避免过度创新的中庸原则。其对 Fintech 行业的政策特点可以概括为以下三点：一是不同部门共同合作；二是积极开展科技类试点；三是强调金融包容性。

1. 不同部门共同合作。从监管主体看，美国对 Fintech 的监管不仅仅集中在金融监管部门，而是由多个政府部门合作共同制定相关措施，其中，货币监理署（Office of Comptroller of Currency，OCC）是主要参与机构，其他部门包括商务部、小企业管理部、国务院、财政部、美国国际开发署均参与其中。金融监管机构对市场的发展和创新做出及时反应并主动引导，提出"负责任创新"的概念，即在有效的风险管理与契合公司整体发展战略上的创新才为"负责任创新",避免过度创新的出现。OCC的主动监管引导主要体现在通过各类活动、信息请求、白皮书、技术援助与研究、非正式宣传与对话以及提出创造新的审查体系等方面。OCC主动召开会议邀请金融创新方面的市场参与者和OCC机构人员进行沟通,并在其官网上公布相关资料,结合此类活动、信息申请、白皮书、技术支持和研发以及非正式的接触和对话,监管部门与行业内从业者们建立起沟通交流的长效机制,以此增进对行业的了解,确定政府在Fintech发展中发挥导向性作用并达到政策目标。

2. 积极开展科技类试点。美国对金融发展行业内出现的新兴科技进行积极布局。美国国会建立了区块链核心会议制度,特拉华州宣布了两项区块链倡议,将州档案记录转移到开放的分布式账本之中,并让注册企业在区块链上追踪股权和股东权益。对科技类的创新和试点还体现在美国对监管科技(RegTech)的认可和试用。监管科技中为监管部门重视的包括反洗钱(Anti-Money Laundering,AML)和"了解你的客户"(Know Your Customer,KYC),即为客户身份验证服务。美国立法规定海外金融机构(在美国经营)涉及美国居民账户的均需要进行备案,否则被视为非法经营。

3. 强调金融包容性。金融包容性体现在法律法规的制定方面,美国在Fintech方面的支持措施中比较典型的有JOBS ACT,即工商初创企业推动法案。JOBS法案旨在为股权众筹融资平台制定相应法律框架,以支持中小企业和初创企业的融资需求,拓宽它们的融资渠道,形成安全可持续资本渠道。JOBS法案的亮点在于对合格投资人的界定和参与投资股权众筹融资平台的金额设定,并对不同的筹资额度和不同的企业分别进行了规定和管理。对于融资额度较大的企业，进行合格投资人门槛设定；对于向公众公开进行融资的项目，限定年度筹资额度不高于 100 万美元，降低系统性风险。

包容性更体现在监管当局对普惠性和安全性的双重强调。2017 年 1 月 13 日，美国国家经济委员会发布《A Framework For Fintech》监管白皮书，进一步完善 Fintech 监管政策框架并建立更为合理与适用的原则。其中，包括强调普惠金融的安全性，对技术上的偏差进行有效规避，努力实现互操作性和统一技术标准。早在 2014 年，美国财政部就已设立金融赋权创新基金，来支持发展和评估新的扩大金融服务的渠道。

（二）以色列

2008 年，以色列的人均投资资本已达到同期美国的 2.5 倍，同期欧洲的 30 倍，在金融创新方面拥有扎实的市场基础。以色列当局以开放包容的态度对待科技暨 Fintech 方面的创新，在政策方面给予扶持。以色列政府及时修订和执行与金融创新企业融资相关的政策，促使创新创业企业留在国内。以色列强化创新创业并构建"测试基地"，鼓励金融机构开设创新部门和涉足金融企业加速器。以色列在对 Fintech 行业的监管方面主要体现在：一是通过修订相关法律法规降低市场准入门槛；二是政府主动参与 Fintech 行业建设。

以色列在修改法律法规的具体措施上体现为 2016 年初修改的《证券法》和《联合投资信托法》。《联合投资信托法》规定，募集规模较小的投资者可以享受投资章程豁免权。《联合投资信托法》还规定，每个投资人的投资额度上升至一万以色列新锡克尔（以色列货币）以上，高科技基金可以在特拉维夫证券交易所交易，增加市场流动性与活跃度，并降低部分项目的披露要求，适当放宽市场准入门槛。以色列政府还主动参与 Fintech 行业建设，让传统国家主权投资公司入股投资 Fintech 初创企业，如以色列国民银行加入投资基金公司 Elevator。

（三）瑞士

瑞士 GDP 中 12% 的贡献来源于金融服务板块，Fintech 作为金融的未来发展方向之一，成为瑞士政府重点扶持的对象，以保证瑞士在金融领域的核心竞争力。瑞士政府对 Fintech 的支持体现以下特点：

1. 制定监管框架。瑞士联邦议会在 2016 年初建立创新型 Fintech 提供商的监管框架。2016 年底，瑞士联邦议会针对金融领域数字化进程的快速发展与不确定性，讨论放松监管框架，为 Fintech 企业减少市场准入障碍并在整体上增进该行业的法律确定性。

2. 给予政策支持。首先，瑞士加大创投市场和 Fintech 行业的税收优惠政策，与其他国家进行合作，吸引优秀国际 Fintech 公司驻扎瑞士。具体做法为政府权力下放，地方政府拥有更多的自主权，减少对金融机构的干预，并主动会谈世界各地优秀公司。其中瑞士的小州楚格为典型代表，瑞士在对金融的支持上一直以税收减免和完善的保密措施闻名世界，其较低的税率吸引了世界范围内的对冲基金和金融机构。现在，州政府对数字加密货币的支持试点范围更加广泛，允许当地居民运用数字加密货币支付政府服务。

根据原有相关法规的规定，创新项目只有在接收到 100 万瑞士法郎或超过 100 万瑞士法郎的公共资金后才能开始发展其商业模式。2017 年，瑞士当局修改法律，规定创新项目接收最高 100 万瑞士法郎的公共资金不应被列为商业行为因而无须授权。这一方面对创新项目融资不超过 100 万瑞士法郎额度的公共资金取消限制，降低了投资准入门槛；另一方面，也有助于创新项目能在获得高额投资之前便开展商业活动。

此外，瑞士通过法规的修改降低了市场准入门槛。2016 年 3 月，瑞士金融市场监督管理局（Swiss Financial Markets Supervisory Authority，FINMA）宣布将允许金融创新领域的创业公司即使没有牌照也能在允许的地区进行经营。瑞士联邦委员会在 2017 年颁布新规，新规中会增加支持 Fintech 发展的条例，银行条例中规定众筹项目中为结算目的接收的资金适用于 60 天内结算，相比之前规定的 7 天，期限得到较大幅度的延长，使得交易更容易被安排，从而助力众筹平台业务的发展，平台上的初创企业更易获得众筹融资。

（四）英国

2008 年国际金融危机之后，英国的监管主体由金融服务监管局（Financial Service Authority，FSA）转为审慎监管局（The Prudential Regulation Authority，PRA）和金融行为监管局（Financial Conduct Authority，FCA），二者分别负责审慎监管和行为监管职能。2013 年 4 月，FCA 根据《2000 年金融服务与市场法案》，开始对 Fintech 创新进行监管，通过平衡创新与风险的关系以达到适度监管的目的。由于监管当局对创新的支持，使得欧洲近半的 Fintech 企业诞生在英国，吸引了更多的 Fintech 人才汇集到英国伦敦，包括全球第一家 P2P 网络借贷公司 Zopa 和全球第一家众筹平台 Crowdcube，伦敦成为名副其实的 Fintech 中心。

本节通过对英国 Fintech 监管进行研究总结出如下三个特点：其一，英国的监管部门快速、有效地应对市场反应；其二，英国为符合条件的 Fintech 企业提供创新环境，推出"监管沙盒"（Regulatory Sandbox）；其三，英国鼓励金融机构利用创新科技手段降低监管成本，引入监管科技。

1. 深入市场，反应迅速。FCA 监管的重要特点就是对市场的反应速度快。在 P2P 网络借贷和众筹业务出现不久，就制定了通过互联网众筹及通过其他媒介发行不易变现证券的监管办法，将 P2P 和 P2C 网络借贷业务归为"借贷类众筹"，建立了最低审慎资本标准、客户资金保护规则、信息报告制度、合同解除权、平台倒闭后借贷管理安排与争端解决机制等七项基本监管规则；将股权众筹定义为投资型众筹，在投资者身份认证、投资额度限制、投资咨询业务等多方面提出了监管要求；对网络银行、第三方支付等业务，监管部门直接将其纳入 FSA 于 2009 年颁布的《银行、支付和电子货币制度》监管范围内，保证了所有经济行为的合法性。

2. 提供创新环境，推出"监管沙盒"。面对不断更新的 Fintech 市场，为提升对 Fintech 行业的理解、有效执行监管政策并减少合规成本，FCA 推出"监管沙盒"制度。"监管沙盒"提供一个"缩小版"的真实市场和"宽松版"的监管环境，在保障消费者权益的前提下，允许 Fintech 初创企业对创新的产品、服务、商业模式和交付机制进行大胆操作，一般时间为3～6 个月。进入"监管沙盒"的 Fintech 企业需要具备特定的条件：

（1）具备创新的产品或服务，能够解决当前金融业的瓶颈或能够支持金融业务的发展；（2）产品或服务显著异于传统的金融业务；（3）能够为消费者和社会创造直接价值；（4）Fintech 企业具备明确的发展目标和发展规划；（5）企业具备社会责任感，具有强烈的合规性和自律性。对于具备条件的 Fintech 企业，FCA 通过测试等流程决定是否接受其进入"监管沙盒"，具体流程如图 15 - 1 所示：

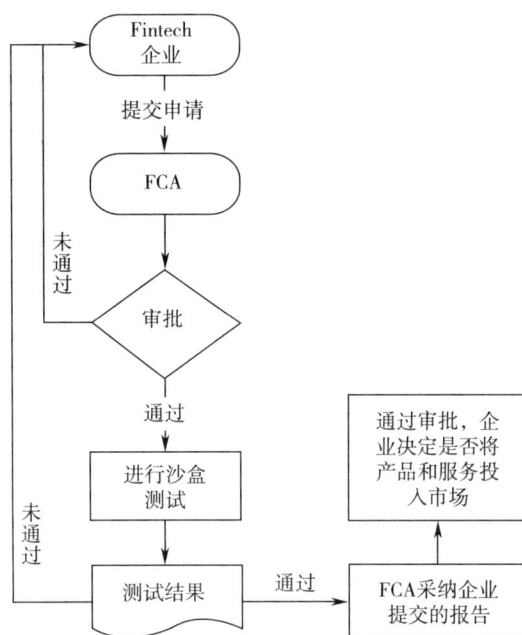

图 15 - 1　英国"监管沙盒"流程

　　FCA 能够对处于"监管沙盒"内的企业提供多种帮助，包括对持牌金融机构的金融创新行为提供合规性评估，为企业提供合规性指导，在其权限范围内行使一定的法律豁免权；对非持牌机构提供"短暂授权"，允许在沙盒期间测试持牌机构业务，了解消费者对产品或服务的需求，为申请正式金融牌照做准备。但需要注意的是，沙盒内的企业如果给消费者造成了损失，需要对消费者进行赔偿，并需要证明具备该赔偿能力。FCA 不采取执法行动也不免除企业对消费者的责任。

3. 拓宽监管思路，引入监管科技。FCA 对 Fintech 监管的另一大创新在于其鼓励金融机构利用创新科技手段降低监管成本，产生了监管科技的概念。虽然不是 FCA 主动开发应用，但市场上有大量的企业为了满足自身的法律合规性、抢先制定行业监管标准等目的而积极参与，目前主要集中在以下领域：（1）鼓励、培育和资助 Fintech 企业利用新技术加速达到监管标准，降低合规难度；（2）采用实时、系统嵌入式的金融监管工具，增强了对市场的监测能力，提高金融服务企业的效率；（3）Fintech 企业利用大数据技术、软件工具等降低监管成本，节省传统会计、审计等费用；（4）加强了数据可视化程度，降低了监管难度，更有利于 FCA 为企业提供有效的监管咨询服务。

（五）新加坡

自 2015 年下半年开始，由于世界贸易水平的持续疲软，新加坡调整了战略发展方向，将建设"智慧国家"作为政府的重点发展任务，全面支持市场创新，为经济增长注入新的活力。在此背景下，新加坡结合自身的金融业基础，不遗余力地推动 Fintech 企业、行业和生态圈的发展，目标是成为世界智能科技大国和智能金融中心。

1. 总体监管框架。为推进 Fintech 发展，新加坡政府于 2015 年 8 月在新加坡金融管理局（Monetary Authority of Singapore，MAS）下设立 Fintech

创新团队（Fintech & Innovation Group，FTIG），并在 FTIG 内建立支付与技术方案、技术基础建设和技术创新实验室三个办公室。并投入 2.25 亿新加坡元推动《金融领域科技和创新计划》（*Financial Sector Technology & Innovation Scheme*，FSTI），鼓励全球金融业在新加坡建立创新和研发中心，全面支持地区金融业发展。但设立 FTIG 对 Fintech 发展的支持力度有限，于是在 2016 年 5 月由新加坡创新机构（SG – Innovate）和 MAS 联合设立 Fintech Office 来管理 Fintech 业务并为创新企业提供一站式服务，其中 SG – Innovate 是新加坡国立研究基金会（National Research Foundation，NRF）下属公司，其主要任务就是协助新创企业和科研机构将科研成果商品化，具体涵盖了智能能源、数据制造、Fintech、数据医药以及物联网等领域。新设立的 Fintech Office 的主要工作包括：审查、申请津贴和研究经费，执行政府对 Fintech 的补助计划，对 Fintech 企业提供监管一站式审批援助；完善产业基础设施建设、解决人才培养和人力需求的矛盾，提升企业组织核心竞争力；管理新加坡 Fintech 品牌及推广战略，执行 Fintech 的推广活动，致力于打造全球 Fintech 中心。

2. 推出监管制度。为了实现引导和促进 Fintech 产业持续健康发展的目的，新加坡在 2016 年 6 月提出了"监管沙盒"制度，为企业创新提供一个良好的制度环境。"监管沙盒"是一个"试验区"，市场放松产品和服务的法律监管和约束，允许传统金融机构和初创企业在这个既定的"安全区域"内试验新产品、新服务、新模式等创新，甚至可以根据"试验结果"修改和提出新的法律制度。这种"监管沙盒"制度是非常值得肯定的金融监管政策，一方面，创新的实时性要求较高，而监管因为没有先例所以审批周期长，很容易错过科技创新的发展时机。"监管沙盒"有效地解决了这个矛盾，让创新在指定区域和范围内即时开展，提高了创新开发能力。另一方面，技术创新有很高的失败风险，可能影响创业者和消费者的利益，如果控制不好甚至会酿成系统性风险，破坏金融系统稳定。"监管沙盒"能够将风险保持在可控范围内，降低了创新的风险。"监管沙盒"的主要内容包括以下几个方面：

（1）沙盒的评估标准。在"监管沙盒"中进行了登记注册的 Fintech 企业，在完成业务报备的情况下，允许开展与现行金融制度和法律法规有冲突的 Fintech 业务。企业需具备实施和推广 Fintech 解决方案的能力，具有切实的技术创新性且能够解决当前重大问题或为消费者和行业带来益处，并实时向 MAS 汇报测试进程和测试结果，具有可接受的退出和过渡策略来终止创新业务。对于类似旧技术、尚未测试的技术、可另外试验而没必要进入"监管沙盒"、没有推广意图等四类项目，无法进入"监管沙盒"中。

（2）沙盒的退出机制。进入"监管沙盒"是有时间限制的，一旦达到规定好的测试时间，MAS 所规定的任何法律和监管规则将同步到期，企业将退出沙盒。如果企业因为特定原因需要延期的，可以在监管期结束前向 MAS 提出申请并说明理由。另外，如果企业在"监管沙盒"期间的测试结果非常令人满意，企业在退出沙盒后将继续享有更大范围内部署相关技术的解决方案的权利。

（3）沙盒申请流程。企业向 MAS 提交申请及技术说明等文件，经过审核后，MAS 将在 21 个工作日内给予回复。对适合的项目进行评估和测试，根据评估结果来决定是否进入"监管沙盒"。

三、Fintech 监管的国际经验总结

通过分析上述五个国家在 Fintech 上的监管框架和监管制度，并将五国在 Fintech 的监管主体、监管方式、监管力度等方面进行比较，希望为我国和其他关注 Fintech 领域的国家提供借鉴。

（一）监管主体

根据各个国家监管机构和政府职能部门的设立，不同国家的监管主体呈现出不同的特征。具体表现在以下四个方面：

1. 多部门联合监管，最典型的是美国。相对于金融监管当局针对金融行业的分业监管，OCC 联合其他政府部门对 Fintech 行业实行共同监管和政策制定，上文中提到的主动措施和策略为放宽金融服务的准入带来便利，同时提升 Fintech 企业的财务决策技能。

2. 中央政府放权于地方政府进行试点，代表为瑞士当局。瑞士针对 Fintech 公司的监管由 FINMA 负责，但在不同的地区，地方政府可以在法规下制定当地地方管理条例来吸引投资，这一点可借鉴至我国的 Fintech 行业发展。例如，在中央层面的法规指定下，由地方政府制定符合当地实际情况的具体监管措施。目前，这样的举措已经开始实施，也可尝试在自由贸易区进行较大幅度的放权试点，吸引国际、国内优秀的 Fintech 企业在自贸区发展。

3. 在原有监管体系下对 Fintech 进行监管，代表国家有英国和以色列。自 2013 年起，英国的 FSA 分为 FCA 和 PRA，将对 Fintech 的监管划入 FCA

的监管范畴；而以色列在原有监管体系下进行单一监管，这与其国家地理面积和相对较小的市场有密切关系。

4. 新建机构对 Fintech 进行集中监管，以新加坡为主要代表。新加坡于 2015 年 8 月在 MAS 下新设立 Fintech 和 FTIG，同时为进一步支持 Fintech 创新，在 2016 年 5 月由 SG–Innovate 和 MAS 联合设立 Fintech Office 来管理 Fintech 业务并为创新企业提供一站式服务。

（二）监管方式

从监管方式来看，美国、以色列和瑞典三国均采取功能监管的方式。功能监管是指按照经营业务的性质来划分监管对象的金融监管模式，不同国家均对 Fintech 具体的业务进行分门别类的政策制定，抓住业务本质，划归监管部门。例如，美国部分 P2P 网络借贷平台因涉及一定的资产证券化业务，因此 SEC 也负责这一方面的监督管理。其中，美国实行的是限制性监管，稳中求进；瑞士和以色列则实行的是主动监管方针。例如，瑞士较早设立 Fintech 监管框架，再根据市场实际情况的发展及时进行相应变更。

（三）监管力度

就监管力度而言，美国在对待 Fintech 发展方面，吸取 2008 年国际金融危机的教训，采取相对平稳的原则，防止过度创新冒进的情况出现。以色列在监管上未雨绸缪，反应快速，并适时降低市场准入门槛，监管力度较为宽松。瑞士为了能在潜在迭代行业占得先机，大力支持 Fintech 发展，监管力度偏弱。而就均使用"监管沙盒"的英国和新加坡而言，新加坡较英国更为宽松和灵活。英国身为传统老牌金融中心，在制度设立方面更为稳健和严苛，如英国对于 Fintech 企业在"监管沙盒"中的时间有更明确要求，一般为 3～6 个月。虽说新加坡对于在"监管沙盒"中的 Fintech 企业也有时间要求，但却没有给出具体时长，时间更具弹性。

（四）监管侧重点

在监管的侧重点方面，美国更倾向于引领 Fintech 的创新使其服务延伸至更多的群体以达到普惠包容的效果。瑞士和以色列则更看重 Fintech 在改变金融市场运行机制等方面的创新，更重视其对传统金融行业运行机制的革新作用。而对于均使用"监管沙盒"的英国和新加坡而言，虽然两国发布"监管沙盒"的目的均是为了支持金融创新，但新加坡发布的《金融科技监管沙盒指南》的征求意见稿中明确将范围局限于 Fintech 领域；英国颁布的"监管沙盒"的适用范围则更广，适用于"颠覆性创新"，而不仅局限于 Fintech 领域。所谓"颠覆性创新"，主要包括如下两点内容：应是能够颠覆现有流程或市场的创新；其核心标准是创新是否有益于消费者。

通过对美国、以色列、瑞典、英国和新加坡五个国家在 Fintech 上的监管框架、监管制度与监管创新方面进行系统梳理，可见各国都依据自身的具体国情进行具体实施。对别国而言，若想要借鉴上述国家的监管经验以实现对本国 Fintech 的监管，在把握大政方针的基础上，也需依据本国国情，与本国情况相结合，发展出适合本国的 Fintech 监管道路，切不可盲目地生搬硬套。

四、Fintech 监管建议

Fintech 日益发展的同时，伴随而来的是消费者权益保护的放宽和风险的日益暴露、逐渐扩大。通过第十三章对 Fintech 风险的剖析以及第十四章第一节对 Fintech 国内监管现状的分析和第二节对 Fintech 国际监管经验的比较，笔者认为，为更好地保护消费者权益和防范风险，必须强化 Fintech 各个参与主体的责任意识。本节从监管部门、行业协会和市场参与者三个层面进行展开，明确各自的工作机制和方式，通过分工协作促进 Fintech 更健康地发展。

（一）监管部门

由于 Fintech 尚属新生事物，对其监管慢于其发展速度。在监管部门层面，Fintech 主要存在监管法律不完善、监管主体不明确、监管当局之间分工不清、监管部门缺乏相应的 Fintech 专业知识导致监管能力不足、监管工具不完备导致监管难度加大等问题。因此，对监管层面的要求主要包括明确监管主体、加强协调监管、提升监管能力以及优化监管工具。

1. 明确监管主体。对 Fintech 有效监管的前提是明确监管主体，现在监管面临的首要问题便是由谁来管。到底是需要重新设立一个新的监管机构来对 Fintech 实施专门监管，还是将 Fintech 的监管纳入到原有的监管体系下，若是纳入到原有监管体系下，对于 Fintech 中的不同业态是否又需要有不同的监管主体和监管方法，这是一个亟待解决的问题。

2. 加强协调监管。协调监管，一方面要求对 Fintech 的各监管部门之间、中央与地方之间、地方与地方之间均做到统筹协调、合理分工与密切合作，避免在监管的实施过程中出现监管真空或监管过度、监管制度与监管政策相矛盾等现象，以确保 Fintech 市场的整体安全稳健；另一方面又要求 Fintech 的监管机构和监管主体的监管方式、监管手段以及监管途径保持协调一致，将监管内容、监管程序和监管手段作为一个统一体，以实现系统监管的目的。

除了各监管部门之间需要建立有效的沟通协调机制外，在监管部门与被监管机构之间也应建立良好的沟通和协作机制，建立双方之间的互信关系，减少双方之间的沟通成本和信息不对称现象。监管部门在与 Fintech 企业建立良好沟通的基础上，应深入了解 Fintech 行业，加强自身的监管能力，以达到对 Fintech 进行适度、合理、长效监管，维护市场的公平竞争，更好地保护消费者权益的目的。监管机构通过对 Fintech 企业进行宏观监控，发挥好"有形之手"的作用，极大地鼓励 Fintech 自主创新，并以适当监管为后盾，促进 Fintech 健康、稳健、长足发展。

3. 提升监管能力。Fintech 的出现对监管者而言无疑是一大挑战。对于传统金融行业的监管技术已经非常成熟，可以从量化指标上保障传统金融系统的安全性，监管部门的工作人员也对金融机构运行的规律和风险比较熟悉。但对新技术本身的架构、优势、局限性以及和金融业务的结合点，监管部门却不甚了解，需要一个观察、学习和理解的过程，需要储备更多的专业知识，才能根据行业特点制定合理完善的监管政策。监管部门强化自身的监管学习能力，在很大程度上能大幅缩短观察学习期，更好地在风险防控和鼓励创新之间作出权衡，提早控制行业风险，防止风险蔓延。这就要求监管部门深入到 Fintech 企业中，融入消费者中，深入地观察和学习，对于存在的风险盲点，尽早发现，尽快处理。

4. 优化监管工具。对监管工具的优化能更有效地助力监管，通过新技术的应用以丰富监管手段和方法。如通过大数据的运用能够及时、准确获取、分析和处理具有前瞻性的风险相关数据，建立风险预测模型和实时识别流动性风险，提升监管的及时性和有效性。区块链可以将数据前后相连构成不可篡改的时间戳，大大降低监管的调阅成本，同时，完全透明的数据管理体系也提供了可信任的追溯途径。针对监管规则，可以在区块链链条中通过编程建立共用约束代码，实现监管政策全覆盖和硬控制。

（二）行业协会

1. 加强消费者保护。消费者权益保护一直是监管的重要目标，有效保护消费者权益不受侵犯，有利于金融市场长期稳定发展。消费者权益保护是多方面的，首先，保护消费者的知情权。Fintech 企业有义务帮助消费者理解 Fintech 的本质，并建立消费者对 Fintech 产品风险性的正确认知。其次，保护消费者投资的安全性。Fintech 让业务变得更加复杂，金融机构需要通过多种方式保证消费者的投资不被非法使用或占有，保证消费者的投资不受到侵害。最后，保护消费者的求偿权。消费者应当根据风险获得对等的收益，不能通过 Fintech 等复杂的金融手段转移收益或掩盖风险。

2. 发挥行业协会作用。行业协会有助于补足市场监管短板。通过对行业协会的指导，强化行业协会的自律性，能够提升市场的自我监管能力。同时，由于对消费者权益的保护是贯穿始终的，可借助行业协会的力量，从行业协会的角度保护消费者的合法权益，建立行业风险基金，共同维护的行业风险基金有助于提升行业内企业的互相监管能力。对于违反行业规则、侵犯消费者权益的行为，行业协会将采取一定措施。

（三）市场参与主体

1. 明确 Fintech 企业自身责任。在国内，Fintech 被界定为科技，其与金融业务的融合和渗透通过牌照的形式加以控制，只有持有牌照的金融机构才可以开展金融业务，未获取牌照的 Fintech 企业只能通过与金融机构合作才能开展相关业务。目前，在 Fintech 和金融机构的合作过程中，双方的责任还尚未明确，当金融机构运用 Fintech 企业的新科技时，由于科技产生问题而给用户带来损失的，需要明确金融机构和 Fintech 企业各自的责任。

2. 健全 Fintech 企业内控制度。在 Fintech 企业内部建立健全企业内控制度，可以有效地强化对 Fintech 企业和专业人员的监管。对 Fintech 的监管不仅要从外部进行监管，更要从内部进行控制，这就要求 Fintech 企业内部建立完善的内控制度，有效地将 Fintech 带来的新风险在内部消化。对 Fintech 企业和人员的监管，要以员工培训和专业指导为主。一方面，通过专业培训的方式增强员工对 Fintech 的了解，以便更有效地对消费者进行介绍；另一方面，聘请行业专家对 Fintech 企业进行调研，保证技术合规性，并对科技的运用进行跟踪和指导。

3. 加强 Fintech 企业信息披露。行业信息的不透明是很多风险因素产生的原因，因此完善我国的征信系统和信息披露制度是监管部门的重点工作。据统计，国内仍有72%的个人信用信息未被纳入中国人民银行征信系统，各 Fintech 企业的信息披露工作也远远不到位。一方面，征信系统和信息披露制度的不完善会降低行业透明度，经营机构会因此而无法识别优质交易者；另一方面，消费者也无法识别 Fintech 企业是否合规以及交易对手是否信用良好。行业信息不透明增加了交易参与方之间互相判断的时间和成本，提高逆向选择的可能性，极大地增加了行业风险，而征信系统和信息披露制度对解决这些问题至关重要。

为此，中国人民银行应继续扩大征信覆盖面，同时鼓励民间征信机构的建立，促进各征信机构之间的信息交流，与此同时，黑名单制度也是一个良好的处置方式。监管部门需对 Fintech 的市场参与主体进行更为严格的信息披露工作，尽可能多地披露对消费者有用的信息，并且保证信息披露的准确性、真实性、及时性、完整性以及公平性，让金融消费者可以作出更为理性、合理的决定。

百家观点

　　大数据、云计算、人工智能和区块链等新技术正在加速向金融领域渗透。这些新技术在降低金融交易成本和信息不对称等方面有巨大的潜力，有助于提升金融效率和创造力，但也产生了一些新的金融风险和监管问题。面对新技术带来的机遇和挑战，南湖互联网金融学院在积极研究的同时，也举办了Fintech论坛，邀请了Fintech领域的资深专家和业内精英对该行业的发展进行解读和讨论。为使读者更全面系统地了解该领域，我们将嘉宾们的精彩观点呈现在本书中，期望能为读者带来灵感和启发。

人工智能将颠覆金融体系基本要素

谢　平[①]

Fintech 的应用已经遍布金融领域，但其中最具颠覆性的应该是人工智能。从现在的科技发展情况来看，机器思维已经成为不可阻挡的趋势。当机器能像人类一样思考的时候，人工智能在金融业的应用将会比现在更加广泛。现在大家才刚刚认识到人工智能对金融业的颠覆作用，就和五年前刚刚认识到互联网对金融业的颠覆作用一样，而且现在看来，人工智能对金融业的颠覆作用比起上一轮互联网的颠覆可能会更大。

在充足大数据和完备硬件设施的基础上，人工智能真正由技术驱动，将会颠覆现在以人为主的金融业，这是不可避免的。大家要充分地估计人工智能对未来金融业发展的深远意义，现有对人工智能的分析可能还远远不够。人工智能并不是简单的图像识别、语音识别、生物识别，它指的是比人类大脑还要发达得多的机器分析能力，这种人工智能一旦存在，就会自动解决金融中存在的问题，取代人类在金融当中的作用，信用分析、风险控制、贷款审批、公司估值等工作将来都可能被人工智能所替代。不仅如此，人工智能还能进行无监督学习，学习速度要比人类快上万倍、上亿倍，对金融的影响和改造是现在无法充分估量的。

---

① 谢平：南湖互联网金融学院专家指导委员会主任，清华大学五道口金融学院教授，中国金融学会学术委员会委员。

货币、支付、账户、存款和贷款不仅是金融体系的基本要素，也是当前金融业的基础，Fintech 的发展，尤其是人工智能的充分发展，会使决定这些要素的变量发生改变。每个要素都由七八个外生变量或者七八个内生变量来决定，人工智能使这些变量发生重新组合，金融业就会和现在完全不一样，原有的基本要素可能会消失，新的基本要素也可能会产生。以账户为例，现在的金融账户都和身份证联系在一起，金融账户和身份证之间存在映射关系，当人工智能的模式识别发展到一定程度时，机器直接就能识别用户身份，到那时，"账户"将不再是账户。

在货币领域，实际上不仅是中国人民银行，全世界的中央银行都已经认识到 Fintech 对货币的颠覆。但它们希望整个 Fintech 对人类货币的颠覆，始终不要脱离中央银行的调控，要在中央银行货币基础上进行，而不能超过这个范围。实际上中央银行货币发展也就一百多年，中央银行货币可能并不是人类最终的货币。现在市场上已经出现比特币，比特币是基于区块链技术发行的，将来在区块链上嵌入人工智能，会有比比特币更厉害的数字货币出现，人类有可能走向非央行数字货币时代，现有的货币体系将会被全面颠覆。

更值得注意的是，Fintech 对支付体系和账户体系的颠覆将会更加彻底，现在的第三方支付、移动支付或者其他支付方式将不复存在。将来每个人都会创建自己的虚拟账户，我如果想要将钱付给你，不是把钱汇给你，是把钱放在我的虚拟账户里面，而你来用我账户中的钱。假如每个人的账户都是这样的话，跟我存在交易关系的一百个人都会共用一个账户，这样支付将不会存在，那时的支付就是账户共享的问题。人工智能充分发展以后，交易背后会有一套算法，不是一种算法，而是有 N 种算法来控制各种各样的智能账户，那时将不存在泄密和数据安全的问题，账户本来就是大家共享的。

存款和贷款领域也会发生颠覆。随着数字货币的推广，存款业务可能会演变成保管业务，银行不再为"存款"支付利息，反而会向存款收取保管费。贷款不再需要去银行，人工智能通过分析你的交易记录、资产情况以及现金流等信息，会自动将所需资金转入你的账户，并对资金的使用情况进行跟踪，杜绝不正常的资金使用，在贷款到期之后，人工智能会自动从账户中扣取贷款的本息。

基于此，互联网金融或者 Fintech 从业人员需要学习一些算法，懂一些算法的原理，互联网金融或者 Fintech 公司需要大量招聘熟悉人工智能算法的科技人员进来。目前，在金融领域的科技人员还没有到这个数量，可能还认识不到科技人员的重要性。但是当金融业的科技人员队伍越来越庞大，尤其是熟悉算法的、精通人工智能的工程师加入，金融业必将发生重大改变，金融业的公司就不再是金融公司，而是技术公司。现在摩根士丹利、高盛基本上很少招金融专业的人员，它们认识到科技才是趋势，这些公司很大比例从业人员都是学技术的，这些公司将不再是金融公司。年轻的一代在未来的十年、二十年都会遇到这种情况，需要提前做好准备。

Fintech 的发展与风险控制

李建勇[①]

随着大数据、云计算、人工智能、区块链、VR/AR 等新兴科技与金融在更深层次上的融合，金融市场、金融机构和金融服务提供方式等发生了重大改变，Fintech 迎来了发展的春天。Fintech 一般被定义为技术带动的金融创新，它不仅以去中心化的姿态在金融行业内部持续渗透，更以占领"长尾"市场[②]的方式改变着金融体系的竞争格局。用科技的力量改善金融服务，是未来金融业发展的主流趋势，无论是发达国家还是发展中国家，都在结合自身优势对 Fintech 的发展积极布局（据统计，2015 年，全球 Fintech 领域吸收融资金额 191 亿美元，共 1162 笔交易。截至 2016 年 6 月，全球共有超过 1362 家 Fintech 企业，来自超过 54 个国家和地区，这些企业除了商业银行等传统金融机构和 Fintech 初创企业外，以电商、社交平台为代表的互联网巨头、电信运营商和传统实业公司也都在积极布局）。

在 Fintech 快速发展的同时，其已经暴露的和潜在的风险也引起高度关注。研究和揭示 Fintech 的风险生成机制、风险扩散与传染机制、风险评估与控制机制，将成为 Fintech 研究的主要内容。

---

① 李建勇：南湖互联网金融学会会长，西南财经大学中国金融研究中心博导、教授。
② "长尾"市场指个性化很强、差异化很大的那部分用户构成的"小众市场"，它们虽然有不同需求，各自的需求只有一点点，但是积累起来就非常大。

Fintech 的风险主要源于两个方面：一是源于传统金融业务的风险；二是由新技术和金融结合产生的特有风险。

Fintech 涉及的传统金融业务风险主要包括信用风险、流动性风险和操作风险。

Fintech 的信用风险，一是由于 Fintech 企业经营不合规，内部缺乏完善的风险处置机制，最终导致资金周转困难而不得不退出市场。二是部分 Fintech 企业的初始目的就不纯粹，出现一些"集资"以后便卷款跑路的案例。三是由于 Fintech 具有虚拟性，参与者分布广泛且交易双方不直接见面，加之中国征信体系不够完善，导致交易双方之间的信息不对称、信息决策地位不对等。

Fintech 的流动性风险，是指 Fintech 企业由于资金错配（客户短期投资资金被投入到长期贷款项目中）、网络问题（网络系统瘫痪使企业无法及时得到足够资金以支付到期债务，金融机构无法及时应对集中赎回行为）、企业不自律以及投资者不理性等因素，导致资金短缺而无法兑现消费者的提款指令，一旦出现客户集中赎回或大量提款，流动性风险便会暴露。

Fintech 的操作风险，主要是指误操作行为导致的风险。Fintech 的发展对员工素质和操作规范提出了更高的要求，Fintech 行业面临着较强的人力资本约束问题。特别在中国，Fintech 还处于发展初期，多数 Fintech 企业历史都不太长，内控制度和业务流程尚未理顺和规范，从业人员培训不够系统、及时，这些因素都使得出现"乌龙指"事件的可能性增大。

Fintech 特有的风险可以归纳为数据安全风险、网络安全风险和适用性风险。数据安全风险，一是源于外部黑客的恶意攻击造成数据的篡改和丢失。系统的技术漏洞可能吸引大量黑客盯着网站不停地研究和分析，他们实行高效的信息分享和协同作战，攻击手段层出不穷，形成了极强的整体攻击能力。二是内部人员误操作和恶意的破坏行为导致数据损坏，或者系统设备故障造成数据损坏。

网络安全风险，源于在互联网环境下，用户登录、查询、交易都是通过网络进行操作，部分互联网平台没有建立保护敏感信息的安全机制（如保证用户鉴别信息、交易信息等在网络传输过程中的保密性和完整性），或只是采用较弱的密码算法，很容易被攻破。一旦客户的资金、账号和密码等敏感信息在网络传输过程中遭到泄露或篡改，将给网络安全造成严重影响。

适用性风险，源于企业研发的 Fintech 设备没有统一标准而导致兼容性的问题。比如，某些金融软件只能在某一系统中运行，兼容性差会导致闪退、卡顿，设备完全无法使用。兼容性问题会给使用者带来很多不便，影响用户体验度，甚至会给用户带来损失，影响 Fintech 的运用。

最后，Fintech 没有改变传统金融业务的风险属性，其鲜明的互联网科技特性改变了金融风险的分布并强化了系统性风险。Fintech 所具备的开放性、互联互通性等特征，使金融风险变得更加隐蔽，致使潜在的系统性问题更加突出。从理论上讲，Fintech 的功能在于发挥"网络效应""规模效应""范围效应"和"长尾效应"，提高信息传播速度和资源配置效率。但是相应地，对系统的串联和改造过程使金融体系内部的相关性和复杂度极大提高，危机一旦爆发，风险的传播速度更快、传播路径无法控制，其影响范围迅速扩大、传染性和危害程度大大增强。因此，风险防控与治理将变得更加困难。

除了以上风险种类以外，还有一些因素也需要高度关注。一是 Fintech 发展对金融人才配置带来的改变。Fintech 提高了自动化水平，技术替代已成为普遍现象，许多金融业务流程不再需要人工完成，比如 ATM、网上银行、手机银行替代银行柜员的工作，智能投顾替代理财顾问的工作，大数据技术替代数据分析员的工作。要关注 Fintech 导致的劳动力需求降低和金融行业职业技能转型所产生的压力。二是 Fintech 的监管面临挑战。Fintech 企业的监管偏离了长期监管传统金融的监管机构的"舒适区"，金融监管当局急需储备更多的专业知识，包括新技术本身的架构、优势、局限性以及和金融业务的结合点，这需要一个学习和熟悉的阶段，这在一定程度上会导致监管时滞。

总之，Fintech 的发展促使我们在努力实践的同时，需要不断地进行总结和探索。

势有必至，理由固然——互联网背景下对投资的思考

黄晓捷[①]

互联网金融，这是互联网对世界改造的一部分，现在已经到来。

第一，人类一直处于加速变化的过程中。有人用"吓尿时间单位"来衡量人类的变迁。比如，1750 年的人类没有办法理解今天的世界；但是再往前，1500 年的人类差不多能理解 1750 年，要一直推进到公元前一万两千年，那时的人们理解不了 1750 年；再往前，就要到公元前十万年，因为那个时候的人类还不会用火，他到了公元前一万两千年看到人类用火就会当场吓尿的。为什么人类在加速发展，而其他动物的进化相对慢呢？其实最早人类和动物是一样的，都靠基因遗传信息，代际遗传，内容有限，进化很慢。但是人类出现了知识，知识是从人类肉体和意识里剥离出来的东西，存在于人体之外，个体死了不会导致知识的灭亡，知识在人体之外存在和进化。所以，从这个角度看，老人在原始社会的确是很重要的，因为他们知识更多，是族群生存的重要保障，但从社会发展的角度看，其实今天老人已经不重要了，他们的知识早已经被剥离出来了，对老人的尊重和关爱更多的是一种人类情怀的要求。到了今天，人类社会产生的知识和信息，很可能已经独立形成自己的组织形态，甚至产生自我进化和意识。我觉得

---

① 黄晓捷：南湖互联网金融学会副会长，同创九鼎投资集团股份有限公司总经理。

有可能今天已经出现了，只是人类浑然不觉而已，就像狗也不知道人类进化的速度是通过知识，突然在十几万年前加快。当然，还有一种可能，我们把人类的思维、意识、意志从肉体中剥离出来，让人类在网络上存在，我觉得这两种可能性都有。第一种可能性，人类变成了新文明的宠物；第二种可能性，人类获得几亿年的生命和光速的穿行；或者这两种都实现了。这几代人就可能看得到。当然这些问题超过了我们谈投资思考的范畴。

第二，在互联网的时代下怎么投资。从历史的视角看，人类分成了两个阶段：第一个阶段是原子时代，比如那个时代人类是蛋白质构成的，各种东西都是看得见摸得着的，这是原子时代的主要特征。第二个时代是比特时代，以数据构成这个世界的大部分，都是看不见摸不着的东西。在原子世界的投资中，巴菲特干得不错，大家读他的书、向他学习就可以了。但是在比特世界，如果我们还是用原子世界的逻辑思考投资的话，必然失败，包括巴菲特，他如果再活三十年，思想不持续进步，肯定会走向失败，因为他不理解比特世界。

我经常问自己两个问题，比特世界来了，投资到底是更确定还是更不确定？我觉得两个可能性都存在。更不确定因为变化太大，更确定是因为比特世界会形成"黑洞"，如果你能找到那个"黑洞"，去投它，就可以赚大钱。如果按照商业模式来分配，做产品的公司，生命周期通常比较短；搞基础设施的，比如亚马逊这样，会比较长久；搞成了生态的，比如Facebook，会更像黑洞一些，更持久；而Google这样的公司，就是比特世界的数据矿，数据矿其实跟煤是一样的，你做任何未来的研究都要在数据的基础上，看谁把数据积存得最多就最有可能长久地有竞争力。当然，在这些巨大的数据上，也可能会进化出超过人类的智慧，最终把人类变成小宠物，或者直接把人类消灭，不过这不是投资思考和覆盖的问题。

我们现在处于这样一个过渡阶段，比特世界冲击和替代原子世界的进程中，我们跨在两边：既住房子，吃牛肉，又在星际争霸里构建帝国。在这个阶段的投资有一些可以把握的思路。比如"互联网＋"，传统企业搞一下互联网改造，搞得好的就会比对手更有价值。此外，传统世界的网络化模型，就像淘宝，淘宝本质上就是义乌小商品市场，无非一个是在网上一个是在网下。还有今天的直播，比如映客，和有偿服务的KTV是一样的，满足的都是人类的欲望，满足的方式也是一模一样的。现实世界什么可以投射到网上去，你抓紧去搞，就可以赚到钱。当然，比特世界也在对现实世界起到反作用，比如说手机的增长，就是大家为了连接在网络上，需要更多更好的移动终端。又比如硅谷地产，我有一个朋友，在美国做房地产的，我在6年前建议他，在美国搞房地产，就在硅谷干就行了。因为比特世界的巨头会持续出现在硅谷，巨头有钱了，这些人的肉体还活在原子世界里面，还要买房子，这就决定了在很长一段时间里面，只要原子世界的发展没有比特世界快，硅谷的有钱人产生的速度就比其他地方快，而人还是肉体存在没有数字化，硅谷的房价增长就比其他地方快。他后来听了我的建议，安心在硅谷搞房地产，尤其是搞点大房子卖，过去了6年多，他的财富增长了3倍到4倍，同一时间美国同样的房地产商普遍只增长了1倍。他理解了这个逻辑，就赚了更多的钱。

互联网对金融业的影响就更大了。金融本质上只是一个权利义务关系的界定，涉及时间和空间的转移和确权问题，没有物流，没有仓储，所以它是完全可以数字化的。互联网一定会大幅度改变，最终完全取代传统金融业。从中国的情况看，因为中国的金融业摩擦成本太高，从某种程度上可以理解为中国的金融效率是很低下的，一年有超过四万亿元的摩擦成本。如果摩擦成本降低一半，降低到两万亿元，这是什么概念？中国现在金融机构一半的收入消失了，也就意味着传统金融机构必须彻底改造或者灭亡。同时，由于现在的中国金融的产业和产权格局，绝大部分金融资产在几大银行体系中，因为体制的原因，它们的束缚多，反应慢，放不开手脚，这也能相应地让新的互联网金融机构占有的市场份额增长比较快。

其实从传统金融机构本身发展的逻辑看，它们应该拿出每年利润的一半去投互联网金融，因为从长的历史视角看，互联网金融最终会消灭传统金融，它通过支持和拥抱互联网金融，传统的业务虽然消失了，但是机构却得到了新生。Lending Club 上市的时候，很多人都惊奇地发现，富国银行竟然是它最大的机构股东，这就是因为富国银行在哲学上理解了这个问题。当然，互联网金融的发展会是一个长期、曲折、痛苦的过程，人类历史上任何新事物的发展都一样。在发展的过程中，在效率提高的同时，也会泥沙俱下、浑水摸鱼，会让监管部门在很长时间里警惕、反感甚至限制互联网金融的发展。但大趋势我觉得改变不了，就好像汽车刚刚出现的时候，曾经有法律规定汽车在路上行驶是不允许超过马车的，今天看起来很荒谬，但这就是人类产业的发展史。如果你站在一百年或者五十年后来看的话，如果人类还存在，你会觉得今天的一些限制文件很奇怪，但是这些文件就应该是这个历史发展阶段必然的产物，这是人类社会认识水平渐进式提高的必然过程。

从投资可操作的逻辑看，我们从这几个层级来理解互联网金融。第一个逻辑，基于功能的划分，互联网金融分为银、证、保、基础设施四类。不过这个划分对投资的指导意义有限。第二个逻辑是，理解互联网金融的不同切入点和不同深度，从而指导投资。第一层，传统金融机构，谁的互联网改造得越好，谁的增长就会越快，也就越具有投资价值。第二层，互联网企业跨界，比如说像淘宝搞蚂蚁金服，腾讯搞微众银行，京东搞京东金融，都是互联网企业利用积累的用户和技术搞金融。这种事情只要能在比较靠前的时候进去，回报都不错。比如滴滴开始启动互联网金融，只要开始阶段进去的股份都应该是能赚大钱的。第三层，只能通过互联网手段才能实现的新金融产品或者机构，比如说汽车分时险，汽车发动了才开始计费；又如一些特定的场景险，你订房的时候，马上问你要不要退房险，没有互联网这事干不了；比如借贷宝，没有互联网手段是不可能做起来的；又如智能化投资不是简单意义上的套利问题或者资产自动配置问题，而是人工智能通过识别阅读大量数据后作决策，典型的代表如纽约的 Two Sigema，通过采集社交数据作决策，做得非常好。

当然，这其中，有很多似是而非的互联网金融，大家要有清醒的判断。你在投资互联网金融时，一定要思考它的基础逻辑是什么？它有没有提高资源配置的效率？如果提高了可以投，如果没有提高，看起来再高科技，也不能投。比如，前两年 P2P 网络借贷比较火，我觉得这个模式有一定的价值，但价值比较有限。因为绝大部分 P2P 网络借贷都搞成了高息揽储加高利贷的结合体，无非是搬到网上了，它的本质没有大的改变。所以我判断它能发展，但是空间比较有限。同时因为里面涉及高息揽储的问题，部分不规范企业的资金池问题、隐性担保问题，就一定会有相当一部分企业，主动或者被动地演变为庞氏骗局，到一定时间集中暴露大风险。最近监管部门开始整治，是很及时的，这是互联网金融行业之福。不过在整治中，最重要的是要把握住有没有资金池和隐性担保问题，其实只要没有出现不能兑付的，通常都有类似的问题。监管部门往往都是口头上说有小问题赶紧暴露，按照市场原则处理，不要累积大风险，实践中出于维稳等各种考虑，又不愿意面对持续暴露的小风险，最后出现大风险。其实金融行业就是一个风险伴生的行业，不断有小问题出现的商业模式才是风险不断释放的过程，监管部门应该要有这样的认识和定力。

我们天天说互联网金融要改变未来，如果自己不拿钱去投资，那都是纸上谈兵。我们投资了一个全新的互联网金融平台，借贷宝，一个基于熟人之间信息优势，自风控自筹资自承担的网络贷款平台。自风控是什么概念呢？就是每个人根据自己对熟悉的人的了解，来对这笔贷款定价。全世界最大的媒体公司是Facebook，但它没有一个记者和编辑，所有的内容都是用户自发生成的。这就是自我产生的巨大威力。我们在实践中也遇到一些突出问题，最典型的是骗子和傻子的问题。这个世界上的人可以分成三类：正常人、傻瓜、骗子。骗子和傻瓜虽然是极少部分，但是他们一旦碰到一起就会产生非常剧烈的化学反应，比如说傻子只看高利率，不考虑风险，骗子拿高利率骗他，最后把他本金骗跑了。但是中国的民众又没有建立市场理念，愿赌不服输。傻子贪图高利率借钱给骗子，亏了之后他受不了，就要开始哭闹。在中国现阶段，这个问题是很突出的，需要很长时间的风险教育、信用教育和市场教育。中国证券市场搞了二十多年了，直到今天，也没有完全解决好贪婪愚昧的投机者愿赌服输的问题，还会动不动就去证监会举横幅。我们想，借贷宝在发展中面临这个突出问题，恰恰也是社会给我们的一个任务，让我们通过一点一滴的实践、沟通、教育甚至教训，让更多的参与者树立现代市场经济中最基本的风险意识与信用意识。我们帮助社会提高这个认识水平，我们自己也就获得了长足的进步了。

最近还有一个裸贷，炒得很火，网上文章千千万。实际上裸贷跟借贷宝没有任何直接的关系。前段时间还有一个长辈给我打电话，说晓捷你都上百亿身价了，你怎么还放裸贷赚这个钱？开始我有点憋屈，后来我想一想，也释然了。道德经讲，"下士闻道，大笑之。不笑不足以为道"。大多数人不理解，它才是一个革命性的东西。在裸贷这个事情上，给我们添了很多麻烦，也让同事受了很多委屈，不过我们不灰心，也不埋怨谁。首先，我们问自己，裸贷之前有没有？早就有，中国裸贷已经快十年了。既然有这个问题，把它暴露出来是有百利而无一害的，暴露得越快对国家和人民越是好。这个事情影响这么大，将来女大学生因为自己的愚蠢而借裸贷的事情总会减少一些。其次，裸条里面有没有受害者，无辜的人，一时糊涂的人。如果有，哪怕只有一个，也要全力去帮助她。再次，即使是裸贷里传统意义上品质很差的人，卖淫、吸毒的那些借款人，以及放裸贷的人，传播裸条的人，他们形成这样的世界观，选择这样的生活方式，本身已经非常可悲了，在他们人生里，一定经受过很多我们感知不到的痛苦，他们已经成为社会的边缘人，付出了整个人生的代价。对于这类人，我们既要依据道德和法律控制和打击，也要有慈悲之心，能帮助、教育和感化，尽力为之。我们的理想是建立一个大企业。企业之大，不仅仅是规模大，责任也要大。在企业发展的同时，要承担社会责任，承担误解和委屈，哪怕很多事情和你没有直接的关系。再苦，再难，再让人委屈，你也要一力担之，毅然前行。我们必须要有孟子说的，"虽千万人吾往矣"这样的气度。不如此，做不成大企业。

互联网金融前途是光明的，道路是很曲折很坎坷的，尤其现在整体的发展环境不是很友好，监管容错度在降低。如果大家真地下定决心在这个方面有所作为的话，就要做好长期奋斗的准备。这个过程中，要学会适应环境，不断地变化。当然，最重要的，一定要牢牢守住道德底线，控制住大的风险，以提高金融资产配置的效率，让国家越来越好作为我们一切商业逻辑的出发点。

用新科技来洞悉投资和借款两端的风险

谢　群[①]

在互联网金融风险专项整治以及 P2P 网络借贷监管趋严的大背景下，用新科技来洞察投资和借款两端的风险，并以此作为一个架接桥梁，连接理论和实践，是具有重大意义的 Fintech 方法。

我在积木盒子成立之初就加入其中。目前，从借款端来看积木盒子的运营模式，可以将借款需求分为三类，分别是以消费为目的的个人借款、个体经营借款以及小微企业借款。顺便地说一下，按照《网络借贷信息中介机构业务活动管理暂行办法》中对贷款限额的要求，中小企业的贷款已经超出了 P2P 平台的运营范围，将回归银行、信托等传统金融机构业务覆盖范围。从另一端看，我们的投资方则越来越多地包括散户、有理财需求的企业以及网络小额贷款。

我们分开看借方和贷方的风险。借方的风险，首先是大家耳熟能详的信用风险和欺诈风险。积木盒子的业务重点从起步时的小微企业贷款，发展到今天聚焦微型贷款，绝大部分借款标的已集中于千元、万元级别。相应地，我们对欺诈风险、信用风险的理解和管理，也更侧重在基于数据规律的个体层面。其次是经营性风险，对于一些小微企业，诸如借五万元钱

---

① 谢群：积木盒子 CEO 兼风险控制副总裁，清华大学经济管理学院实践副教授。

开饭店、开理发店，可能会因为经营不善而产生坏账。对于防控这些风险，我们采用传统的线下信审方法，并在处理进件时结合线上的新科技——大数据处理和分析技术，提高风控和定价的准确度，降低时间和运营成本。对于出借方的风险，首先是适当性风险，即考察出借人是否适合做 P2P 投资，对投资人 P2P 投资的最高金额或是占其净资产的最高比例进行限制，投资人对分散性的认识，以及对刚性兑付的执着，都促使我们考虑如何合理地选择和引导投资人。

针对上述的种种风险，积木盒子探索出多种手段管理个人的信用风险、欺诈风险以及渠道风险。比如我们与一个电商网站合作推出智能零售贷款，如果合作以前购买某款产品的客户没那么多，合作后，借款的客户量暴涨，这就提醒我们要注意渠道欺诈性风险。又如，积木盒子拥有一系列的风险排查机制，包括记录 IP 地址，是否同一个 IP 里面有多笔贷款的申请；排查申请时间，凌晨一点到六点很可能是犯罪分子或者是机器人作案的时间，而不是真实的自然人借款的时间。

互联网金融的风险管理技术正是借助高科技。这种高科技在我看来分成两类，一类是"器"，一类是"术"。"器"更多指硬件、大数据、运算速度，"术"则侧重于我们对这些基础材料的处理，包括文本挖掘、数据挖掘，甚至生物识别。但是技术也有局限性，参考一下美国的数据，发现 FICO 分数以及基于 FICO 的评级不管如何应用都会存在偏差，这种偏差是不能完全消除的。导致判断偏差的因素有很多，可能是 FICO 只接受强变量，而在互联网上存在较多弱变量，也可能是法律的原因。归根结底，就算掌握全面的数据，也很难完全预测一个借款人的未来风险，始终都会有一些不确定因素存在。但我们可以将风险由高到低排序，力求将风险最小化。MIT 曾做过借款人心理实验，让被测试的企业主回答一份试卷，根据企业主对风险的接受程度来判断其在业务中会不会大量举债导致借款风险过高，对南美的实验数据分析发现，只采用传统银行信用评分的借款违约率，明显高于心理信用筛选与传统信用评分相结合的违约率。因此，积木盒子在"术"的方面、在算法上做了很多提高。

我们再分析一下出借端。造成出借端歧视的原因有很多种，根据清华大学五道口金融学院廖理老师的研究，投资人在选择投资项目时会呈现地域区别，原因可能涉及种族或者区域，投资人的个人主观喜好时常会影响其对标的的选择。

关于出借人的风险感知有以下三个方面：第一是投资人会考量企业所描述的借款项目的真实性。"e 租宝"就存在这样的问题，很多投资者怀疑其网上发标的企业都是假的或者是非常可疑的。但对普通投资人来说，是不具备较强的企业风险的判断能力的。第二是对于个人风险，中国尚未建立起类似 FICO 评分的大规模、具有普适性的个人信用评分机制。第三是对投资人的教育，包括了解风险和收益的相关性、风险分散意识等，以及急需改变的大多数投资人不接受非刚性兑付的现象。为此，我们开发了便于投资人轻松分散投资的工具，使出借人在大数法则发生作用和损失波动率可控下能够大概率地取得满意的收益率。

投资偏好方面，根据积木盒子经营积累的数据，每一小时消化的短期项目、中期项目和长期项目的融资速度可以直观发现，投资人更加倾向于做短期的投资，而不愿意做长期的投资。这个结论在剔除以房地产抵押的形式进行的短期融资后依然成立，所以排除了偶然相关性。

我认为目前科技的进步更多体现在数据，我们有了更多的数据，但是行业中数据分析的方法进步相对数据的可获得性来说要少得多。借款的风险判断依然存在很大挑战，特别是考虑到 P2P 网络借贷是要向零售、小微转型的发展趋势上。但是转型不是很容易的事，给中小企业做贷款，和服务个人融资者，需要完全不同的技能。如果一个风控人员不知道中心极限定律的话，让他去管理零售贷款组合，是管理不好的。但是，传统贷款出身的管理者更加关注的是单笔贷款，对多笔贷款组合的概率规律性相对来说不用关注。

最后，介绍一下积木拼图集团目前的业务布局。积木盒子是一个 P2P 网络借贷平台，同时集团的全资子公司积木时代专门负责寻找借款人，积木小贷作为全国性网络小额贷款有限公司，给有特殊需求如时间上等不及的借款者，提供融资服务。通过这样一系列的产品设计，加上我们与第三方的合作，相信能够为借款人和出借人提供一个比较优化的撮合服务，降低借贷成本、提高借贷成功效率。

Fintech 与传统金融的共性和个性

官晓岚[①]

技术的发展带来人类的不断进步，逐渐带来新经济的发展。新经济的发展需要新金融来配合驱动，新技术与金融结合产生出新金融，Fintech 应运而生，产生通过技术革新服务小微企业和个人消费者的普惠金融。Fintech 发展整体展现出四个特点：场景、流量、数据、智能。

一、场景

Fintech 业务的开展需要创建场景，实现从 0 到 1 的突破。比如新经济中的摩拜单车，创建出新型的单车使用方式以构造场景。创建场景的过程，适用于各个领域。Fintech 发展在创建场景时需要和传统金融进行有效地结合。传统金融以账户为基础，基于账户提供后续的金融服务，Fintech 创建场景与传统金融的账户优势进行有效地结合能达到理想效果。恒生电子以从事进口业务的企业为核心，帮助企业解决关税问题。恒生电子在海关交税的系统之外增加一个按钮，比如通过获得恒生电子六个月期的贷款交付关税，六个月之后用利润交还贷款。通过这个场景的创建，能够结合新技术，跟传统的借贷业务结合起来，产生新业务。

---

① 官晓岚：恒生电子股份有限公司执行总裁。

二、流量

Fintech 的发展需要做大流量，关注长尾用户、重视用户体验。在做大流量的运营过程中，需要重点考虑合规与风险。传统金融在风控合规管理方面有较大的优势。恒生电子通过与一些传统金融机构合作，帮助其增加流量，同时把合规风控模型系统化，参与到业务过程中去。

三、数据

早年恒生在为券商服务的时候，由于计算资源比较紧张，记录的数据只有成交的委托，不包括没成交的委托。随着时代的发展，计算资源增多，数据的记录更为多维，包括客户的交易行为、客户的业务行为，甚至其操作过程。通过数据的积累，可以对数据进行多维度分析，包括客户的行为分析，形成客户的风险偏好，匹配与其合适的产品。比如智能投顾方面，智能投顾可以通过分析客户行为以及他的交易情况，运用标签技术分析其特征，通过产品端的标签技术，进行供需匹配。数据在风控方面有着广泛的应用。恒生电子与江西省政府金融办创建合资公司，创作出了一套通过大数据实施互联网金融的监控的系统。通过该系统可以预测互联网金融业务的潜在风险，控制风险的发生。

四、智能

Fintech 的发展未来是智能金融。场景解决了从 0 到 1 的突破；做大流量的阶段，解决了规模从 1 到 100 的增加；大量数据的积累，使得发展智能金融有了可能。比如说智能投顾，运用机器学习或者运用深度学习，可以将客户的特征值做得更为精细、更为密集，与客户的契合度更高。虽然，目前国内还没有相应的法律法规，但可以将产品先研发出来。与美国的情况不同，目前，国内智能金融的产品相对比较单一，而美国拥有上万只的ETF产品，产品类型丰富，在此基础上进行智能投顾更为容易。

总体来讲，新技术与传统金融的融合离不开技术，包括大数据、云计算、人工智能、区块链等。恒生电子在不同技术上还在不断地探索，希望能逐步完善不同技术，更好地与金融业务相结合。比如在大数据方面，恒生聚源把资本市场的数据跟电商大数据结合推出了相关电商指数，已经有基金公司按照电商指数发布相关基金产品。

消费金融——市场与模式

柏　亮[①]

消费金融主要分为两部分。第一部分是关于市场数据的分析，通过对行业数据的统计，有以下结论：

1. 金融机构消费信贷余额的增长非常快。中国人民银行公布的数据显示，截至2016年9月底，即2016年第三季度末，消费信贷的余额接近18万亿元，其中绝大部分是住房贷款。住房贷款的增长速度较快，增速达33%以上。非住房贷款的增速要少一点，只有21%，大概5.46万亿元。如果我们按照平均20%的增长率来计算的话，年底非住房贷款应该超过6万亿元。

2015年年底到2016年年初，由于监管的导向，要求做小额信贷，大量的P2P网络借贷公司都开始把精力放到消费金融市场上，因为这样至少在额度上是合规的，所以消费金融的增长就非常快。关于年增速，P2P网络借贷的消费金融资产占交易总额的比例，2015年是5.3%，2016年是5.0%。但是2016年主要是整个P2P网络借贷的整体交易规模的增长，且增速很快。从金融交易额绝对值看，增幅很大。2016年全年，我们预计消费金融能够达到将近1000亿元，即P2P网络借贷领域的，大约是2015年

---

① 柏亮：零壹财经创始人兼 CEO。

的 1.8 倍。

2. 关于投融资数据。我们把 2016 年消费金融行业获得的股权融资全部换算成人民币，大约是 800 多亿元。除了像蚂蚁金服、京东这些大型的集团性融资外，大约还有 140 亿元。在 31 个投资案例中，有 28 个投资案例公布了投资金额，这些金额是除去蚂蚁金服、京东这些大型集团外，创业型、成长型消费金融机构的融资金额，大约获得了 140 亿元的融资。覆盖领域包括年轻人的消费分期、蓝领工人的消费分期，尤其在学生贷款方面，2015 年增长较快，但 2016 年被政策压制了。2016 年，大规模的机构把业务聚焦到蓝领人群的消费分期上。从行业看，相对大额的消费，如租房、购车、旅游、留学、婚庆等，都有消费金融在对其进行服务。所以在大多数消费领域，消费金融的覆盖都比较深。

关于第二部分是消费金融发展的一些趋势，主要从三种模式进行分析。从消费金融业务的核心要素看，主要包括四种能力：资金成本、获客成本、运营效率、风控能力。这四种能力是决定一家消费金融公司业务发展的核心要素，同时在不同能力上的匹配和权重，也决定其不同的模式、不同市场参与机构的优势和侧重点。

第一种模式就是长期存在的资金驱动型模式，主要是传统金融机构，包括部分电商。以前无论是银监会批准的消费金融公司，还是银行业直接通过信用卡做的消费金融业务，核心都是通过资金驱动。其代表产品主要是直接的消费信贷和信用卡，优点是额度较高、利率相对较低、风控较严、模式相对稳定。所以从目前来看，在额度上资金驱动型依然占据主流地位。

但资金驱动型模式也存在很多问题。首先，体验差，如果我们到门店办一张信用卡，估计从申请到批下来至少要一周时间。其次，门槛较高。最后，运营成本也较高，如发行信用卡，需要投入大量人力，但效果却较低。这是传统金融机构利用资金成本低、资金规模大而建立起的资金差价优势。在运营效率上，运用资金驱动型模式的企业依然是按照传统方式去控制风险和拓展规模。

第二种模式是场景驱动型模式。近几年，随着互联网和电商的发展，有很多消费是直接在网上进行的，这些掌握了大量消费场景的公司便开始发展消费金融。最典型的例子就是蚂蚁金服和京东，它们基于淘宝和京东商城建立起了消费金融。

一些垂直领域也开始大规模拓展，如携程、同城旅途这样的旅游公司，做线上教育、职业教育的公司等，只要它们在某个渠道上掌握这项场景，就可以开始做消费金融。像分期乐、趣分期，开始给大学生做购物，基于购物进行分期等。场景驱动型是这几年发展最快且最走俏的，无论是大数据思维还是互联网思维，最终都会倒向该模式，它也有较强的用户黏性。该模式的优点是融合度深，消费业务和金融业务能够同时完成，客户体验较好，人群迭代较快，人群覆盖程度较高，同时技术迭代较快，模式也较灵活。

但场景驱动型模式也存在一些问题。如封闭性相对较高，比如蚂蚁金服就不愿意别人去碰淘宝上的用户，京东也不愿意别人碰京东商城的用户。携程肯定是自己做网络小额贷款公司放贷款，不愿意别的金融机构跟它分钱。所以导致很多机构，要么跟它合作的成本非常高，要么根本无法达成合作。现在有少量公司开始考虑"拥有场景优势并不一定拥有金融优势"

这个问题。像花生好车，原来它想通过融资租赁的方式做四五线城市的汽车消费贷款，但做了一段时间发现它的强项是拓展用户，而不是去放贷。这是运用场景驱动型模式的企业面临的问题。

第三种模式是技术驱动型模式。现在有一部分公司开始做以技术为驱动的事情，不占据场景和资金优势，但是有很强的技术优势，如数据公司、征信公司、保证保险公司，它们基于技术、风控、智能信贷引擎等做产品。现在众安就做了大量的签单系统。品钛集团下有一个叫"读秒"的子公司，也是基于这样的技术、风控能力和业务开发能力，去跟场景和资金方合作，所以它的效率更高、风控能力更强、延展性更好。它像 U 盘一样，跟不同的机器对接都可以运行。

但是它也有一定缺点，就是技术门槛非常高。技术驱动型企业需要其技术能力超越具有场景的公司和具有资金的公司，对公司的综合要求非常高。我们认为，技术驱动型模式在未来可能会有较大的发展空间。整合数据、升级风控、优化体验、融合场景，连接资金和构建生态，是未来技术提升的几大空间。

最后，再讲两个问题。第一是消费金融涉及的人群广，额度提升非常快，所以它有很多伴生产品，比如保证保险。现在像众安、阳光等很多公司已经开发了保证保险，发展速度、额度扩张都非常快。

第二是证券化服务，到2016年"双十一"为止，我们统计发现，通过证券化融资的消费金融额度已达650多亿元，在2016年之前还非常少，所以大部分是在2016年产生的。通过这种保险和证券化的杠杆，会使消费金融的规模快速扩大。现在大家担心次贷隐患，如大量的学生人群、蓝领人群等，现在突然发现可以很容易借到钱去消费，而且中间的风险是通过高杠杆的方式覆盖的。再如保证保险，现在一些机构能做到上千亿元规模，但保费其实非常低。

这是一个高杠杆的担保业务，在未来一两年内，消费金融领域是否会产生较大的次贷风险，是现在大家担心的问题。现在消费金融领域面对一个很大的市场，但也有一拥而上、高杠杆导致的危机，这是我们需要共同调研和思考的问题。

互联网金融公司资产端选择要重度垂直

陈　恳[①]

近两年，互联网金融行业市场波动很大，有点像"打摆子"，一会儿热得不行，一会儿冷得不行。在这个市场的冷暖变化中，作为从业人员，有时确实容易随波逐流，不太容易把握住自己。

为什么互联网金融市场会出现这种情况？我认为有两方面原因：一个跟管理思路和监管密切相关。很多时候，行业之所以出现泡沫，不是我们从业者自主制造出来的，而是盲目跟风造成的。一听鼓励万众创业，就都来搞互联网金融，觉得这个来钱最快，结果泥沙俱下，给互联网金融市场带来了繁荣，也埋下了隐患。但是同时我们认识到监管是一件好事情，可以保持整个行业的肌体健康。冬天来了会淘汰掉身体不太好的人，潮水退了你才知道谁在裸泳。

这个行业还有一个更大的问题，这个问题会是制约行业成长相当长时间的一个瓶颈，那就是合格投资者的问题。现在的互联网金融投资人，认为自己购买了互联网金融产品就必须刚性兑付，你不刚性兑付就跟你闹，闹了就必须付钱，不付钱就不行。这种情况对行业有非常大的影响。互联网金融企业有时候习惯于谈技术端、谈资产端，但往往忽略了在中国做互

---

①　陈恳：梧桐理财 CEO。

联网金融，与投资者的交流、对投资者的教育，可能才刚刚起步。这次招财宝的案例很可能是互联网金融行业的试金石，如果不幸最后又被刚性兑付了，我觉得这是一件坏事情，真的会让这个行业的资产包袱越背越重，不管我们是做一手资产的还是做二手资产的，不管我们是做信贷资产的还是做资产证券化的，这个包袱越背越重怎么行？这是我们比较大的问题节点。

由于投资者的不成熟，使互联网金融企业，尤其是偏挖矿端的企业选择特别艰难。我们都希望自己是一个信息中介，不背资产负债表的风险，资产负债表都是卖者自负的，但是实际上我们承担着信用中介的压力，在这个角度上，我们是非常难做的。作为创业企业，背后没有实力雄厚的母公司、没有外界大量的资金支持，只一个信用中介的包袱就使得互联网金融企业很难具备持续发展的空间，怎么能找到我们的生存节点，这是我们面临的非常大的选择问题。我的理解是这样的，只能找到一个办法，这个办法是什么？先不能考虑投资者教育的问题，只解决自己能解决的问题，那就是资产端的问题。对互联网金融企业尤其是创业型的企业来讲，资产是核心，并且这个资产的核心，不管是来自数据的，还是来自生态的，或者来自所谓的行业的，又或者来自别的场景的……总之，不管是来自什么，资产安全是互联网金融企业要解决的问题。只有这个大概念能够得到保障，建立起了风控机制，我们才可能说先占一片延安根据地，再来想想东三省，再来想想解放全中国。延安根据地都守不住，不要谈别的了，只能变成流寇，别人做什么我们就做什么。

资产端的选择并不容易，很容易随波逐流，上一波 P2P 网络借贷是最热的概念，现在碰到 P2P 网络借贷从业者都直接问："你跑了没有？"没跑就算英雄了。现在最热的概念变成了消费金融，上一波流行的是学生借款，现在变成消费金融，学生借贷市场搞乱了，现在开始把目标对准蓝领、白领了。我不是说这些资产端不好，而是具体到每一个团队来讲，选择资产端要有自己的定力，不能随波逐流、盲目跟风。谁也没有办法和天下所有的女生都谈恋爱，你只能选择一到两个，在同一个时间甚至只能选择一个，谈好了就很不错了。资产端是核心，更重要的是要有定力，不随波逐流。一个创业型的平台该选择什么样的资产呢？我觉得就是重度垂直，深入细分市场。比如梧桐理财，两年多以来一直保持的资产选择方式便是锁定做高成长企业的债权服务，为这些有股权投资价值的企业，用股权投资的眼光为其提供债权服务，提供短期融资。在企业创业初期，规模几百万元的时候，我们提供科技贷；当企业稍微大一点了，规模到了一两千万元，便为其提供高成长的债权支持；等企业再大一点，挂了新三板或者准备 IPO了，这时候想做并购型的成长，我们便提供并购型的优先级贷款，或者是夹层的但是也是偏优先的。

随着高成长企业的发展，我们也能够成长。这个时候引出我们自己的一个观点，我们觉得一个好的资产不是被发掘出来的，找到信用风险控制的节点是第一步，更重要的是培育出来的。我们梧桐理财对标的一个公司在硅谷，是硅谷银行。这家公司从 20 世纪 80 年代开始创业，最开始挂牌纳斯达克的时候只有几千万美元的市值，到现在差不多有五六十亿美元的市值。这是一个存了三十多年将近四十年的商业模式，我们觉得这种商业模式值得挖掘学习。这是我们对资产端选择的态度，要重度垂直，甚至有时候要培育，如此才可能找到自己生存的空间。

在现有的金融环境下，互联网金融企业要持续发展下去，有三步要走。互联网金融的 1.0 版本就是赚金融的钱，要钻进现有金融体系当中去，钻到铁扇公主的肚子里才能拿到芭蕉扇。互联网金融 2.0 版本要开眼看世界，要研究学习 Fintech，把 Fintech 运用到企业的业务中，这是我们成长的节点，也是我们成长的未来。互联网金融 3.0 版本的时候只能赚学习的钱，要和中国互联网金融行业当中最具成长性的一群人在一起，才能让我们持续获得健康、稳定的商业模型。

金融发展中的技术创新与制度变革

欧阳日辉①

互联网金融的研究力量可以分为三类：一是法学界力量，这部分群体是较早也是较大的研究群体；二是传统金融力量，这部分群体从金融的角度来研究互联网金融；三是新经济力量，特别是电子商务这个领域的力量。

谈到金融，我们知道金融是伴随商业的发展产生的，特别是现代金融，商业的发展推动了现代金融创新。而关于技术在金融发展过程中的作用，英国经济学家卡萝塔·佩蕾丝在《技术革命与金融资本》中作了比较好的阐述和理论分析，解释了金融资本与技术革命之间的关系，并用"技术—经济范式"框架研究技术、金融与社会制度的多重交互作用，发现金融部门与产业部门在不同阶段呈现出共生、攫取等关系，且用事件序列证明这种交互关系共同作用于经济结构性调整和经济周期。她的经济分析范式对分析互联网金融发展趋势或阶段有较强的说服力。互联网金融的发展经过四个阶段：第一是爆发阶段，第二是狂热阶段，第三是协同阶段，第四是成熟阶段，而目前我们正经历着从狂热到协同阶段的转折时期。

经过这些年的研究，我们分享两个观点：一是今后互联网金融的发展将致力于生态体系的建设。生态体系不健全成为目前互联网金融健康发展

---

① 欧阳日辉：经济学博士，中央财经大学教授，中央财经大学中国互联网经济研究所副院长。

的制约因素。现在的金融体系是为工业经济投资增长发展模式服务的，而随着互联网经济的发展，工业经济时代的金融体系显然不能符合新的需求，新经济的发展需要我们建立一套与互联网经济相匹配的新型金融生态圈。

二是在经历第三方支付、P2P众筹、消费金融这几波发展浪潮之后，未来互联网金融的下一个风口或浪潮将聚焦在供应链金融这个领域。供应链金融作为金融创新模式，将成为服务于实体经济的有效工具。不仅如此，供应链金融也符合目前中央经济工作会议着力发展实体经济的布局，符合我们国家、社会和企业的发展需求。所以，我们研判互联网金融下一个浪潮，应该是供应链金融。

理论上讲，技术主要通过七个方面改变金融。第一，技术拓展了金融广度和深度；第二，技术提高了服务效率；第三，技术改善了客户体验；第四，技术降低了对制度供给的需求，技术和制度有一个互补或者替代的关系；第五，技术提升了个人金融自主性；第六，技术打破了传统金融的边界；第七，技术拓展了非正式制度金融。

与此同时，技术对金融秩序也造成了一定的冲击和扰动，主要体现在技术增加了金融的不稳定因素，突破了金融机构的边界，强化了金融脆弱性问题，对制度在共性与个性方面的冲击更加激烈，还有技术对金融特许权的突破问题也产生了影响。技术对传统的金融学理论也造成了冲击，比如数字货币的演化、行为经济学的深化、金融发展理论的演变、金融伦理与普惠金融，这些理论的探讨，在信息网络技术背景下，我们都需要重新的审视和思考。

从制度的角度来看，金融并非源于技术，而是因制度的原因产生。我们所熟悉的纸币、银行、利率、股票市场等都是一种制度。区块链在金融领域应用中的问题从根本上来讲也是制度问题，并非技术问题，是一个权、责、利的约束和约定问题。

关于金融发展过程中的技术和制度，我们也有一些思考，推动我国互联网金融发展的是技术因素还是制度因素？小而美的互联网金融能不能打败或者打破大而全、大而丑的传统金融势力？互联网金融的发展是否会落入"技术陷阱"或者变成唯技术论？金融的健康发展是依赖于技术还是依赖于制度？还有如何建立有效的激励机制和金融制度？这些都需要我们从理论上进行思考。

结论上来讲，金融的发展，技术是末，制度创新才是本。制度变迁是技术进步的助推器，技术进步只是我们金融创新的一个末，制度革新才应该是我们金融创新的本。从历史长河来看，通过技术创新推动金融制度创新的案例并不多见，但是通过制度创新、理论创新促进金融发展的案例比比皆是，特别是通过规则的创新和理念的创新来推动。由此为推动金融的发展，互联网金融的发展，关于一些标准、规则、法律和理念的研究，显得尤其重要。

新金融的发展，无论是从行业的角度还是从监管的角度，都需要弥补技术和制度的两个短板，从而最终能够形成一个"技术创新—产品创新—业态创新—市场创新—管理创新—制度创新—生态创新"的连续循环。

区块链在数字货币和交易清算中的应用

邹传伟[①]

目前，区块链在金融领域的应用主要涉及两个方面：一是中央银行发行的数字货币；二是金融交易完成后的清算环节。

中央银行发行的数字货币和比特币差别很大。第一，它是中央银行直接向公众发行的电子货币，属于法定货币的形态。中央银行可以给这种货币支付利息，实现非常重要的金融功能。第二，中央银行发行的数字货币作为交易媒介，在本质上还是货币。第三，中央银行发行的数字货币也具备传统商业银行的支付功能，从而能替代商业银行的一些功能。

中央银行发行的数字货币是采用分布式账本技术和分散支付系统并以电子形式存在的货币或交易媒介。从技术上来看，中央银行发行数字货币其实不一定要采用区块链技术，移动支付、可信可控云计算、加密算法和安全芯片等都是可选技术，但区块链提供的分布式账本技术有助于维持系统的稳定性，对中央银行最具吸引力。从主流中央银行的角度来看，比特币网络耗费极大的工作量、计算量和电力，这种方式并不经济。据英格兰国家银行《中央银行发行数字货币的宏观经济学》报告，"比特币每秒限制在 7 到 10 个交易，每小时约 3500 个交易，可能足以向中型城镇提供电

---

① 邹传伟：南湖互联网金融学院常务副院长，哈佛大学肯尼迪学院梅森学者。

子支付服务，但维持比特币网络的实际资源成本相当于整个国家经济的规模。Deetman（2016）估计，以当前的计算效率和增长率，比特币网络到2020年可能耗电15GW，相当于2014年丹麦的总耗电量。"① 所以，中央银行更倾向于使用分布式账本，并设定准入规定，例如，验证者是事先确认的机构。

央行发行数字货币在经济学上会造成非常有意思的现象。首先，由于中央银行要对发行的数字货币支付利息，从理论上来说，中央银行可以支付一个负利息，负利息的作用在于刺激经济发展。在2008年国际金融危机之后，很多中央银行把利息降到零，但由于纸币涉及零利率下限的问题，负利率很难被民众接受。但是央行发行的数字货币可以将利率降成负利率，那时对经济刺激的作用会更大。其次，中央银行发行的数字货币将改变现有支付系统，将来个人之间的支付清算可以直接在央行的资产负债表上进行。中央银行发行的数字货币相当于是在现有商业银行系统的基础上建立一个在线的、储备支持的狭义银行以及商业银行系统，提供商业银行的支付功能。商业银行会变成比较纯粹的经营信贷机构。这不仅改变商业银行在目前支付体系中扮演的特殊角色，还能改变商业银行"大而不倒"的情况，而这是国际金融危机之后全球都在关注的问题。

但是，目前中央银行发行数字货币还需要解决电子货币的利率、新的货币政策工具、金融稳定等方面的问题。例如，如何从目前的货币体系过渡到电子货币、央行数字货币和银行存款并行的体系。在存款稳定性方面，

---

① John Barrdear, Michael Kumhof. The macroeconomics of central bank issued digital currencies［J］. Bank of England, London, July, 2016.

是否会大量出现把存款提取出来换成央行数字货币的现象，将对商业银行产生极大影响。目前还有很多问题尚待解决，需要不断推进。

区块链技术也将改变交易后清算流程。目前，交易后清算流程消耗大量的时间和成本，而区块链将有助于提高交易后清算效率。如果分布式账本能够降低证券交易清算的成本并使之更加安全，理论上对货币交易清算也将发挥同样的作用。简单来说，分布式账本的网络参与者可以获得唯一真实的账本副本。任何改动都会及时快速反映在账本中，能够有效避免"双花"问题。具体来说，有助于实现以下三个目标：第一，实现参考数据、股价、债券价格的一致性；第二，通过实时同步更新交易，实现交易的一致性；第三，实现复杂合约、衍生品合约和合约执行的一致性。目前，比较有前景的应用领域是信用违约互换 CDS、股权掉期和外汇业务等场外衍生品业务。

总体来说，区块链应用前景很大，但区块链的不完美应用也应该得到推崇，扬弃区块链的一些特征，例如，不强调完全的匿名性和完全的趋同性。区块链不仅涉及技术问题，还涉及经济学的很多复杂问题，很多开放性的问题尚待讨论。

Fintech 的潜在风险与监管应对研究

朱太辉　　陈　璐[①]

摘要： 金融科技创新（Fintech）通过提高资源配置效率、增强风险管理能力、降低风险集中度，有助于提高金融稳定性；但传统金融风险在 Fintech 业务中变得更加隐蔽，信息科技风险和操作风险更加突出，潜在的系统性、周期性风险不可忽视。目前，各国对 Fintech 大多基于现有金融监管框架实施归口监管，监管发展路径呈现出“行业自律先行—政府监管跟上”的特征，积极探索有利于促进创新的监管模式，高度重视金融消费者权益保护。未来，Fintech 监管需要在促进 Fintech 健康发展和识别缓释潜在风险之间努力做好平衡，在持续风险监测评估的基础上适时调整优化监管政策，利用信息科技创新监管方式和监管工具，更加重视监管机构之间、不同国家之间的监管协作。

关键词： 金融科技创新　金融效率　金融稳定　金融监管

一、引言

在提高金融效率和维护金融稳定之间实现平衡，是金融监管经常面临的现实难题，监管过严会制约金融服务效率的提升，监管不足又会导致金

---

① 朱太辉：经济学博士；陈璐：经济学博士，中国银监会政策研究局。本文为作者的学术思考，不代表所在单位观点。原文发表在《金融监管研究》2016 年第 7 期。

融风险积累和蔓延。近年来，金融科技创新（Fintech）快速发展，在拓宽金融可获得性、提高金融体系深度和效率等方面的影响正在不断加大，被认为是影响未来金融业务模式的重要因素之一。但同时，Fintech 也引发了新的风险问题，给金融监管带来了新的挑战，监管机构同样面临平衡好提高金融效率与防控金融风险之间关系的问题。

Fintech 目前尚没有一个公认的标准定义，其核心是利用新兴的互联网信息科技改造和创新金融产品和业务模式。FSB（2016）将 Fintech 定义为"技术带动的金融创新"，是对金融市场、金融机构以及金融服务供给产生重大影响的新业务模式、新技术应用、新产品服务等，既包括前端产业，也包括后台技术。根据具体应用领域，Fintech 可以分为以下五大类：在支付清算领域，包括网络和移动支付、数字货币、分布式账本技术（distributed ledger）应用等；在融资领域，包括股权众筹、P2P 网络借贷、分布式账本技术应用等；在市场基础设施（market provisioning）领域，包括智能合约、大数据、云计算、数字身份识别等；在投资管理领域，包括电子交易、机器人投资顾问等；在保险领域，包括保险分解（insurance disaggregation）和联合保险（connected insurance）等（WEF 和 Deloitte，2015；FSB，2016）。在不同的国家和地区，Fintech 业务的性质和运作模式存在较大差异。

对于 Fintech 的快速发展，国际货币基金组织（IMF）、金融稳定理事会（FSB）等国际组织和一些主要发达国家的政府部门纷纷成立专门工作组，跟踪研究"金融科技创新"的发展演进、风险变化和监管应对等问题，探索改进监管体系和完善监管政策。如在国际组织层面，IMF（2016）发布了《虚拟货币及其扩展：初步思考》，FSB（2016）发布了《Fintech：

景象描述和分析框架》，支付与市场基础设施委员会（CPMI，2016）发布
了《普惠金融的支付视角》，国际证监会组织（IOSCO，2016）发布了
《众筹：2015 年调查反馈报告》。在国家和地区层面，英国政府高度重视分
布式账本技术的发展应用，其首席科学顾问 Mark Walport 于 2015 年和 2016
年分别向英国政府科学办公室（Government Office for Science）提交了研究
报告《Fintech 发展前景：英国作为金融技术的世界领导者》《分布式账本
技术：超越区块链》，为推动英国政府发展 Fintech 和推广应用分布式账本
技术提出了多项具体政策建议；美国财政部（U. S. Department of Treasury，
2016）在持续调查研究的基础上，2016 年 5 月发布了研究报告《网络市场
借贷的机会与挑战》，深入分析了美国网络市场借贷的发展现状、面临问
题、发展趋势和发展建议；此外，中国香港特别行政区政府于 2015 年 4 月
成立了"金融科技指导小组"（Steering Group of Financial Technologies），该
小组在 2016 年 2 月发布研究报告，为推动香港发展成为 Fintech 中心提出
了多项政策建议。

2016 年以来，美国最大的 P2P 网络借贷平台 Lending Club 违规出售贷
款、贷款坏账率不断攀升，比特币交易所 Bitfinex 遭受黑客攻击、近 12 万
单位的比特币遭盗窃，我国 P2P 网络借贷平台客户资金被挪用、虚假融资、
"卷款"、"跑路"、非法集资等时有发生，如何管控好 Fintech 的潜在风险
和实施有效监管日益迫切。本文旨在研究探索 Fintech 的潜在风险和监管应
对，后文结构安排如下：第二部分主要分析 Fintech 发展对金融稳定的影
响；第三部分剖析我国 Fintech 的监管框架和监管思路；第四部分总结梳理
Fintech 监管的国际经验；第五部分是探索研究 Fintech 的未来监管。

二、Fintech 对金融稳定的潜在影响

通过大数据、云计算、分布式账本技术的应用等，Fintech 可以促进金融机构提高资源配置效率、提升风险管理能力、降低风险集中度，从而有助于促进金融体系的稳定。但与此同时，Fintech 没有改变金融业务的风险属性，其开放性、互联互通性、科技含量更高的特征，使得金融风险更加隐蔽，信息科技风险和操作风险问题更为突出，潜在的系统性、周期性风险更加复杂（见图1）。

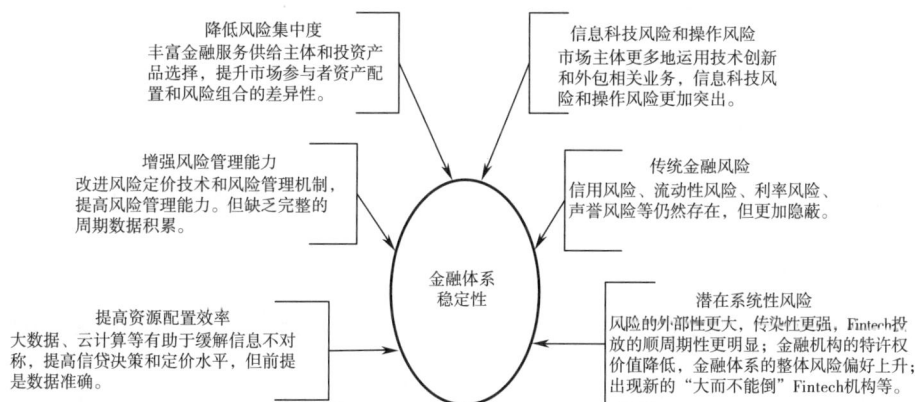

降低风险集中度
丰富金融服务供给主体和投资产品选择，提升市场参与者资产配置和风险组合的差异性。

信息科技风险和操作风险
市场主体更多地运用技术创新和外包相关业务，信息科技风险和操作风险更加突出。

增强风险管理能力
改进风险定价技术和风险管理机制，提高风险管理能力。但缺乏完整的周期数据积累。

传统金融风险
信用风险、流动性风险、利率风险、声誉风险等仍然存在，但更加隐蔽。

金融体系
稳定性

提高资源配置效率
大数据、云计算等有助于缓解信息不对称，提高信贷决策和定价水平，但前提是数据准确。

潜在系统性风险
风险的外部性更大，传染性更强，Fintech投放的顺周期性更明显；金融机构的特许权价值降低，金融体系的整体风险偏好上升；出现新的"大而不能倒"Fintech机构等。

图1　Fintech 对金融稳定性的潜在影响

（一）互联网信息科技的应用有助于提高资源配置效率和风险管理能力，但更加依赖数据准确性和数据分析能力

金融资源配置效率与金融体系的稳定性是一个硬币的两面，金融资源配置不合理，意味着投资收益难以覆盖成本，最终形成损失，影响金融体

系的稳健运行。Fintech 采用大数据和云计算技术等，定价决策和风险管理的数据广度和深度都得到了极大的改善。这既有助于缓解金融服务的信息不对称程度，提高信贷决策能力，改善资金配置效率，也有助于改进风险定价技术和完善风险管理机制，提升风险管控水平。此外，Fintech 提高了市场参与者资产配置和风险组合的差异性，降低金融体系的风险集中度（De Nederl and sche Bank，2016）。但与此同时，更多的信息也意味着更多的噪声，如何从海量数据中有效地甄别出噪声是一个重大挑战（纳特·西尔弗，2013）。美国财政部（U. S. Department of Treasury，2016）的研究指出，大数据利用是 P2P 网络借贷市场的核心创新，但数据不准确等也是P2P 网络借贷信贷评级模型的风险所在。

（二）Fintech 没有改变金融业务的风险属性，但潜在的信息科技风险和操作风险更加突出

Fintech 是互联网信息科技在金融领域的应用创新，并没有改变金融业务原有的风险属性和类型，但风险特征更加复杂和难以评估。第一，不仅传统的信用风险、流动性风险、利率风险、声誉风险在相关的 Fintech 业务中仍然存在，并且由于 P2P 借贷、互联网支付等 Fintech 业务还经过了复杂的结构安排和程序编码，加上互联网信息科技本身极强的专业性，Fintech业务的金融风险更加隐蔽复杂。第二，Fintech 建立在互联网通信网络和相关信息技术之上，技术创新和业务外包得到大量运用，信息科技风险（cyber risk）和操作风险更加突出。不论是在互联网业务运营的各个流程，还是在后台的网络维护、技术管理等环节，出现任何技术漏洞、管理缺陷、

人为因素等，都会导致整个业务系统瘫痪，影响机构的正常运营。毕马威2016 年的研究指出，信息科技犯罪已经成为报道第二多的经济犯罪；2014年，JP 摩根超过 8000 亿个账户遭受了数据盗窃；美国的金融稳定监管理事会（FSOC）已将信息科技安全列为金融稳定的一个主要风险（Branson，2016）。第三，从方法论本身看，大数据拓展了 Fintech 相关业务的数据基础，但是大数据技术更多的是分析关联关系，并不必然反映因果关系，也缺乏必要的违约数据积累，这也是 Fintech 相关业务风险定价和风险防控有效性遭受质疑的一个主要原因。美国财政部（U. S. Department of Treasury，2016）的调研明确指出，P2P 网络借贷缺乏完整的信用周期数据积累，基于大数据和现有算法得出的信用风险模型准确性有待检验。

（三）Fintech 更加注重网络效应和尾部效应，但潜在的系统性风险更加突出

在业务模式上，Fintech 有关业务的发展本身要基于"网络效应""规模效应""范围效应""尾部效应"，但风险一旦爆发，这些效应可能会反过来放大风险的传染性和影响，跨业务、跨市场、跨区域传染过程更加复杂，传播速度更快，影响范围更大，涉及主体更多，风险控制与处置更加困难。在风险承担能力上，P2P 网络借贷等领域的投资者风险承担能力较小，在经济下行时期可能会更快收缩投资，从而放大金融的顺周期性，引致更大的系统性风险（De Nederlandsche Bank，2016）。在技术支撑上，一些 Fintech 业态基于相同的区块链技术、数字加密技术等互联网信息技术，一旦这些技术被破译或遭受黑客攻击，那么所有应用这些技术的 Fintech 业

务体系都会在短时间内陷入瘫痪。此外，Fintech 业务的准入门槛更低，市场竞争更加激烈，其发展会降低金融机构的特许权价值（Franchise Value），增加金融机构冒险经营的动机（张晓朴，2014），提升整个金融体系的风险偏好。

三、我国 Fintech 的监管思路和基本框架

Fintech 是目前国际上普遍使用的一个概念，在国内与此相应的一个本土化称谓是"互联网金融"。近年来，在互联网信息技术快速发展普及和实体经济多元化金融需求的"双轮驱动"下，我国互联网金融快速发展，在缓解信息不对称、降低交易成本、提高服务效率、拓展服务覆盖面等方面发挥了积极作用，但也出现了运作不规范、风险管理不到位、案件不断爆发等问题，受到了市场和监管部门的高度关注。

（一）总体监管思路

2015 年 7 月，中国人民银行、银监会等十部委发布《关于促进互联网金融健康发展的指导意见》（以下简称《指导意见》），对我国互联网金融监管进行了基本规划。《指导意见》鼓励创新和加强监管并举，既提出了"鼓励创新、防范风险、趋利避害、健康发展"的总体要求，也明确了"依法监管、适度监管、分类监管、协同监管、创新监管"的监管原则。

一方面，鼓励创新，激发市场活力。积极鼓励互联网金融平台、产品和服务创新，既支持有条件的金融机构开展网络银行、网络证券、互联网保险、互联网基金销售和互联网消费金融等业务，也支持互联网企业依法

合规设立互联网支付机构、网络借贷平台、股权众筹融资平台、网络金融产品销售平台等。鼓励从业机构相互合作，实现优势互补。支持银行、证券、基金、信托、消费金融、期货等金融机构与互联网企业开展合作。拓宽从业机构融资渠道，改善融资环境。支持社会资本发起设立互联网金融产业投资基金，鼓励优质从业机构在资本市场上市融资，鼓励银行业金融机构对处于初创期的从业机构予以支持。

另一方面，防范风险，明确业务边界和底线要求。《指导意见》要求：互联网支付应坚持服务电子商务发展和为社会提供小额、快捷、便民的小微支付服务，建立风险隔离和客户权益保障机制；P2P 网络借贷要坚持为投融资双方提供信息中介服务的定位，不得提供增信服务，不得非法集资和非法吸收公众存款；股权众筹融资必须通过股权众筹融资中介机构平台进行，加强信息披露，不得误导和欺诈投资者；互联网基金销售机构要切实履行风险披露义务，不得违规承诺收益等。

此外，《指导意见》要求从互联网行业管理、客户资金第三方存管、信息披露和合格投资者制度、消费者权益保护、网络与信息安全、反洗钱、行业自律、监管协调与数据统计监测等方面建立起规范互联网金融发展的基本制度。

（二）监管部门分工

在我国，互联网金融可以分为两大类：第一类是"金融＋互联网"，即持牌金融机构利用互联网信息科技等，升级改造传统的支付结算、存款、贷款、理财等金融业务及其运作模式；第二类是"互联网＋金融"，即互联网企业或平台借助互联网信息科技开展金融业务，如互联网支付、网络借贷（P2P）、股权众筹。《指导意见》根据"一行三会"等的监管职责和各类互联网金融业态的金融属性，确立了相关部门的监管职责（见图2）。

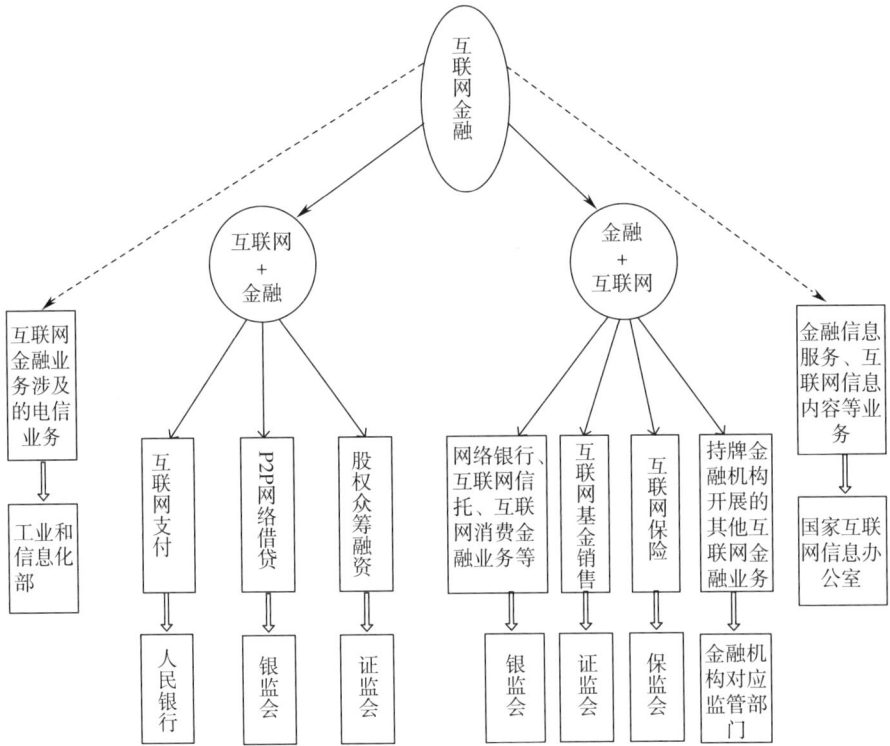

图2　我国互联网金融监管框架

互联网支付属于支付清算业务范畴，由中国人民银行负责监管。网络借贷（含 P2P 借贷）属于民间借贷范畴，由银监会与地方政府金融监管部门协同监管。股权众筹属于股权融资范畴，由证监会负责监管。互联网基金销售的业务实质仍然是基金销售，由证监会负责监管。互联网保险、互联网信托和互联网消费金融是保险机构和信托公司、消费金融公司等传统金融机构通过互联网信息平台销售产品，分别由保监会和银监会监管。其他金融机构开展"金融＋互联网"业务，由这些金融机构对应的监管部门负责监管。此外，工业和信息化部负责对互联网金融业务涉及的电信业务进行监管，国家互联网信息办公室负责对金融信息服务、互联网信息内容等业务进行监管。

（三）P2P 监管模式

近年来，P2P 网络借贷在缓解小微企业融资难、满足民间资本投资需求等方面发挥了积极作用，但 P2P 平台的业务创新偏离信息中介定位和依托互联网经营的本质，"卷款"、"跑路"、非法集资等风险乱象时有发生。为促进网络借贷行业健康发展，防范网络借贷风险，银监会牵头研究制定了《网络借贷信息中介机构业务活动管理暂行办法》（以下简称《暂行办法》）。

在监管模式上，明确了中央与地方协同的多维度监管模式。一方面，P2P 网络借贷归属于民间借贷范畴，根据关于界定中央与地方金融监管职责分工的有关规定，明确对于非存款类金融活动的监管，由中央金融监管部门制定统一的业务规则和监管规则，督促和指导地方人民政府金融监管工作，由省市级人民政府对机构实施监管，承担相应的风险处置责任，并加强对民间借贷的引导和规范，防范和化解地方金融风险。另一方面，P2P 网络借贷跨行业、跨市场、跨区域，涉及面广，必须建立有力的协同监管机制，加强协调配合。《暂行办法》构建了中央与地方协同的 P2P 网络借贷多维监管模式，发挥市场主体内控、行业自律、外部监管的合力。

其中，明确银监会及其派出机构负责制定统一的规范发展政策措施和监督管理制度，负责网络借贷信息中介机构的日常行为监管，指导和配合地方人民政府做好网络借贷信息中介机构的机构监管和风险处置工作，建立跨部门跨地区监管协调机制。各地方金融监管部门具体负责本辖区网络借贷信息中介机构的机构监管，包括对网络借贷信息中介机构的规范引导、备案管理和风险防范、处置工作。此外，中国互联网金融协会从事网络借贷行业自律管理，履行制定自律规则、经营细则和行业标准并组织实施，[1]依法维护会员的合法权益，调解纠纷，受理有关投诉和举报，开展自律检查等职责。

在经营模式上，网络借贷信息中介机构需要向注册地的地方金融监管部门备案登记，但并不拥有真正意义上的金融牌照。《暂行办法》将网络借贷信息中介机构界定为专门从事网络借贷信息中介业务活动的金融信息中介企业；业务模式是以互联网为主要渠道，主要为借款人与出借人实现直接借贷提供信息搜集、信息公布、资信评估、信息交互、借贷撮合等服务。与此同时，《暂行办法》以负面清单形式，明确了网络借贷信息中介机构的业务边界，提出了十三项具体的禁止性行为，如禁止设立资金池、发放贷款、自融自保、期限拆分等，对以网络借贷名义进行非法集资等活动的，坚决予以打击和取缔。除此之外，《暂行办法》明确借贷双方的具体责任与义务，在投资者（出借人）方面主要强调风险承担能力和风险自担等义务，在融资者（借款人）方面主要强调禁止行为以及借款人的真实

---

① 2016 年 8 月 1 日，中国互联网金融协会发布《互联网金融信息披露标准——P2P 网贷（征求意见稿）》和《互联网金融信息披露自律管理规范（征求意见稿）》，向其成员单位征求意见。

还款能力等。

此外，《暂行办法》还要求建立风险控制核心机制，包括客户资金第三方存管制度、限制借款集中度、规范线下业务、加强网络与信息安全管理等方面。

四、Fintech 监管的国际经验

各国金融监管部门积极探索相应的监管框架，总体呈现出以下特点。

（一）根据业务属性，基于现有金融监管框架实施归口监管

互联网金融并未改变现有金融的属性和结构，当前主要国家并没有因为 Fintech 的出现而对现有金融监管架构做大的改变，并未针对各类互联网金融业态确定统一的监管机构。大都是根据各类互联网金融业态的功能属性，采取归口监管策略，由相应的监管部门负责。原因主要是：一方面，互联网信息科技在金融产品设计和业务模式上的创新应用（如互联网支付、P2P 借贷、众筹等）没有改变支付清算、债务融资、股权融资等金融业务的基本属性和金融体系的基本结构；另一方面，目前 Fintech 在世界各国均属于发展初期，在微观和宏观层面会造成何种类型和何种程度的影响，对金融机构商业模式以及金融稳定的具体影响等，还存在很多争议，需要一段时间的跟踪验证才能得出结论。在具体的监管职责划分上，各国对一些互联网金融业态的界定并不完全相同，监管分工存在差异。

以 P2P 借贷为例，美国将 P2P 平台出售的凭证认定为"Notes"，P2P 平台被认定为销售"附有投资说明的借贷凭证"的机构，主要由美国证券

交易委员会（SEC）依据证券法等进行相应监管，P2P 平台在 SEC 登记注册，需向 SEC 提交材料进行登记申请。[①] 法国、德国、瑞典等欧洲国家将 P2P 界定为银行类机构，并以此进行相应监管，要求 P2P 平台参与信贷业务要获得信贷机构牌照。其中，法国于 2014 年 5 月通过了《参与性融资法令》[②]，授权其银行业和保险业监管部门——审慎监管与处置局对借贷参与性融资中介（即 P2P 平台）进行监管，提供"投资服务"的中介需要申请相应牌照，并且明确了中介的注册条件（顾晨，2015）。英国、澳大利亚、阿根廷、新西兰等国家将 P2P 界定为金融中介机构，要求平台在相关的部门进行登记，符合相应的准入门槛，接受相应监管。其中，英国金融行为监管局（The Financial Conduct Authority，FCA）在 2014 年 3 月出台了《关于互联网众筹及通过其他媒介发行不易变现证券的监管方法》[③]，将纳入监管的众筹分为借贷型（即 P2P 借贷）和股权投资型两类，并制定了不同的监管标准，要求 P2P 借贷平台和股权众筹平台均需获得 FCA 授权。

（二）行业自律先行，根据 Fintech 发展动态及时调整和完善监管

互联网金融是一个新生事物，在业务属性和风险轮廓尚不十分明确的初期阶段，制定成熟的监管规则和实施规范监管存在一定困难，行业自律

---

① 根据美国《1933 年证券法》以及《1934 年证券交易法》中关于"证券"的定义，Prosper 和 Lending Club 等 P2P 平台网站被报价、卖出和购买的票据构成了"证券"的基础形式，因此 P2P 交易中的"投资合同"或"票据"符合联邦政府证券法的规定，交易被定义为证券交易。正因为如此，美国绝大多数的 P2P 借贷交易被认定为归属于美国证监会监管（Chaffee 和 Rapp，2012）。
② 2014 年 10 月开始实施。
③ 2014 年 4 月开始实施。

可以很大程度上填补监管的空白（张晓朴，2014）。从各国监管实践来看，Fintech 监管大多遵循了"行业自律先行—政府监管跟上"的演进路径。在发展初期，行业协会在规范行业行为、促进保障公平竞争等方面发挥了积极作用。以 P2P 网络借贷为例，英国的 Zopa、RateSrtter 和 FundingCircle 三大 P2P 借贷平台在 2011 年自行组织成立了全球第一个 P2P 行业协会，并先后制定了成员平台履行的具体义务和 10 项《P2P 金融运营原则》（黄震、邓建鹏等，2014），规范和促进了英国 P2P 行业的持续稳健发展。[①] 随着 P2P 行业的发展，英国 FCA 在《消费者信贷法》和行业协会自律规则的基础上，于 2013 年 10 月发布《关于众筹及类似行为的监管方法》的监管征求意见报告，2014 年 3 月正式对外发布《关于互联网众筹及通过其他媒介发行不易变现证券的监管方法》，并开始对 P2P 网络借贷实施专业的金融监管。[②] 此外，法国、德国的行业自律组织在促进 P2P 等互联网金融业态的发展中发挥了积极作用。

在美国，股权众筹的监管同样遵循了动态演进路径：期初股权众筹根据美国《证券法》遵守监管，因缺乏制度依据，股权众筹平台不得通过证券发行的方式向社会大众募集资金，仅能够推出奖励或特别待遇等方式变相融资；2011 年，美国参议院开始受理审核股权众筹监管草案，为有效平衡融资效率和保护投资者安全多次修改，并最终高票通过；2012 年 4 月，

[①] 与此同时，P2P 网贷被界定为消费信贷，但 P2P 平台未被界定为金融服务提供者，由英国公平交易管理局（Office of Fair Trading，OFT）等依据《消费者信贷法》进行管理。

[②] 英国 P2P 行业自律与政府监管相互补充，FSA 政府的监管法律更加注重整个行业和宏观层面，监管规则的制定主要是出于促进 P2P 行业整体发展和消费者保护，而行业协会自律准则更加倾向于从微观层面着眼，内容细致具体，强调平台的运营规范。

奥巴马签署颁行《初创期企业推动法案》（*the Jumpstart Our Business Startups Act*，《JOBS 法案》），众筹在美国取得合法性地位，并纳入 SEC 的监管；根据《JOBS 法案》的要求，SEC 制定众筹监管具体规则，于 2013 年 10 月在《联邦公报》上刊登，征求公众意见（龚鹏程和臧公庆，2015），2015 年 10 月 SEC 正式通过了众筹监管规则，并于 180 天后生效。

（三）在 Fintech 发展初期，积极探索"监管沙盒"等鼓励创新的监管模式

随着 Fintech 等金融创新在英国的快速发展，英国金融行为监管局（FCA）于 2015 年 11 月推出"监管沙盒"（Regulatory Sandbox），旨在鼓励创新和缩短创新推广时间，同时对创新业务的市场范围等设定限制条件，以确保创新失败的风险和影响可控，有些类似于我国经常采用的"改革试点"。企业申请进入"监管沙盒"后，可以获得一个附带约束条件的业务授权，从而在现实环境中测试创新性产品、服务和业务模式。FCA"监管沙盒"的实施程序是：企业根据基本要求提交进入"沙盒"申请[1]——监管部门根据合格标准[2]选出适合进入的企业——FCA 和进入企业逐一商定测试方案——FCA（和审慎监管局 PRA 等）发布"沙盒"监管工具——企业定期报告测试结果和风险管理状况——测试结束，企业提交最终报告

---

[1] FCA 的"监管沙盒"授权不适用于银行牌照申请，银行牌照要向 FCA 和审慎监管局（PRA）联合组成的新银行设立工作组（New Bank Start – up Unit）申请。

[2] FCA 的"监管沙盒"合格标准包括五个方面：申请企业的创新不是已受监管的业务或是支持已受监管的业务、创新是开创性的或者与市场上的现有产品模式显著不同、会直接或间接让消费者受益、确实需要在"监管沙盒"中进行测试、企业已经准备好在现实环境中开展创新测试。

——FCA（和 PRA 等）给出书面反馈①。除英国之外，新加坡金管局（MAS）也于 2016 年 6 月发布了《金融科技监管沙盒指南（征求意见稿）》，澳大利亚证券和投资委员会（ASIC）设立了"创新中心"（Innovation Hub）、荷兰金融市场监管局（AFM）设立了"创新空间"（Innovation Room）等与"监管沙盒"类似的制度。"监管沙盒"需要处理好两个挑战：一是"监管沙盒"的授权不能完全脱离现有的监管框架，监管条件和限制范围要与创新业务发展程度相匹配；二是要确保创新业务风险不会从测试企业转移到金融消费者。

考虑到金融科技的迅速发展、银行与非银行机构的加速融合，美国货币监理署（OCC）在 2016 年 3 月发布了一份白皮书——《支持联邦银行体系的负责任创新》，提出了支持"负责任创新"（responsible innovation）的监管框架。根据 OCC（2016）的定义，"负责任创新"是指"在符合稳健风险管理和银行整体经营战略的前提下创新或改良金融产品、服务和流程，满足消费者、企业和社区不断变化的需求"。与此同时，OCC（2016）为引导银行开展"负责任创新"，提出了八项基本原则：支持负责任的创新，考虑建立一个评估 Fintech 创新方案的中央创新办公室；OCC 培育支持负责任创新的监管内部文化；发挥好 OCC 自身在法律、经济、检查等领域的经验和专长；OCC 鼓励银行开展提供公平金融服务和公平对待金融消费者的负责任创新；银行需要通过有效的风险管理和良好的公司治理促进安全稳健经营；鼓励大中小银行将负责任创新纳入战略规划；OCC 通过正式渠道

---

① FCA（和 PRA 等）的书面反馈不包括认定业务模式或者签发产品、服务。

推进与业界的对话；OCC 与其他监管机构进行协作。

（四）强化信息披露，完善金融消费者权益保护机制

Fintech 的服务对象很大一部分是传统金融体系没有覆盖到的小微企业、低收入人群等，这些客户的金融专业知识较少，风险承受能力较低，各国监管部门大都将信息披露和消费者权益保护放在了重要位置。第一，加强互联网金融信息披露，充分履行风险告知义务，让互联网金融消费者充分知晓投资产品的风险和收益。例如，英国 FCA 发布的《关于互联网众筹及通过其他媒介发行不易变现证券的监管方法》要求 P2P 平台要用大众化语言向投资者准确无误地披露投资产品的收益、风险等信息，包括过去的实际违约率、未来的预期违约率、预期违约率计算的假设条件、借贷风险评估情况、担保情况、可能的实际收益率、平台处理延迟支付和违约的程序等（FCA，2014）。法国 2014 年发布的《参与性融资法令》要求股权众筹平台必须设置"分步访问程序"（见图 3）：第一步，向投资者告知投资的性质及其风险，必须按照图 3 所示的提示后，投资者方可进入具体投资信息界面；第二步，在投资者认购前，平台要对投资者进行适当性测试，包括投资者的经验、知识以及家庭和继承情况，让出资人对项目与其自身能力的匹配性进行确认（顾晨，2015）。第二，完善互联网金融消费者投诉处理机制。例如，在美国，P2P 平台除了受到 SEC 的监管之外，消费者金融保护局（CFPB）负责收集 P2P 借贷金融消费者投诉的数据信息；联邦贸易委员会（FTC）负责监督并制止 P2P 平台的不公平、欺诈性行为，对 P2P 借贷消费者投诉负有执法责任。第三，加强互联网金融消费者信息保

护，制定相应的惩罚措施。英美等国监管当局都要求互联网金融企业公布
消费者隐私保护制度，且对违规行为制定了相应的惩罚措施。

第一步：注意，投资非上市公司具有以下特殊风险： 损失全部或部分所投资资金的风险 无法变现/流动的风险：不保证证券可以转售，或者甚至无法转售 投资回报取决于所投资项目是否成功	
您是否明白您可能损失您的全部投资资金？是　否 您是否明白您会在转售时遇到困难？是　否	
如果您对上述问题之一的回答为"否"，平台将拒绝您的进一步访问	图标

资料来源：顾晨．法国众筹立法与监管制度评述［J］．金融服务法评论，2015.

图3　法国关于股权众筹投资的风险提示程序

五、Fintech 未来监管的思考

不论国内还是国外，Fintich 正在融入金融体系各个领域和各个层面，
正面效应和负面影响正在动态演进，成为了世界各国金融监管效力的压力
测试和现实考验。

（一）Fintech 对金融体系的影响是"创造性促进"，监管需要在适应包容Fintech 发展和识别缓释潜在风险之间做好平衡

一些研究认为，互联网金融具有去中介、去中心化的特性，是不同于
现有银行间接融资、资本市场直接融资的第三种融资方式，未来将颠覆整
个金融体系（谢平和邹传伟等，2012）。在国际上，一些研究报告在分析

Fintech 对现有金融体系的影响时，也是用了"颠覆"（disruption）一词，如世界经济论坛 2015 年 6 月发布的研究报告《金融服务的未来：颠覆性创新正在重塑金融服务构建、供应和消费的方式》（WEF 和 Deloitte，2015），花旗 2016 年 3 月发布的研究报告《数字颠覆：Fintech 正在推动银行业接近临界点》（Citi，2016）。事实上，互联网金融创新的只是产品服务、业务技术和经营模式，但并没有改变核心金融业务的信用属性和风险属性。鉴于 Fintech 在提高金融服务效率、扩大金融服务范围、改善金融服务体验等方面的作用，以及 Fintech 与传统金融体系正在加速融合发展，目前 Fintech 对传统金融体系的影响更多体现为"创造性促进"（creative promotion）。

在 Fintech 的监管理念方面，金融监管的强度要随着金融科技创新发展进行适应性调整，而不是通过限制创新发展来缓释风险。Fintech 未来的发展轨迹可能是：起初是"小而不被关注"（too - small - to - care）——逐渐壮大成"大而不能忽视"（too - large - to - ignore）——通过网络效应发展成"大而不能倒"（too - big - to - fail）。监管部门要对 Fintech 发展进行持续的监测分析，根据 Fintech 的发展演进、影响范围和风险变化，不断调整优化每个阶段的监管框架。一方面，要防止新的市场主体进入后过度承担风险，并且当 Fintech 业务或企业发展到一定规模、影响范围和潜在风险都比较显著时，可以考虑进行"牌照管理"，通过发放牌照明确业务边界和责任要求；另一方面，也要避免过重的监管负担形成市场进入障碍，造成许多新设立的 Fintech 企业不堪重负而难以生存，最后可能导致市场被少数几个机构垄断和带来"大而不能倒"问题。

（二）持续开展 Fintech 风险监测评估，动态调整优化监管政策

Fintech 对金融体系的影响路径应该是演进式的（evolutionary），而不是彻底革命式的（revolutionary）。[①] 一方面，Fintech 所应用的信息科技快速发展，新产品和新服务持续涌现，新业务模式不断演变，市场参与者不断增加，完善的监管规则难以一步到位；另一方面，Fintech 对整个金融体系风险轮廓和结构的影响尚未全面暴露，Fintech 业务的数据统计和风险监测体系尚未建立，现有的风险评价缺乏充分的数据支撑和量化分析。

为此，应当在对 Fintech 发展情况实施持续的监管分析、风险评估的基础上，对监管原则和监管政策适时动态调整。一是各国监管机构应当尽快成立跨部门的 Fintech 监管工作组，持续跟踪研究 Fintech 的技术演进、业务创新和风险变化，做好相关数据统计和监测分析，评估确定互联网金融风险的整体水平和重点领域，就监管框架和具体规则提出建议。其中一个重点是，区分真正具有信息科技含量的 Fintech 业务和以监管套利为目的的"Fintech"，打击监管套利，维护公平竞争。二是监管机构与 Fintech 企业加强沟通，促进 Fintech 公司更好理解监管政策。对监管部门而言，与 Fintech 公司的沟通联系有助于监管者更好地理解 Fintech 发展及其应用的技术，更好地制定实施监管政策和规则，合理确定监管的边界、技术和工具。通过沟通交流，监管部门也可以检查监管是否给金融创新带来了障碍，相关监

---

① 欧洲中央银行的研究指出，分布式账本技术未来在证券交易和金融市场中的应用潜力巨大，但其影响是渐进演变式的，而不是彻底革命式的（Pinna 和 Ruttenberg，2016）。

管政策规则是否需要修改或废除。对 Fintech 机构而言，与监管部门的沟通交流，有助于其更好地理解自身业务活动的金融属性、潜在风险以及应该受到何种监管，从而改进风险管理和规范业务行为。

（三）积极利用信息科技创新，推动发展"金融监管科技创新"

新的信息科技创新不仅有助于改进金融服务，也为改善监管效率、提高监管有效性提供了机遇。英国、中国香港等国家和地区研究提出要积极发展"金融监管科技创新"（RegTech）（Walport，2015；Hong Kong Steering Group of Financial Technologies，2016）。一方面，监管机构应积极利用信息科技创新升级完善监管体系。监管部门采用先进的互联网信息科技，可以完善和改进金融监管框架，丰富监管工具和方法，提高监管的自动化程度。可以考虑：（1）利用大数据、云计算、自动化程序、区块链、分布式账本等技术创新，开发实时数据集成系统和自动化监管报告系统，或评估金融机构报送数据的真实性和准确性等；（2）在微观审慎和宏观审慎分析中，运用技术创新，改进风险动态监测、风险预警系统等，及时掌握金融体系的风险关联性和集中度变化；（3）向第三方技术公司外包部分技术监管工作和服务，从而集中力量开展核心监管业务。此外，中央银行利用区块链和分布式账本技术改进支付系统运行、电子货币发行和货币政策调控也是值得探索的重要领域。

另一方面，监管机构应强化监管人员的信息科技知识培训。新兴的信息科技在金融领域的应用是大势所趋，未来的金融监管人员既要懂金融，也要懂一定的信息技术。随着金融创新不断涌现和业态快速变化，监管部门应加强监管人员的技术培训和知识更新，确保监管人员掌握足够的信息科技知识，能够更好地理解 Fintech 的属性和潜在风险，并能够利用信息技术改进监管方法和工具，提高监管效率。

（四）加强跨业和跨国监管协作，提高 Fintech 监管的协调性

Fintech 的发展在很大程度上突破了金融服务的地域和行业限制，显著提高了金融体系的关联性和复杂性，跨业和跨国的监管协作日益重要。例如，"蚂蚁金服"的在线支付服务已覆盖多个国家和地区，每年服务的海外客户超过 3300 万人，并在积极投资海外的支付公司、互联网银行等。在欧洲，跨境 P2P 业务也在快速发展。对于 Fintech 监管而言，未来需要借鉴现有金融监管的跨业、跨国合作机制，建立监管合作协调机制。

一方面，Fintech 监管需要各类监管机构之间加强沟通协作，避免监管套利。Fintech 相关业务通常具有跨行业属性，互联网信息科技的互联互通以及 Fintech 业务追求的网络效应和交叉销售，大大提高了金融市场的复杂性、关联性，需要主监管者与其他相关金融监管机构协同开展风险监测，加强政策协调和监管合作。跨部门监管协作既有助于提高金融监管效力和保护消费者利益，也是促进 Fintech 公平竞争和健康发展的需要。

另一方面，Fintech 监管需要不同国家和地区的监管者之间加强沟通交流。Fintech 是互联网信息科技与金融业务结合的产物，在不同国家和地区的运作模式和发展程度存在较大差异。深入开展跨国沟通交流，有助于监管部门更好地认识 Fintech 的支撑技术、业务模式和产品属性，以及预测未来发展趋势。此外，不同国家和地区之间的监管政策和管制标准存在差异，

容易加大金融体系的脆弱性和妨碍有效监管。各国监管机构也需要共同研究 Fintech 的监管立场和监管政策，减少监管套利。当前，各主要国际监管组织①和各国监管机构应当在已开展的相关工作基础上，进一步加大国际交流力度，加强信息共享，建立协作机制。

参考文献

［1］西尔弗，张新，朱辰辰．信号与噪音［M］．北京：中信出版社，2013.

［2］龚鹏程，臧公庆．美国众筹监管立法研究及其对我国的启示［J］．金融监管研究，2014（11）：42－60.

［3］顾晨．法国众筹立法与监管制度评述［J］．金融服务法评论，2015.

［4］黄震，邓建鹏，熊明等．英美 P2P 监管体系比较与我国 P2P 监管思路研究［J］．金融监管研究，2014（10）：45－58.

［5］人民银行，银监会等．关于促进互联网金融健康发展的指导意见［Z］．www.pbc.gov.cn，2015－7.

［6］谢平，邹传伟．互联网金融模式研究［J］．新金融评论，2012（1）：11－22.

［7］银监会等．网络借贷信息中介机构业务活动管理暂行办法［Z］．www.cbrc.gov.cn，2016－8.

---

① 如巴塞尔银行监督管理委员会（BCBS）、金融稳定理事会（FSB）、支付与市场基础设施委员会（CPMI）、国际保险监管协会（IAIS）、国际证券委员会组织（IOSCO）等。

［8］张晓朴. 互联网金融监管的原则：探索新金融监管范式［J］. 金融监管研究，2014（2）：6-17.

［9］Branson M. , The Digitalization of Finance：Opportunities and Risks from a Supervisory Perspective［Z］. Speech at the DNB International Conference for Financial Sector Supervisors, Amsterdam, 14 June 2016.

［10］Chaffee E. , G. Rapp. Regulating On-Line Peer-to-Peer Lending in the Aftermath of Dodd-Frank：In Search of an Evolving Regulatory Regime for an Evolving Industry［J］. Washington & Lee Law Review, 2012, 69（2）, 485-533.

［11］Citi. Digital Disruption：How Fintech is Forcing Banking to a Tipping Point［R］. March 2016.

［12］CPMI. Payment aspects of financial inclusion［R］. April 2016.

［13］De Nederlandsche Bank. Technological Innovation and the Dutch Financial Sector［R］. 2016.

［14］FCA. The FCA's Regulatory Approach to Crowdfunding over the Internet, and the Promotion of Non-readily Realisable Securities by other Media［Z］. www. fca. org. uk/, March 2014.

［15］FSB. Fintech：Describing the Landscape and a Framework for Analysis［R］. March 2016.

［16］Hong Kong Steering Group of Financial Technologies. Report of the Steering Group on Financial Technologies［R］. February 2016.

［17］IMF. Virtual Currencies and Beyond：Initial Considerations［J］.

IMF Staff Discussion Note，January 2016.

［18］IOSCO. Crowd – funding：2015 Survey Responses Report ［R］. January 2016.

［19］OCC. Supporting Responsible Innovation in the Federal Banking System：An OCC Perspective ［Z］. www. occ. gov/，March 2016.

［20］Pinna A. ，W. Ruttenberg. Distributed Ledger Technologies in Securities Post – trading ［J］. ECB Occasional Paper Series No. 172，April 2016.

［21］U. S. Department of Treasury. Opportunities and Challenges in Online Marketplace Lending ［R］. May 2016.

［22］Walport M. . Fintech Futures：The UK as a World Leader in Financial Technologies ［R］. Report to UK Government Office for Science，March 2015.

［23］Walport M. . Distributed Ledger Technology：Beyong Block Chain ［R］. Report to UK Government Office for Science，January 2016.

［24］WEF (World Economic Forum) and Deloitte. The Future of Financial Services：How disruptive innovations are reshaping the way financial services are structured，provisioned and consumed ［R］. June 2015.

后 记

本书从筹划、编写、修改到最后出版共耗时一年。在这一年内，中国的 Fintech 行业发展迅猛，已超过西方国家一跃成为世界的 Fintech 中心；中国四大商业银行与 BATJ 分别"牵手"，在大数据、云计算、人工智能和区块链等领域全面开展深度合作；中国人民银行成立金融科技（Fintech）委员会，以加强金融科技工作的研究规划和统筹协调，随后又在《中国金融业信息技术"十三五"发展规划》中再次强调要加强金融科技（Fintech）和监管科技（Regtech）研究与应用。

看到 Fintech 行业在过去一年的发展和取得的成果，我们越发深刻地感受到，金融和科技是一对密不可分的孪生兄弟——科技推动金融业务模式的转型升级，金融资本支持科技创新发展。我们也坚定地相信，Fintech 在未来必将拥有更为广阔的应用前景，为更多人带来更加便捷、高效和个性化的金融服务。无论是金融从业者还是科技研究人员，Fintech 都是一个值得探索和研究的领域。

本书得以出版是多方共同努力和付出的结果。首先，感谢李建勇教授、黄晓捷博士、谢群博士、官晓岚先生、柏亮先生、陈恳先生、欧阳日辉教授和朱太辉博士等业界精英授权将其研究成果和深刻见解呈现在本书中。其次，肖翔博士、朱太辉博士、赵鹞先生、王硕博士等专家学者对本书的框架和内容给出了非常中肯的建议，我们在后期修改过程中充分参考和吸收了他们的意见。再次，吕雯博士在本书的筹划和写作中付出了非常多的精力，她致力于金融科技和区块链领域的研究和实践，为本书提供了很多智力支持。最后，特别感谢中国金融出版社的陈翎主任和刘红卫编辑，他们在本书的出版过程中，对本书提出了宝贵的意见，并进行了一丝不苟的编辑工作。

受研究能力和时间的限制，本书难免存在疏漏与不足，南湖互联网金融学院恳请各界同仁不吝指正，一起探索 Fintech 的未来发展之路。